Moderna Dramaturgia Brasileira

Coleção Estudos
Dirigida por J. Guinsburg

Equipe de realização – Revisão: Sábato Magaldi; Sobrecapa: Adriana Garcia e Plinio Martins Filho; Produção: Ricardo W. Neves e Raquel Fernandes Abranches.

Sábato Magaldi

MODERNA DRAMATURGIA BRASILEIRA

 PERSPECTIVA

Moderna Dramaturgia Brasileira – 1ª série

Dados Internacionais de Catalogação na Publicação (CIP)
(Câmara Brasileira do Livro, SP, Brasil)

Magaldi, Sábato
  Moderna dramaturgia brasileira : primeira série / Sábato Magaldi. — São Paulo : Perspectiva, 2010. — (Estudos ; 159 / dirigida por J. Guinsburg)

  Vários autores.
  5ª reimpr. da 1. ed. de 1998.
  ISBN 978-85-273-0150-3

  1. Dramaturgos - Brasil 2. Teatro brasileiro - História e crítica 3. Teatrólogos brasileiros I. Guinsburg J. II. Título. III. Série.

05-1546   CDD-792.0981

Índices para catálogo sistemático:
1. Brasil : Dramaturgia : História e crítica
   792.0981
2. Dramaturgia brasileira : História e crítica
   792.0981

1ª edição – 5ª reimpressão

Direitos reservados à
EDITORA PERSPECTIVA S.A.

Av. Brigadeiro Luís Antônio, 3025
01401-000 São Paulo SP Brasil
Telefax: (11) 3885-8388
www.editoraperspectiva.com.br

2010

Para Edla, minha mulher

Sumário

Introdução XIII

1. Oswald de Andrade 1
   O Rei da Vela: o País Desmascarado 3
   O Homem e o Cavalo: a Mola Propulsora da Utopia 13

2. Nelson Rodrigues 21
   A Peça que a Vida Prega 23

3. Jorge Andrade 41
   Um Painel Histórico 43
   A Moratória 57
   O Sumidouro: Dramatização do Sentimento Nativista 61

4. Ariano Suassuna 67
   A Pena e a Lei: Auto da Esperança 69

5. Vicente Catalano 77
   Professor de Astúcia e *Sexy* 79

6. Vinícius de Moraes 85
   Orfeu da Conceição 87

7. Pedro Bloch, Vinícius de Moraes e Gláucio Gill 91
   Procura-se uma Rosa 93

8. Gláucio Gill 99
   Toda Donzela Tem um Pai que É uma Fera 101

9. José Celso Martinez Corrêa 107
   A Incubadeira 109

10. Augusto Boal e José Celso Martinez Corrêa 115
    A Engrenagem, Adaptação de Sartre 117
11. Augusto Boal e Gianfrancesco Guarnieri 123
    Arena Conta Tiradentes 125
12. Dias Gomes 131
    A Invasão e *A Revolução dos Beatos*: em Busca de uma Consciência 133
    Dr. Getúlio – Sua Vida e Sua Glória (de parceria com Ferreira Gullar) 141
    Campeões do Mundo 145
    Meu Reino por um Cavalo: Desnudando a Crise da Maturidade 151
13. Domingos Oliveira 155
    Do Fundo do Lago Escuro ou *Assunto de Família* 157
14. Oduvaldo Vianna Filho 163
    Rasga Coração 165
    Papa Highirte 169
15. Lauro César Muniz 173
    O Santo Milagroso 175
    A Infidelidade ao Alcance de Todos 181
    Sinal de Vida 187
16. Bráulio Pedroso 191
    O Fardão 193
    Isso Devia Ser Proibido (de parceria com Walmor Chagas) . 199
17. Plínio Marcos 205
    Navalha na Carne: Documento Dramático 207
    Abajur Lilás: pela Liberação 213
    Dois Perdidos Numa Noite Suja 215
    A Mancha Roxa 223
18. José Vicente 229
    O Assalto 231
19. Leilah Assunção 235
    Fala Baixo, senão Eu Grito 237
20. Isabel Câmara 241
    As Moças 243
21. Consuelo de Castro 247
    À Flor da Pele 249
22. Mário Prata 253
    Fábrica de Chocolate 255

23. Maria Adelaide Amaral 259
    De Braços Abertos 261
    Intensa Magia 267
24. Juca de Oliveira 273
    Meno Male! 275
    Caixa Dois 283
25. Edla van Steen 289
    O Último Encontro 291
26. Edla van Steen e David George 295
    À Mão Armada 297
27. José Eduardo Vendramini 303
    O Canil e *Baile de Debutantes* 305
28. Mara Carvalho 313
    Vida Privada 315
29. Alberto Guzik 319
    Um Deus Cruel 321

Introdução

Este livro é, de certa forma, sob o prisma da dramaturgia, uma continuação de *Panorama do Teatro Brasileiro*, editado em 1962.

Ali, tratei de vários autores que se encontravam em pleno processo de criação, prosseguido e/ou completado nos anos seguintes. Neles, muitos nomes novos surgiram, também, enriquecendo o nosso palco.

Moderna Dramaturgia Brasileira não pretende apresentar, porém, uma análise da obra inteira dos criadores examinados. Os capítulos que reuni nasceram ao sabor das circunstâncias. Ora um artigo para jornal ou revista, prefácio ou apresentação em programa de espetáculo. Ora o desejo de dar maior organicidade ao estudo de um autor, já que o projeto que agora se concretiza data de muito tempo.

A seleção dos nomes não obedece ao critério de importância que lhes atribuo, mas ao valor subjetivo dos meus próprios trabalhos. Isto é, acham-se aqui os que me pareceram mais prontos para publicação. Por isso, no segundo volume, devem ser aproveitados ensaios sobre outros dramaturgos e – por que não? – realizações dos mesmos agora comentados.

Em quase quatro décadas de crítica militante, tive oportunidade de escrever sobre cerca de uma centena e meia de dramaturgos brasileiros modernos. Menciono, por ordem alfabética, alguns de que penso ocupar-me, no segundo volume: Abdias do Nascimento, Alcides Nogueira, Alcione Araújo, Antônio Bivar, Antônio Callado, Caio Fernando Abreu, Carlos Alberto Soffredini, Carlos Queiroz Telles, Carlos Vereza, César Vieira, Chico Buarque de Holanda, Chico de Assis, Cunha de Leiradella, Fauzi Arap, Fernando Mello, Flávio Márcio, Francisco Pereira da Silva, Guilherme Figueiredo, Isis Baião, Jandira Martini, João Bethencourt, João das Neves, Joaquim Cardozo, José

Antônio de Souza, José Carlos Cavalcanti Borges, José Wilker, Luís Alberto de Abreu, Luiz Arthur Nunes, Luiz Carlos Cardoso, Marcílio Moraes, Márcio Souza, Marcos Caruso, Maria Clara Machado, Maria Helena Kühner, Mauro Chaves, Mauro Rasi, Miguel Falabella, Millôr Fernandes, Naum Alves de Souza, Nelson Xavier, Noemi Marinho, Otavio Frias Filho, Paulo Pontes, Pedro Vicente, Raymundo Magalhães Júnior, Regiana Antonini, Renata Pallottini, Roberto Athayde, Sérgio Jockymann, Wilson Sayão, Zeno Wilde e Ziraldo.

Essa enumeração representa apenas o compromisso de prosseguir a atual jornada e minha fé na qualidade artística do moderno texto teatral brasileiro.

S. M.

1. Oswald de Andrade

O Rei da Vela: **o País Desmascarado**

Eu só me dei conta, de fato, da total virulência antecipadora de *O Rei da Vela* quando Procópio Ferreira, em 1967, por ocasião da montagem do Teatro Oficina de São Paulo, justificou não ter interpretado o texto, na década de trinta: como poderia tê-lo feito, se naquele momento a Censura impedia que se pronunciasse no palco a palavra "amante"? Por isso não coube a Oswald de Andrade a primazia da criação do teatro brasileiro moderno, título ostentado por Nelson Rodrigues, ao estrear, em 1943, *Vestido de Noiva*.

São numerosas as razões para se atribuir a *O Rei da Vela* o papel fundador de uma nova dramaturgia, no Brasil: escrito em 1933 e publicado em 1937, junto com *A Morta* (*O Homem e o Cavalo* conheceu a primeira edição em 1934), o texto representou o exemplo inaugural de um teatro concebido segundo os princípios do modernismo; ao invés de uma análise rósea da realidade nacional, ele propõe uma visão desmistificadora do país; a paródia substitui a ficção construtiva, e a caricatura feroz evita qualquer sentimento piegas; em lugar do culto reverente ao passado, privilegia-se o gosto demolidor de todos os valores; renega-se conscientemente o tradicionalismo cênico, para admitir a importância estética da descompostura. Em metalinguagem de claro significado, uma réplica define o programa a ser desenvolvido: "A burguesia só produziu um teatro de classe. A apresentação da classe. Hoje evoluímos. Chegamos à espinafração".

Um crítico ou leitor ingênuo não enxergarão em *O Rei da Vela* o intuito de fazer tábua rasa do passado, sob qualquer prisma. O romantismo congênito do mundo, superior aos limites históricos de uma simples escola artística, erigiu em mito eterno o encontro amoroso de Abelardo e Heloísa, casal trágico do século XII. Pois bem, Oswald, conhecendo o procedimento vanguardista de Alfred Jarry, que em *Ubu Rei*, obra seminal do experimentalismo contemporâneo, lançada em 1896, fez a paródia de Macbeth e Lady Macbeth, subtrai toda a paixão de Abelardo e Heloísa, proclamando que seu matrimônio é um negócio. A maquinação financeira que mobiliza grande parte das energias atuais ganha o papel de protagonista numa peça avessa a enganos edificantes.

Observador arguto de seu tempo, Oswald vê como as classes privilegiadas procuram preservar seus interesses. A crise internacional de 1929 derrubou a antiga aristocracia paulista do café, agravando seu problema a derrota da Revolução Constitucionalista de 1932. A família do coronel Belarmino exemplifica a tentativa de sobrevivência dos brasões, que perderam a fonte de produtividade. Daí o casamento contratado entre Heloísa, seu elegante espécime, e o arrivista Abelardo, cujo lucro emana de duas atividades discutíveis: a agiotagem e uma indústria que não cria bens autênticos – a fabricação de velas, resíduo religioso de um país feudal, em que todo morto guarda um pavio aceso entre as mãos postas, motivo do título.

Estivesse Oswald preocupado com a verossimilhança herdada do drama realista do século XIX, provavelmente seriam outras as personagens. O ímpeto "espinafrador" levou-o a pintar a família do coronel Belarmino como uma galeria de taras, visíveis já nos nomes. A protagonista chama-se Heloísa de Lesbos, alusão mais que suficiente, embora o diálogo não a coloque em nenhum conflito específico do qualificativo. Sua irmã é Joana, vulgo João dos Divãs, insistência familiar na característica. Um irmão responde pelo apelido de Totó Fruta do Conde, e não é necessário ser entendido em gíria para se perceber aí a presença do homossexualismo. Finalmente Perdigoto, o outro irmão, é bêbado e achacador, e a inteligência de Oswald distingue nele o malandro que pretende criar uma milícia rural para combater a possível ascensão da esquerda, expediente sórdido a que sempre se votaram os amantes das ditaduras e dos fascismos.

Enquanto o Coronel Belarmino, figura de sabor nostálgico, suspira pelo surgimento de um banco hipotecário, que lhe diminuiria as agruras, sua mulher, D. Cesarina, mostra-se sensível aos galanteios de Abelardo, noivo da filha, e a cunhada, d. Poloca, ou D. Poloquinha, sugere o trocadilho D. Polaquinha, sinônimo sabido de prostituta. Não estaria completo o quadro analítico de Oswald, então cristão-novo do marxismo, se toda essa história, ou arremedo de história, num país colonizado, omitisse a figura de Mr. Jones, o capitalista e banqueiro norte-americano de quem Abelardo não passa de mero feitor, e que tem inclusive o "direito de pernada" sobre Heloísa.

Quem não conhece as dissenções da esquerda talvez estranhe que Abelardo II, sócio de Abelardo I, esteja caracterizado como socialista.

É que o comunismo ortodoxo, isto é, aquele que assumiu o poder com Lenine e depois Stálin, considerava desvios desde o trotskismo até as outras formas de socialismo, no seu entender aliadas ocultas ou abertas da burguesia. Por isso Abelardo II não tem nenhuma consistência ideológica e não recua ante qualquer recurso – o roubo inclusive – para tomar o posto de Abelardo I. O mesmo nome significa a identidade em tudo, quando se pertence a uma só classe, e sublinha a ironia do matrimônio com Heloísa, porque "Heloísa será sempre de Abelardo. É clássico!"

Acredito que o leitor desprevenido sentirá um certo incômodo ao tomar conhecimento de que a carta a ser endereçada por Abelardo I "a um tal de Christiano de Bensaúde" se refere, na realidade, a Tristão de Athayde, e que o intelectual Pinote, arrolado entre as personagens, caricatura Menotti del Picchia. O incômodo se prende a dois motivos básicos: o juízo de Oswald não corresponde, em absoluto, à imagem que chegou até nós dos escritores; e esse gênero de circunstancialismo tende demais a envelhecer, como método literário. Sabe-se que a admirável estatura intelectual e ética de Tristão de Athayde – um dos baluartes da dignidade brasileira contra os arbítrios da ditadura militar – não pode confundir-se, em nenhum momento, com o industrial "metido a escritor", passível da crítica segundo a qual "esse negócio de escrever livros de sociologia com anjos é contraproducente". Nem Menotti del Picchia se converteria em biógrafo, aproveitando a voga de Emil Ludwig (1881-1948), para ambicionar ser um "Delhi social".

Esqueça-se a alusão aos dois escritores para ver a procedência da sátira concebida por Oswald. Não tem sentido, evidentemente, o industrial avançado propor "frente única contra os operários". Não são poucos os exemplos de indivíduos esclarecidos quando não têm dinheiro e que, ao amealhá-lo, se tornam retrógrados. Bem como é freqüente o uso de certo tipo de literatura para a obtenção de vantagens sociais, de empregos públicos, de casamentos ricos. O capitalismo selvagem de Abelardo I tem horror da neutralidade e reclama a adesão irrestrita: "A minha classe precisa de lacaios. A burguesia exige definições! Lacaios, sim! Que usem fardamento".

O que sugeriria aproveitamento circunstancial de situações próximas, examinadas sem rigor crítico e apenas com intuito malévolo, e portanto sujeito ao repúdio artístico, ganha, no poder de síntese de Oswald, a permanência do valor simbólico, dado feliz para auxiliar a caracterização de Abelardo I. Dentro de sua lucidez implacável, Abelardo I se considera personagem de Freud e não admite fugas românticas: "As soluções fora da vida. As soluções no teatro. Para tapear. Nunca! Só tenho uma solução. Sou um personagem do meu tempo, vulgar, mas lógico. Vou até o fim. O meu fim! A morte no terceiro ato. Schopenhauer!"

O Rei da Vela, 1967. Dirce Migliaccio e Renato Borghi, Teatro Oficina. Foto: Fredi Kleemann, Arquivo Multimeios/Divisão de Pesquisas-IDART.

A divisão da peça em três atos corresponde perfeitamente às intenções de Oswald. Tratando-se o protagonista de agiota, impiedoso com os devedores, o primeiro ato deveria mostrar como ele opera. A ação se passa, portanto, no escritório de usura, e o cenário ilustra bem a variedade de objetos penhorados, que vão de um retrato de Gioconda a um divã futurista e a uma secretária Luís XV. O prontuário se compõe de gavetas com múltiplos rótulos, representativos dos vários tipos de inadimplentes. Já o segundo ato coloca Abelardo I num instante de lazer – uma ilha tropical na baía da Guanabara (uma nota inicial da primeira edição de *O Rei da Vela*, junto com *A Morta* – feita em 1937 pela José Olympio, no Rio de Janeiro – registra que o texto foi escrito em 1933, em Paquetá). O autor menciona que as personagens "se vestem pela mais furiosa fantasia burguesa e equatorial". E um pormenor não pode ser esquecido: vê-se um mastro com a bandeira americana, símbolo da soberania desejada ou reconhecida. Finalmente o terceiro ato dramatiza a morte de Abelardo I e o cenário volta ao do primeiro ato, com objetos mais adequados à nova situação: ferro velho provindo de uma Casa de Saúde, maca no chão e cadeira de rodas.

A propósito das indicações da cenografia e da indumentária, e do espírito da peça, cabe evocar como foi fiel e ao mesmo tempo criativo o espetáculo realizado em 1967 por José Celso Martinez Corrêa para o Teatro Oficina, sendo toda a parte visual concebida por Hélio Eichbauer. O primeiro ato parodiava o circo, e não é à toa que o escritório de usura, segundo a rubrica, tem uma porta enorme de ferro, que deixa ver no interior as grades de uma jaula, e Abelardo II veste botas e uma roupa de domador de feras. A paródia do segundo ato referia-se ao teatro de revista, e por isso o tropicalismo da ilha estava envolto por um telão pintado do Rio de Janeiro, verdadeiro cartão postal a caçoar do mau gosto. Nesse clima parodístico, existiria algo melhor do que a ópera para emoldurar a morte de Abelardo I, no terceiro ato?

Espanta observar que Oswald, em 1933, tivesse tamanha consciência dos procedimentos de vanguarda, a partir do vínculo intertextual com *Ubu Rei*, de Jarry. Dentro do incrível acervo de mitos recebidos, talvez só caiba, efetivamente, a paródia. Se Abelardo I, na falta de censura, no cinismo gritante, na lucidez de autoproclamar-se personagem de Freud, se aparenta às criações do expressionismo, deriva da mesma escola a jaula do cenário do primeiro ato e o figurino de domador de feras de Abelardo II.

É difícil imaginar que Oswald, no início da década de trinta, conhecesse Brecht, cuja *Ópera dos Três Vinténs* fora apresentada em Paris, na temporada seguinte à criação alemã, feita em 1928. Entretanto, *O Rei da Vela* utiliza, mais de uma vez, o efeito de estranhamento (ou distanciamento), posto em prática pelo autor de *O Círculo de Giz Caucasiano*, para evitar os riscos do ilusionismo da estética aristotélica ou stanislavskiana. Depois de dialogar com um cliente, no início do primeiro ato, Abelardo I diz a Abelardo II que não quer receber mais ninguém, porque "esta cena basta para nos identificar perante o público. Não preciso mais falar com nenhum dos meus clientes. São todos iguais". Adiante, quando Abelardo I pergunta se Abelardo II é socialista, ele responde: "Sou o primeiro socialista que aparece no Teatro Brasileiro". No terceiro ato, Abelardo I grita para o Maquinista que feche o pano e se dirige aos espectadores, dialogando por fim com o Ponto (naquele tempo não era possível imaginar representação sem o seu auxílio, desaparecido desde que se exigiu que os intérpretes decorassem os papéis). Embora Abelardo I ofereça ao Ponto um revólver, o que se ouve é uma salva de sete tiros de canhão, recurso que remete às práticas das sínteses futuristas italianas ou mesmo do surrealismo. Se já não incidisse em lugar-comum mencionar, a propósito de tudo, a carnavalização, seria evidente dizer que Oswald carnavaliza, em *O Rei da Vela*, o Brasil colonizado.

A mola propulsora da peça – o autor deixou bem claro – é a espinafração. Entre numerosos outros exemplos de sua obra, ela documenta, sem dúvida, o empenho destruidor de Oswald, que pareceu envelhecido quando os escritores de 30 e sobretudo de 45 empunharam a bandeira da construção. Seria óbvio lembrar que *O Rei da Vela* ganhou nova modernidade, em 1967, ao ser encenada pelo Teatro Oficina, porque o golpe militar de 1964, fazendo regredir o país a melancólico obscurantismo, sugeria que a vida se havia paralisado – transcorreram trinta anos destituídos de História autêntica. Oswald, sem contemplação, condenava o simulacro de História que era a realidade brasileira.

Não obstante esse correto raciocínio, é forçoso reconhecer que o anti-herói Abelardo I faz uma autocrítica final e contrabalança a visão pessimista por meio de uma parábola de entranhado idealismo. Ele conta a Abelardo II a história de Jujuba, cachorro de rua, adotado por um batalhão. Solidário com os seus iguais, ele os levava para comer no pátio do quartel. Até que os outros foram expulsos e Jujuba, recusando o privilégio da adoção solitária, preferiu a fome, destino comum a todos. Ao morrer, os soldados ergueram-lhe um monumento. "Compreenderam o que não trai. Eram seus irmãos. Os soldados são da classe do Jujuba. Um dia também deixarão atropeladamente os quartéis. Será a revolução social..." Abelardo I não agiu como o cachorro: "Acreditei que isso que chamam de sociedade era uma cidadela que só podia ser tomada por dentro, por alguém que penetrasse como você (Aberlado II) penetrou na minha vida... Eu também fiz isso. Traí a minha fome..." Antes, tinha sido expresso o testamento de Aberlado I: ele deixou Aberlado II e Heloísa ao americano..."E o americano aos comunistas". Está aí sua mensagem positiva, ainda que a História, ao menos provisoriamente, revele o desmoronamento do comunismo (como foi praticado até agora), de preferência ao do capitalismo.

Sente-se o desejo de afirmar que *O Rei da Vela* teatraliza lugares-comuns da análise marxista, entre os quais a dependência de um país tributário do capital estrangeiro colonizador. Menos que um lugar-comum privado de verdade, essa é uma verdade tão transparente que assume a feição de lugar-comum. Oswald se compraz em manipular grandes esquemas, de que se ausenta a psicologia. Também nesse particular ele se aproxima de parte ponderável da dramaturgia moderna, que remete ao realismo do século XIX a tônica psicológica. Subordinando os comportamentos individuais à classe de origem ou à categoria profissional, ele não só confere o mesmo nome aos sócios Aberlado, mas põe em cena a Secretária n. 3 (haveria, desse modo, ao menos as Secretárias n. 1 e n. 2, que não participam da peça).

Em face da crise econômica, Abelardo I exclama: "Descobri e incentivei a regressão, a volta à vela – sob o signo do capital americano". É essa vela, às vezes usada também como símbolo fálico, o motivo para ele depois concluir: "Num país medieval como o nosso, quem se atreve a passar os umbrais da eternidade sem uma vela na mão? Herdo um tostão de cada morto nacional!" Em nenhum instante lhe escapa a consciência da subordinação de originário de país subdesenvolvido: "Os países inferiores têm que trabalhar para os países superiores como os pobres trabalham para os ricos. Você (dirige-se a Heloísa) acredita que Nova Iorque teria aquelas babéis vivas de arranha-céus e as vinte mil pernas mais bonitas da terra se não se trabalhasse para Wall Street de Ribeirão Preto a Singapura, de Manaus à Libéria? Eu sei que sou um simples feitor do capital estrangeiro. Um lacaio, se quiserem! Mas não me queixo. É por isso que possuo uma lancha, uma ilha e você..." Abelardo I informa que deve ao Americano e, à entrada dele no palco, curva-se até o chão.

Depois de desfilar no primeiro ato vozes de devedores de diferentes origens – um italiano, uma francesa, um russo branco e um turco –, Oswald reserva para a cena final a síntese de seu corifeu: "A América - é - um - ble - fe!!!" Eles haviam mudado de continente, na esperança de enriquecer, e só encontraram no Brasil escravidão e trabalho. Vítimas semelhantes do imperialismo. A opressão do capital não escolhe aqueles que se destroem debaixo de suas garras.

Reconhecendo a dependência de seu protagonista e, por extensão, de todos os devedores ao simbólico Mister Jones, Oswald não deixa de satirizar a figura do dominador. Abelardo I, ainda que noivo de Heloísa, fala que o Americano aprecia o tipo másculo dela. Enquanto o chama, por isso, de "lésbico", Joana retifica: "O americano gosta do chofer". O desregramento sexual sempre se associa aos hábitos dos donos do dinheiro... Por outro lado, concorda-se em que o Brasil deva trocar o café por armas. A guerra dá emprego aos desocupados e distrai o povo, e uma hora se fará contra a Rússia, que "está aporrinhando o mundo..." Na confusão geral que se estabelece, Joana, ao som de um fox, na ilha, sai grudada no Americano: "Vou ver o pico do Itatiaia". Nova sugestão fálica, de que a peça está recheada.

O Americano não passa de uma silhueta, que atravessa simplesmente o cenário, entrando apenas quando baixa o pano (no final do primeiro ato), participa do ócio da ilha tropical e se mantém soberano, como detentor último da propriedade. Tanto que, morto Aberlado, Heloísa se casará virgem com Abelardo II, se Mister Jones renunciar ao direito de "pernada", esse direito à primeira noite que têm os senhores feudais com as noivas de seus súditos. Oswald não quis deixar pela metade sua farsa sinistra.

A comédia brasileira de costumes, desde Martins Pena, seu fundador, sempre criticou o estrangeiro. Antes de Oswald, não o representante do imperialismo, mas aquele que vinha fazer concorrência aos nacionais. Em *As Casadas Solteiras*, de Pena, o inglês Bolinbrok assevera: "Brasil é bom para ganhar dinheiro e ter mulher... Os lucros... cento por cento..." Aspectos negativos do estrangeiro aparecem também em *Os Dous ou o Inglês Maquinista*, *O Caixeiro da Taverna* e *Quem Casa Quer Casa*. *As Desgraças de uma Criança* sentencia: "[...] os ofícios cá na nossa terra já nada dão; a concorrência de estrangeiros é grande. Só os empregos públicos é que são para os filhos do País, e isso mesmo..." Joaquim Manoel de Macedo, em *A Torre em Concurso*, fustiga o complexo de inferioridade nativo, que reconhece valor apenas no estrangeiro e muitas vezes se abandona à sua falta de escrúpulos. Dois espertalhões brasileiros, à volta com a polícia, se disfarçam em engenheiros ingleses, para se candidatarem à construção da torre da igreja. José de Alencar alude claramente "à indiferença desse público híbrido (o carioca), que desertou da representação de um drama nacional, inspirado no sentimento patriótico, para afluir aos espetáculos estrangeiros". França Júnior satiriza pela primeira vez os aproveitadores europeus em *O Tipo Brasileiro*: o inglês Mr. John Read pretende obter do Governo privilégio para encanar cajuadas em todo o Rio, até ser desmascarado como impostor. O privilégio pleiteado por outro inglês, em *Caiu o Ministério!*, é o de novo transporte, o "sistema cinófero", isto é, um trem puxado por cachorros. Como a idéia absurda provocou a queda do Ministério que a patrocina, somem os vários pretendentes à mão da filha do Conselheiro demissionário, salvo um, sincero, que a cortejava antes da ascensão política do pai. O que leva o inglês a finalizar a peça, ante o consentimento da jovem: "All right! Boa negócia".

Não creio que Oswald de Andrade conhecesse França Júnior, tão pouco divulgado, até a publicação de seu teatro completo. Mas é um prazer conjecturar que *O Rei da Vela*, além de suas numerosas virtudes, preserva o fio da nossa tradicional comédia de costumes, quando o Americano, ao ouvir o anúncio do casamento de Abelardo II com Heloísa, diz a última réplica: "Oh! good business!"

(1991)

O Homem e o Cavalo:
a Mola Propulsora da Utopia

O Rei da Vela, que Oswald de Andrade principou a escrever em 1933 e editou em 1937, junto com *A Morta*, sintetiza a vida, a paixão e a morte de um burguês, dentro do regime capitalista. *O Homem e o Cavalo*, publicado em 1934, faz o julgamento da civilização burguesa, pelos códigos da nova sociedade soviética. Sob a influência de o *Mistério-Bufo*, de Maiakóvski, o autor propõe um grande painel histórico, político e filosófico, condenando o mundo antigo em função do homem surgido do proletariado triunfante.

Tomo a liberdade de imaginar o que Oswald pensaria hoje, se estivesse vivo, em face da evidente desagregação da política ortodoxa de esquerda, em todo o Leste europeu, quando ele já havia rompido com o Partido Comunista, na década de quarenta. Pela paixão circunstancial do "endeusamento" de Stálin, por exemplo, considerado nos anos trinta o sucessor de Lenine, o texto sob muitos aspectos se encontra superado. A "exegese" histórica do cristianismo só pode ser tomada como anedota, às vezes divertida e às vezes até sem graça. Mas é preciso aplicar à peça o epíteto de "teatro de tese", como o foi a dramaturgia de propaganda de Maiakóvski. Arma de combate num Brasil que daria, no ano seguinte, a malograda intentona comunista e que acolheria, com o integralismo, as grandes linhas das doutrinas nazifascistas, *O Homem e o Cavalo* apelava para a sátira demolidora, invocando a crença marxista segundo a qual a religião foi sempre o ópio do povo. Resgatam a obra, antes de mais nada, a audácia arquitetônica, a concepção grandiosa do espetáculo e o espírito na escolha das personagens representativas de cada episódio probante.

Mais do que *O Rei da Vela* e *A Morta*, *O Homem e o Cavalo* exemplifica o ideário estético do autor, expresso no artigo "Do teatro, que é bom..." (1943), transcrito no livro *Ponta de Lança*. No diálogo travado com um interlocutor imaginário, Oswald afirma: "Se amanhã se unificarem os meios de produção, o que parece possível, já não haverá dificuldades em reeducar o mundo, através da tela e do rádio, do teatro de choque e do estádio. É a era da máquina que atinge seu zênite. Por isso mesmo, meus reparos são contra o "teatro de câmera" que esses meninos (os amadores) cultivam, em vez de se entusiasmarem pelo teatro sadio e popular, pelo teatro social ou simplesmente pelo teatro modernista, que ao menos uma vantagem traz, a mudança de qualquer coisa". Naquele ano, excetuadas as experiências soviéticas e as de Max Reinhardt, Piscator e Brecht, na Alemanha, a França, país com o qual nossos contatos eram maiores, só conhecia no campo do teatro popular Firmin Gémier e Romain Rolland, cujas idéias frutificaram na década de cinqüenta. A preocupação de Oswald, por estar tão à frente da época, parecia nem pertencer à realidade do teatro brasileiro.

Prosseguindo na crítica ao "teatro de câmera", em cujas hostes situou Pirandello e Bragaglia, não negados no seu valor de pesquisa, Oswald acrescenta que "isso não corresponde mais aos anseios do povo que quer saber, que tem direito de conhecer e de ver... Essas experiências intelectualistas são uma degenerescência da própria arte teatral, da própria finalidade do teatro que tem a sua grande linha dos gregos a Goldoni, à *Commedia dell'Arte*, e ao teatro de Molière e Shakespeare... E que um dia, talvez breve, há de somar num sentido honesto Wagner e Oberamergau..." Muitas dessas idéias foram retomadas por teóricos bem posteriores. Numa leitura que não reduz Ibsen ao psicologismo realista, Oswald conclui sobre ele: "Está aí um teatro para hoje, um teatro de estádio... participante dos debates do homem..." E alude ainda à importância fundamental de *Ubu Rei*, de Jarry, ponto de partida, aliás, para a criação paródica de *O Rei da Vela*. Na base do pensamento de Oswald, acha-se o conceito de um teatro total, generoso e aberto, instaurado sem dúvida em *O Homem e o Cavalo*.

Em tudo, a peça se afasta dos padrões tradicionais. Ao invés dos três atos costumeiros, a ação se passa em nove quadros, sempre em cenários diferentes, do Céu ao Planeta Vermelho. Formam o elenco dezenas de personagens, além de marinheiros, soldados, povo, operários, um grupo de marcianos, cavalos e o cachorrinho Swendemborg. Como não se trata de aprofundar psicologicamente uma personagem, justifica-se esse desfile de figuras, as quais, na maioria das vezes, participam apenas de um quadro. A estrutura é a da justaposição de cenas aparentemente soltas, como ocorre no teatro épico de Brecht e, sob certa forma, já se encontrava no mistério medieval, em que a soma intérmina de episódios se fazia segundo o prisma unificador do último Juízo. Não será absurdo dizer que, em *O Homem e o Cavalo*, a História ganha sentido e se unifica sob a perspectiva final do mundo socializado. Mudam-se os deuses e continua a idéia de um paraíso em que acabarão todas as mazelas humanas.

O céu do primeiro quadro é representado por um velho carrossel. Vê-se a inscrição Deus-Pátria-Família-Bordel-Cabaço, resposta de Oswald ao Deus-Pátria-Família dos integralistas. O Céu confunde-se com o *slogan* da direita nacional, apenas modificado no sucedâneo da família, que são o bordel e o "cabaço". As Graças transformaram-se nas quatro Garças (seria um abrasileiramento da garce francesa, sinônimo de prostituta?), que fazem bordados e se entediam na eternidade insossa. São seus companheiros somente o Poeta-Soldado (epíteto de Gabrielle D'Annunzio), o Divo e São Pedro, surgindo no final o professor Ícar. Os diálogos se entregam à plena irreverência, que será a tônica do tratamento dos valores estabelecidos, até o desfecho. E, antecipando o teatro de agressão, que seria praticado entre nós nos anos sessenta, o Poeta-Soldado dirige-se ao público, em nítido procedimento antiilusionista: "Que és tu, espectador, senão um espermatozóide de colarinho!" O nome Swendemborg, dado ao cachorro, foi sugerido, talvez, pelo do teósofo Emanuel Swedenborg, nascido em Estocolmo, em 1688, e morto em Londres, em 1772 (depois de ter visões, Swedenborg achou que o mundo espiritual que nos envolve e os seres que o povoam – anjos ou demônios – agem sobre nós. Swedenborg inspirou a Strindberg a idéia do inferno terrestre, como obra da mulher, que mantém vivo o fogo no qual a humanidade se consome. Oswald pôs no cachorro o nome de Swendemborg – está claro – como uma piada, muito do seu feitio). A anedota não impede que o Poeta-Soldado, já em 1934, proclame a verdade terrível segundo a qual se inaugurou "há dois dias na Alemanha de Hitler a campanha de morticínio contra os judeus..." Lucidez genial de Oswald.

Na absoluta ausência de fronteiras da criação oswaldiana, o Derby de Epson, ligando-se o palco à platéia, inclui entre os interlocutores o Cavalo de Tróia e o Cavalo Branco de Napoleão. À maneira do teatro medieval, concebido sob a perspectiva da eternidade, o autor mistura deliberadamente os tempos e utiliza o anacronismo como elemento de liberdade criadora, que congrega na mesma imagem toda a civilização anterior ao socialismo. Uma valquíria nua, mascarada contra gases asfixiantes, simboliza o quadro desolador da guerra química. Triste panorama da terra, dividida por conflitos imperialistas, destinados a oprimir sempre mais as massas. O cotejo de cavalos históricos e mitológicos, e a referência a cavalos de guerra e de corrida, e a "cavalo" (nome popular do cancro venéreo), que se faz no diálogo das crianças soviéticas, justificam o título da peça – *O Homem e o Cavalo*.

A Barca de São Pedro – o Vaticano sobre uma jangada – é o cenário de outro quadro, contendo, no primeiro andar, um *dancing*, gerido por Cleópatra. Entre altares e hermas falantes, dialogam Lord Capone e Míster Byron, com seus títulos invertidos, porque, em nosso mundo caduco, se confundem as funções do poeta conservador e do gângster, irmanados contra o advento do mundo socialista. Byron confessa que, no Parlamento inglês, mostrava-se amigo dos operários por demagogia, já que a miséria é uma necessidade social, "arma para acorrentar as classes pobres às ocupações duras e repugnantes. [...] Para que a nossa classe tenha dignidade, repouso e gramática". À maneira de Abelardo I, de *O Rei da Vela*, os donos do poder, em Oswald, nunca se mistificam, conscientes da exploração que fazem da humanidade.

Tema recorrente de *O Rei da Vela* é ainda a ilusória solidariedade de todos os explorados do mundo. O Mestre da Barca saberá revoltar os soldados, se houver intervenção da polícia. Oswald acreditava que os soldados, com baixos salários, engrossariam as fileiras da Revolução no mundo capitalista, como ocorreu na Revolução de 1917. Finalmente, em termos semelhantes aos da formação de uma milícia rural fascista, advogada por Perdigoto em *O Rei da Vela*, Capone sugere, em *O Homem e o Cavalo*, que se crie uma milícia de filhos de rico, para preservar a ordem capitalista.

No cotejo entre "o poder proletário", que recebe vivas, e "a ordem burguesa", para a qual se diz "abaixo", São Pedro clama por João Sobiéski, "uma muralha contra a barbárie" Nascido em 1629 e morto em 1696, João Sobiéski foi rei da Polônia, considerado um dos heróis do século XVII. Seu mais belo título de guerra prende-se à bravura com que deteve, sob os muros de Viena, embora com um exército fraco, a invasão de 300 mil turcos e tártaros, o que por certo motivou a referência de Oswald. O Soldado Vermelho de John Reed (o ensaísta norte-americano que escreveu *Os Dez Dias que Abalaram o Mundo* e está enterrado em Moscou, ao lado dos heróis comunistas) discursa no cais, mencionando que há apenas duas classes – a dos opressores e a dos oprimidos, os burgueses e os proletários. Quando São Pedro alega que as massas não estão preparadas para assumir o poder, num raciocínio caro às elites, o Soldado Vermelho faz uma observação sintética, muito ao gosto de Oswald: "Para comer e trepar todos os homens estão preparados!"

A seqüência da ação mostra a derrota do velho mundo caduco e a nova era da vitória proletária. O pedido, feito por São Pedro, de uma injeção antiofídica, desmoraliza a morte de Cleópatra, aliás decaída do trono do Egito para a marginalidade de um *dancing*. A revolta operária se engrandece com frases épicas, embora extraídas do lugar-comum da Revolução Comunista, enquanto os espécimes do capitalismo são tornados impotentes. Lord Capone se lembra das suas metralhadoras de Chicago, mas morre de raiva, porque só pode cuspir.

O cenário do sexto quadro apresenta a entrada monumental da maior usina do mundo socialista, na concretização de um presente perfeito. A Voz de Stálin proclama os chavões da nova sociedade. Desejoso de acreditar no paraíso terrestre instaurado pela União Soviética, Oswald chega às raias da ingenuidade. Sem suspeitar que, mais tarde, seria censurado por Stálin, o grande cineasta Eisenstein louva amplamente o regime. São Pedro, que empunha uma sanfona, instrumento caipira e nostálgico, em lugar do anterior alto-falante, comenta que "É um mundo que começa", para Ícar completar: "É Deus que acaba!". As "sereias da Usina abafam o solfejo inútil do passado", isto é, a Ave Maria de Schubert.

É quase inacreditável que um humorista do nível de Oswald, com faro especial para o ridículo, se tenha deixado levar, por paixão política, ao absurdo de pôr crianças dialogando no estilo de adultos enfadonhos e bobos, no sétimo quadro da peça. No propósito de exaltação do mundo socialista, esse quadro se denomina "A verdade na boca das crianças" e o cenário é o hall de uma creche, com brinquedos atuais. Qualquer réplica das várias crianças ilustra a derrapada literária do autor. Cito uma, ao acaso, condenando a Igreja: "Não vê que para manter a exploração das massas que trabalhavam, os exploradores de acordo com piratas que se chamavam sacerdotes, inventavam que havia um ser supremo e terrível que enchia a pança dos ricos na terra e para os pobres reservava o céu...". Um Médico desfila estatísticas inimagináveis para comprovar o progresso soviético.

O oitavo quadro – "O Tribunal" – é o mais importante e audacioso de *O Homem e o Cavalo*, porque promove o julgamento direto de Cristo e de outras figuras bíblicas, pelo mundo socialista. Oswald atinge o ponto máximo no proselitismo ideológico e no ardor blasfemo. A fotografia que Verônica tem nas mãos é de Hitler crucificado na Suástica, em evidente identidicação com a imagem de Cristo. A aproximação, entretanto, não se realiza pela simbologia do martírio, mas da opressão que, na exegese marxista, ambos significaram para as massas. De acordo com Verônica, o "chanceler" Cristo é "a última encarnação do anti-semitismo". Verônica depois se refere a ele como "o último Deus ariano". Ela se encontra ali, segundo esclarece, em funções administrativas, para preparar a carteira de identidade dos acusados que enfrentarão o Tribunal Vermelho. Não há dúvida de que o humor oswaldiano cria uma porção de achados cômicos de efeito seguro.

Esse reconhecimento não impede que se mencionem as insuficiências da empresa tentada pelo autor, em tão delicado domínio. Deve-se convir que ele faz uma brincadeira, que nem de longe pode ofuscar a grandeza do drama bíblico. Não julgo o problema com os argumentos da confissão religiosa: parto de uma tese, que me parece válida também para os mitos gregos e quaisquer outros. As histórias que permanecem trazem consigo uma carga exemplar, feita da confluência de muitos fatores a elas contemporâneos. Alterar os elementos que as compõem, em função das ideologias posteriores, representa no máximo uma curiosidade, que não arranha o símbolo original que atravessou os séculos. Quantos Prometeus, Electras, Édipos, Antígones, Medéias e Fedras se escreverem, os modelos dos trágicos gregos continuam insuperáveis, porque correspondem a uma verdade de sua civilização que não é idêntica à dos tempos ulteriores. A Idade Média e o Renascimento estão na base de novos mitos, como Hamlet, Don Juan, Don Quixote e Fausto, que não poderiam ter equivalências no mundo greco-latino (só Hamlet, por ser o vingador do pai assassinado pela mãe, comporta certa aproximação com Orestes). Cabe aos escritores atuais encontrar as expressões paradigmáticas do nosso tempo, e não há dúvida de que Oswald criou uma, relativa sobretudo ao Brasil e aos outros países subdesenvolvidos, na figura do Rei da Vela. O confronto da civilização burguesa com a sociedade socialista é outra idéia admirável, que sintetiza um dos problemas fundamentais do mundo contemporâneo. Esse recheio de um julgamento anedótico do cristianismo é que, embora espirituoso, o torna menor em face do significado histórico da presença de Cristo.

O nono e último quadro – "O Estratoporto" – se transfere para uma sala de espera da Gare Interplanetária na Terra Socialista. Num banco, isolados ainda uma vez, enquanto passageiros chegam e saem, os três remanescentes do mundo antigo – Ícar, São Pedro e Mme. Ícar. Entre outras réplicas, Ícar fala na liquidação da burguesia: "O rádio anunciou o suicídio de Hitler (estranha premonição de Oswald, anos antes do começo da segunda Grande Guerra) e o empalamento de Chan-Kai-Chek..." (cada vez mais acuado). Ouve-se a Voz do Empregado da Gare, anunciando a partida da aeronave para Marte e o Sul. "Não pára na Lua! Recebe passageiros em correspondência para Júpiter, Vênus, Urano!" É curioso Oswald já associar o progresso do mundo socialista à conquista espacial, que de fato se tornou título de glória da União Soviética, suplantado apenas quando um homem norte-americano desceu na Lua. Depois que Ícar se atira na estratosfera, único título digno dele, São Pedro e Mme. Ícar vão abrir uma venda, porque o pequeno comércio é permitido no país do socialismo. Ouvindo os latidos do cachorrinho, São Pedro encerra *O Homem e o Cavalo*: "Swendemborg! Fomos julgados!". Vê-se que São Pedro toma consciência progressiva dos valores do mundo socialista e dos erros da antiga sociedade burguesa. Esse processo adquire papel didático significativo para o público.

Qualquer estudioso de teatro observará, de imediato, as semelhanças entre o *Mistério-Bufo* e a peça de Oswald, que se desenvolve completamente à margem de nossa tradição dramatúrgica. Não será tolo nacionalismo, porém, inferir que *O Homem e o Cavalo*, embora sugerido pelo texto de Maiakóvski, o supera pela felicidade no tratamento do tema e pela eficácia dos meios expressivos. De posse de um modelo, Oswald o submeteu a crivo crítico rigoroso, e, se ele não tem a altitude poética do autor russo, é por outro lado muito mais divertido e satírico, o que filtra melhor para o público o aspecto épico (e ingênuo) da exaltação da sociedade soviética. Acompanha-se com nitidez o itinerário dos quadros da peça brasileira e *Mistério-Bufo*, apesar da divisão em seis atos, com cenários bem distintos, permanece algo difuso e inapreensível. O levantamento de personagens, com numerosas figuras históricas, assemelha-se ao processo que Oswald adotaria depois. Outro paralelismo existe na sucessão de cenários, que obedece à seguinte ordem na obra inspiradora: O universo, A arca, O inferno, O paraíso, O país em ruínas e A terra prometida. A caminhada para o mundo novo socialista é constante nas duas peças.

Com relação ainda às personagens, registre-se que Oswald não as trabalhou pela análise psicológica. Por temperamento próprio, ele se afastou do psicologismo, em geral considerado inimigo do teatro contemporâneo, nas correntes estéticas e políticas mais distantes. Artaud, o teatro do absurdo e Brecht, em campos tão diversos, e, nas questões fundamentais, antagônicos, têm em comum o repúdio ao psicologismo, herança da estética realista do século XIX. Sob esse prisma, *O Homem e o Cavalo* revela modernidade admirável, quase inconcebível num meio que se alimentava da comédia de costumes e do repertório europeu de rotina, construído nos moldes estreitos das salas e dos gabinetes, quando não das alcovas. Oswald ilumina as suas personagens através de *flashes* reveladores e não se importa de abandoná-las, quando elas não são mais necessárias à trama.

O nome *Mistério* da peça de Maiakóvski, explicado pelo autor como "rio do mistério proletário", tem outra acepção que se liga ao gênero do teatro medieval, vinculando-se a ele, também, o texto de Oswald. No mistério antigo, os autores passavam, em longas jornadas, da criação do mundo ao Juízo Final, porque, no universo cristão, essa é a perspectiva única, justificadora da existência. A utopia oswaldiana faz das personagens mero acidente de um desfile no tempo, que só adquirirá serntido no "paradisíaco" mundo socialista. O próprio Cristo subordina-se a essa visão histórica, finalmente apaziguada na sociedade sem classes. São Pedro, Ícar, Cleópatra, Byron, Capone e as outras personagens de Oswald são figuras episódicas de uma corrente temporal que desaguará inevitavelmente na civilização soviética. Assim como, na dramaturgia cristã, acompanhando a própria crença religiosa, a personagem só estará completa na dimensão do sobrenatural, que divide os homens entre o Céu e o Inferno (no tablado do mistério, as duas extremidades contêm um Céu estilizado e uma boca de dragão representando o Inferno), Oswald julga as suas criaturas em função da verdade socialista – bem para o qual caminham todos os deserdados da terra.

Por isso *O Homem e o Cavalo* começa no "tedioso" Céu cristão e acaba no "animador" Céu da terra marxizada. Vai-se de um extremo a outro, como do erro para a certeza, da mentira para a verdade, do mal para o bem. Nos temperamentos inquietos e perfeccionistas, que seria da vida, se ela não se embalasse nas idealizações utópicas?

Lamentavelmente para Oswald, penso que a peça, por advogar teses que a História não confirmou (ninguém de boa-fé, sem reacionarismo, pode negar que a União Soviética frustrou as esperanças de muitos e, sob o comando personalista de Stálin, mitificado num quadro, se converteu num pesadelo), tem hoje em dia, sob o prisma político, inevitável caráter museológico, incapaz de assustar o público. Não estou negando a virulência da sátira de Oswald, mas acredito que o modelo soviético por ele imaginado se encontra tão longe da verdade atual que ninguém se encantaria por esse paraíso prometido. Penso que Oswald, se voltasse ao teatro, nos últimos anos de vida, talvez reescrevesse *O Homem e o Cavalo*, a fim de alterar a fé ingênua na construção da sociedade socialista, como aliás Maiakóvski recomendou que, mais tarde, "os que representarem, encarnarem, lerem, imprimirem o *Mistério-Bufo*, que mudem o conteúdo, para torná-lo contemporâneo, atual, presente".

A adesão irrestrita do texto, repetindo *slogans* partidários, significou para Oswald desejo de disciplina, quando em toda a existência ele teve o comportamento de incoercível individualista anárquico, avesso às convenções de qualquer grupo humano. Conjeturo como Oswald se comportaria no "paraíso soviético" que ele idealizou! A peça não se compromete em definitivo, depois da "verdade na boca das crianças" e das estatísticas do Médico, porque se abre para a poesia do Estratoporto, onde não falta a figura satírica da Baronesa do Monte de Vênus. Aí, já não são mais os chavões da cartilha marxista, mas o móvel da ficção científica, inventora de outros universos. Que projetam a peça além de seus elementos episódicos.

Provavelmente não se acredita mais na contundência política do texto. Mas a explosão de sua rica e incontrolável teatralidade ainda poderá fecundar os caminhos da dramaturgia brasileira. E, descontados os aspectos circunstanciais, que de fato envelheceram, *O Homem e o Cavalo* se nutre de legítima utopia – mola propulsora do Homem em qualquer tempo.

(1990)

2. Nelson Rodrigues

A Peça que a Vida Prega

Nelson Rodrigues tornou-se desde a sua morte, em 21 de dezembro de 1980, aos 68 anos de idade (ele nasceu em 23 de agosto de 1912), o dramaturgo brasileiro mais representado – não só o clássico da nossa literatura teatral moderna, hoje unanimidade nacional. Enquanto a maioria dos autores passa por uma espécie de purgatório, para renascer uma ou duas gerações mais tarde, Nelson Rodrigues conheceu de imediato a glória do paraíso, e como por milagre desapareceram as reservas que às vezes teimavam em circunscrever sua obra no território do sensacionalismo, da melodramaticidade, da morbidez ou da exploração sexual.

Parece que, superado o ardor polêmico, restava apenas a adesão irrestrita. As propostas vanguardistas, que a princípio chocaram, finalmente eram assimiláveis por um público maduro para acolhê-las. Ninguém, antes de Nelson, havia apreendido tão profundamente o caráter do país. E desvendado, sem nenhum véu mistificador, a essência da própria natureza do homem. O retrato sem retoques do indivíduo, ainda que assuste em pormenores, é o fascínio que assegura a perenidade da dramaturgia rodrigueana.

E não basta o mergulho nas criaturas e nas características do brasileiro. Nelson sabia que o conteúdo se associa intimamente à forma. Por isso não podia aceitar as convenções da rotina cênica. Quando o alimento habitual do nosso palco eram as comédias de costumes e os dramas pseudofilosóficos, passando da apresentação ao desenvolvimento e ao desfecho de uma história, ele subverteu a técnica narrativa, para incorporar a flexibilidade do cinema e admitir as flutuações do subconsciente. Daí a constante ruptura da linguagem realista, embora ninguém melhor do que ele soubesse captar as réplicas vivas da fala popular. E os diálogos se alternaram, conforme a necessidade, da frase asséptica, até incompleta, à elaboração poética, desvinculada deliberadamente do cotidiano.

A postura inovadora se deu desde a primeira experiência, com *A Mulher sem Pecado* (1941), achando-se ele ainda longe de dominar os segredos do palco. A trama era protagonizada por Olegário, um obsessivo que, para testar a fidelidade da mulher, se fingia de paralítico, postado em cadeira de rodas. No momento em que ele, convencido da inocência da esposa, decide terminar o embuste, Lídia, sufocada pela situação, havia fugido com o chofer. Olegário encosta o revólver na própria fronte, para pôr fim ao conflito.

O autor se vale de revelação surpreendente (Olegário nada tinha de paralítico), recurso típico do melodrama. Mas Nelson conseguira dar sólida sustentação psicológica aos episódios, tornando-os verossímeis. E sobretudo não deixara cair a intensidade dramática, mantida até o final. Naquela época, as peças se dividiam habitualmente em três atos, e essa não escapava à regra. Só que a réplica inicial do segundo e do terceiro atos repetia a última do ato anterior, assegurando a continuidade indivisível da tensão. Uma estréia até certo ponto cautelosa, ainda que sugerindo as garras do inovador.

Inovação que não se fez esperada: a 28 de dezembro de 1943, no Teatro Municipal do Rio de Janeiro, interpretada pelo grupo amador de Os Comediantes, estreava *Vestido de Noiva*, marco renovador do palco brasileiro, nos campos da dramaturgia, da encenação (a cargo de Ziembinski) e da cenografia (concebida por Santa Rosa). A crítica logo saudou o acontecimento, irmanando-o à contribuição que deram à arte brasileira Carlos Drummond de Andrade na poesia, Villa Lobos na música, Portinari na pintura e Oscar Niemeyer na arquitetura. Acabara-se o complexo de inferioridade do nosso teatro.

O achado de *Vestido de Noiva* consistia em desenvolver os episódios nos planos da realidade, da memória e da alucinação, e em materializar em cena, como projeção exterior, o subconsciente da acidentada Alaíde, que falecerá após um ato cirúrgico malogrado. A realidade tem o papel simples de situar os acontecimentos, estabelecendo-lhes a cronologia e a relação. Assim, sucedem-se os ruídos de atropelamento, a chegada da ambulância, os médicos à volta de uma mesa de operação, a notícia do acidente sendo transmitida ao jornal, os jornaleiros gritando a manchete, e por último a morte da atropelada. A partir desse resumo, não se poderia pensar na elaboração de um texto teatral de qualquer interesse.

É que está em jogo, em *Vestido de Noiva*, a aventura interior da protagonista. Paralisada a atividade consciente, Alaíde, no choque, libera as fantasias da subsconsciência, que se abrem para o território poético. A leitura do diário de Mme. Clessy – mundana assassinada por um adolescente, no princípio do século –, que Alaíde descobriu no sótão de sua residência, provoca nela o desejo de conhecer uma vida romântica, fora dos padrões prosaicos do cotidiano burguês. Realiza-se na identificação com a prostituta idealizada (que exclama: "As mulheres só deviam amar meninos de 17 anos!") o sonho da jovem, que o casamento insatisfatório frustrou. E, ao lado dessa incursão alucinatória, Alaíde tenta recompor sua unidade, reconstituindo o passado. O plano da memória, sempre mais frágil e oscilante, à medida que se aproxima a morte, cumpre a função de configurar os alicerces do presente.

Vê-se que a psicanálise, sem nenhum cunho didático ou descrição simplista de receituário, alimenta a substância do texto. Decompostos numerosos elementos reunidos nas cenas, desdobram-se a mitologia do matrimônio, a rivalidade entre irmãs (disputam ambas o mesmo homem), o complexo de Édipo do adolescente atraído por Mme. Clessy, a completação materna dela no apaixonado, a sedução do pecado em Alaíde, o vazio das aspirações, a ironia do destino. Com matéria quase evanescente, que evita as indagações complicadas, *Vestido de Noiva* corporifica em beleza poética uma rica e despretensiosa experiência humana.

Depois de fixar o subconsciente, era natural que Nelson Rodrigues desse mais um passo em sua pesquisa, buscando os arquétipos, o inconsciente coletivo. Surgiu, em 1945, *Álbum de Família*, que, logo interditada, conseguiu liberação em 1965, cerca de vinte anos depois. Se cabe afirmar que as duas primeiras peças privilegiam a análise psicológica, a terceira realização inaugurou o ciclo mítico do autor.

Em depoimento publicado no primeiro número da revista *Dionysos*, do Serviço Nacional de Teatro, em outubro de 1949, Nelson Rodrigues rotulou como "desagradáveis" as peças de sua nova fase, porque, "segundo já se disse, são obras pestilentas, fétidas, capazes por si sós de produzir o tifo e a malária na platéia". Em verdade, abolindo a censura e a autocensura, suas personagens se entregam à mais desvairada liberação dos instintos, sem o menor tributo às conveniências. Tudo se concentra na família de Jonas, símbolo do núcleo primitivo da existência, princípio e fim de todas as paixões e ódios. Desencadeado o processo do incesto, que assume variadas formas, Edmundo, o filho de Jonas, pode fornecer, no último ato, a chave do texto: "Mãe, às vezes eu sinto como se o mundo estivesse vazio, e ninguém mais existisse, a não ser nós, quer dizer você, papai, eu e meus irmãos. Como se nossa família fosse a única e primeira. (*numa espécie de histeria.*) Então, o amor e o ódio teriam de nascer entre nós. (*caindo em si.*) Mas não, não".

Anjo Negro, o texto seguinte, escrito em 1946, um ano depois de *Álbum de Família*, introduz uma variação na sondagem ensaiada. Enquanto a mãe Senhorinha tinha envolvimento amoroso com os filhos homens e ódio pela única filha, a mãe de *Anjo Negro*, Virgínia, repudia também a filha, mas assassina um a um os três filhos homens, ainda na infância. Explica-se o motivo: mulher do negro Ismael, ela tem filhos mulatos, que a seu ver devem ser sacrificados. Nelson enfrenta corajosamente o problema racial, pondo a nu o preconceito, que, não obstante todas as recusas, existe velado na sociedade brasileira. A par da relação conflituosa, Virgínia e Ismael se atraem reciprocamente, e surge nele, introjetada, a falta de auto-estima, ao admitir que a mulher destrua a sua descendência.

Nelson não faz estudo sociológico sobre a questão racial. Não lhe interessa apontar um caminho para a solução do problema – essa é tarefa de outra natureza, não projeto dramatúrgico. Incumbe à ficção ir ao cerne das motivações humanas, e *Anjo Negro* desnuda o conflituoso relacionamento da mulher branca e do homem de cor. Ao invés de indicar um desfecho prosaico, a tragédia termina depois que o casal encerra num túmulo de vidro a filha de Virgínia e de Elias, o irmão de criação (branco) de Ismael. O coro sabe que o ventre de Virgínia foi de novo fecundado pelo marido e pressagia o "futuro anjo negro que morrerá como os outros". O ritual se repete, imutável.

Mais uma incursão no território mítico é procedida em *Senhora dos Afogados* (1947), interditada em janeiro de 1948 e finalmente estreada em 1954, no Municipal do Rio, no desempenho da Companhia Dramática Nacional, do Serviço Nacional de Teatro. O dramaturgo por assim dizer atualiza a *Oréstia*, de Ésquilo, pelo modelo próximo de *Mourning Becomes Electra*, de O'Neill. A trilogia grega trata da sucessão final de crimes, na família dos Átridas, a partir do sacrifício de Agamenon, na volta triunfal da Guerra de Tróia, com o objetivo de consagrar a instituição do Tribunal do Aerópago. O dramaturgo norte-americano ressalta o ângulo psicanalítico nos conflitos familiares, situando-os sob a égide de Freud. E Nelson acompanha a tônica psicológica de O'Neill, assinalando a poesia vinda de uma "personagem invisível: o mar próximo e profético, que parece estar sempre chamando os Drummond (os protagonistas da tragédia), sobretudo as suas mulheres".

A referência a *O Luto Assenta a Electra* (ou *Electra e os Fantasmas* ou *Electra Enlutada*, outros títulos dados em português a *Mourning Becomes Electra*) não invalida em nada *Senhora dos Afogados*, cuja originalidade se mantém intacta. Se Agamenon, em Ésquilo, e Ezra Mannon, em O'Neill, são assassinados pelas esposas no início da saga trágica, o Misael Drummond brasileiro permanece vivo até o final, para expirar de forma imperceptível no regaço da filha Moema. A maldição familiar grega assume fisionomia diferente, no universo rodrigueano: Misael fora ligado a uma prostituta, da qual teve um filho, que supunha morto. Essa prostituta quis inaugurar o leito nupcial do amante, quando ele casou com outra, D. Eduarda. Misael então a

Nelson Rodrigues. Foto: Carlos Mosckovics, Arquivo Multimeios/Divisão de Pesquisas-IDART.

assassinou, a golpes de machado. Caberia ver nesse crime um símbolo: para um homem casar, precisa sacrificar a prostituta que existe na mulher, sobrando, assim, o matrimônio frio, assexuado. Nos liames incestuosos que tanto atraem Nelson, o filho desconhecido se torna noivo de Moema, sua meia-irmã, e seduz D. Eduarda, esposa do pai, verdadeira Fedra, às voltas com Hipólito. A trama transita entre várias sugestões míticas.

Dorotéia, estreada em 1950, encerra brilhantemente essa fase do dramaturgo, ainda que tivesse sido um malogro de público e, nas ousadias formais, selasse o divórcio definitivo com a crítica atuante. O princípio dos equívocos vinha do próprio gênero que lhe foi atribuído – farsa irresponsável. Na primeira edição da peça, o prefaciador Carlos Castello Branco não hesitou em qualificá-la "a mais realizada" das tragédias rodrigueanas. O mito em jogo, aí, é o da morte contraposta à vida ou, como viu o analista, o espectador assiste, estarrecido, à "inexorável vitória da morte sobre a vida".

As primas D. Flávia, Carmelita e Maura vivem numa casa feita de salas, sem nenhum quarto (a privacidade representaria o incitamento ao pecado), maceradas pela vergonha eterna de saber que "temos um corpo nu debaixo da roupa..." A castidade funciona como maldição familiar, desde que a bisavó amou um homem e casou com outro, recebendo, na noite de núpcias, a náusea. O pecado contra o amor provoca não apenas a punição da pecadora, mas se entende às sucessivas gerações.

Nesse ambiente ascético surge Dorotéia, a prima que se rendeu ao homem e, vítima de múltiplos padecimentos, resolve apaziguar-se no retorno à vida familiar. O pecado da carne exige expiação e, para ser recebida como igual, Dorotéia cobre a beleza com chagas deformadoras. As mulheres estão prontas para apodrecer juntas.

Nelson ensaia, ao lado dessa visão paroxística da criatura humana, uma linguagem que se poderia julgar de vanguarda, haurida na liberdade do surrealismo. Botinas desabotoadas simbolizam o noivo prometido a Das Dores, que, por sua vez, manifesta a frustração de maternidade de D. Flávia. Nascida de cinco meses e portanto morta, Das Dores é obrigada a retornar ao útero materno, quando tenta um grito de liberdade que a deslocaria da estrita ética daquelas mulheres sem homens. Na primeira montagem, Ziembinski deu a Dorotéia o tratamento hierático, solene, da tragédia. O texto só veio a atingir plena comunicabilidade anos mais tarde, quando a encenadora Heleny Guariba adotou o instrumental da farsa, em espetáculo interpretado pelo elenco da Escola de Arte Dramática de São Paulo.

Terminada a viagem pelo inconsciente coletivo, Nelson voltou, no monólogo *Valsa n. 6* (1951), escrito para sua irmã Dulce Rodrigues, ao domínio da subconsciência. Mecanismos psicológicos o levaram a declarar que a personagem, a adolescente Sônia, já estava morta, e procurava lembrar-se do que aconteceu. "Coloquei uma morta em cena – afirmou ele – porque não vejo obrigação para que uma personagem seja viva. Para o efeito dramático, essa premissa não quer dizer nada". Entretanto, uma análise atenta da peça revela que seu tempo real é semelhante ao de *Vestido de Noiva*. No plano da realidade, ia-se do acidente sofrido por Alaíde até sua morte, na mesa de operação. Em *Valsa n. 6*, Sônia recebe uma punhalada (que equivale ao acidente) e morre, minutos depois. A mente em decomposição de Alaíde corporificava no palco as personagens que povoavam o seu mundo. Sônia, antes de morrer, revive em cena os demais protagonistas de seu universo. Daí ser legítimo considerar *Valsa n. 6* uma espécie de *Vestido de Noiva* às avessas.

O passo seguinte do dramaturgo deveria conduzir a novo rumo. Acontece que, a essa altura, ele era provavelmente o jornalista mais popular do Rio de Janeiro, com a publicação diária, na *Última Hora*, de contos-crônicas, sínteses às vezes admiráveis de observações psicológicas, nutridas do cotidiano. Era impossível que esse veio não contaminasse o seu teatro (uma seleção de onze dessas milhares de pequenas ficções foi encenada, por Luiz Arthur Nunes, com expressivo êxito, mantendo-se a narrativa ao lado dos diálogos, na temporada carioca de 1991). Peças que deliberadamente acolhessem o prosaico seriam concessão ao gosto popular, ao *kitsch*? Excessos e exageros, na fronteira do melodramático e do inverossímil, já compareciam nas mais austeras criações rodrigueanas, e ele sempre descartou a estética do bom gosto, sinônima, no seu entender, do anêmico, do dessorado, do medíocre.

A fase inaugurada por *A Falecida*, em maio de 1953, no Teatro Municipal do Rio, promove a fusão entre as peças psicológicas e as míticas. Três desses textos – *A Falecida*, *Boca de Ouro* e *Beijo no Asfalto* – receberam do autor a classificação de "tragédias cariocas". *Perdoa-me por me Traíres*, de 1957, que sucedeu cronologicamente a *A Falecida*, foi qualificada como "tragédia de costumes". *Os Sete Gatinhos* seria uma "divina comédia". *Toda Nudez Será Castigada* definiu-se como "obsessão". Qual o denominador-comum de todos esses textos? O crítico Pompeu de Souza evocou a "comédia de costumes", reconhecendo tratar-se de uma "estranha e personalíssima comédia de costumes, é verdade, que fez o próprio autor equivocar-se na sua classificação e chamá-la de 'tragédia carioca' ao primeiro e melhor exemplar, até aqui, de sua obra neste novo rumo: *A Falecida*". Ao organizar-se a edição do *Teatro Completo*, o autor optou, após múltiplas considerações, por enfeixar essa última fase no gênero da "tragédia carioca".

Zulmira, protagonista de *A Falecida*, tem muito de uma Bovary suburbana, que procura compensar a vida frustrada com um enterro de luxo. Doente, tomada pelo pressentimento de que a morte está próxima, ela cumpre uma trajetória alucinada, semelhante à de muitos heróis expressionistas. Por outro lado, o marido Tuninho, que perdeu o emprego e gasta as sobras da indenização, mostra-se impotente para tomar qualquer providência prática.

O itinerário cumprido por Zulmira apenas sublinha a solidão. Na casa funerária, em que encomendou o caixão dispendioso, ela é objeto da cobiça de Timbira, já tipificado como Don Juan suburbano. O desvio religioso encaminha-se ao culto teofilista. A família não sabe como responder aos seus anseios. Quem custearia o fantástico funeral? Zulmira indica ao marido o empresário João Guimarães Pimentel, dono de uma frota de lotações e qualificado pelo matutino sensacionalista *O Radical* "de gatuno pra baixo".

Consumado o óbito, de tuberculose galopante, Tuninho satisfará a última vontade de Zulmira, sem estar informado por que Pimentel pagaria o enterro, pois "uma morta não precisa responder..." O empresário, acreditando-o primo e não marido de Zulmira, confidencia que eles foram amantes, e narra a intimidade dos sentimentos dela, tão melancólicos para Tuninho. O traído, em sinal de vingança, reclama uma quantia fabulosa, e começa o seu calvário de desespero. Num ajuste póstumo de contas, adquire o mais barato caixão, ao invés de proporcionar a Zulmira o enterro de luxo.

E o quadro final de *A Falecida* se resume a uma soma de frustrações: Zulmira, sepultada quase em vala comum, sem o consolo do enterro fantástico; Tuninho, marido que tomou conhecimento da traição da mulher; Timbira, que não conquistou Zulmira, nem vendeu um caixão especial; e Pimentel, vítima de chantagem, quando estava distante a aventura com Zulmira. As personagens principais de *A Falecida* se unem pela peça que a vida lhes prega.

Escrevendo em *O Reacionário* sobre o escândalo da estréia de *Perdoa-me por me Traíres*, ocorrida em junho de 1957, no Municipal do Rio, em que pela primeira vez atuou como ator, Nelson Rodrigues observou, depois de aludir a uma "santa senhora", que, trepada numa cadeira, se esganiçava, chamando-o de "Tarado! Tarado!":

[...] comecei a ver tudo maravilhosamente claro. Ali, não se tratava de gostar ou não gostar. Quem não gosta, simplesmente não gosta, vai para casa mais cedo, sai no primeiro intervalo. Mas se as damas subiam pelas paredes como lagartixas profissionais; se outras sapateavam como bailarinas espanholas; e se cavalheiros queriam invadir a cena – aquilo tinha de ser algo de mais profundo, inexorável e vital. *Perdoa-me por me Traíres* forçara na platéia um pavoroso fluxo de consciência. E eu posso dizer, sem nenhuma pose, que, para a minha sensibilidade autoral, a verdadeira apoteose é a vaia. Dias depois, um repórter veio entrevistar-me: – "Você se considera realizado?" Respondi-lhe: "Sou um fracassado". O repórter riu, porque todas as respostas sérias parecem engraçadíssimas. Tive de explicar-lhe que o único sujeito realizado é o Napoleão de hospício, que não terá nem Waterloo nem Santa Helena. Mas confesso que, ao ser vaiado, em pleno Municipal, fui, por um momento fulminante e eterno, um dramaturgo realizado, da cabeça aos sapatos.

O "pavoroso fluxo de consciência" foi certamente provocado pelos desdobramentos da trama terrível mas, sobretudo, pela cena patética, em que Gilberto pede à mulher Judite que o perdoe, por traí-lo. Como assim? – seria a pergunta óbvia. Na ordem natural dos acontecimentos, a adúltera é que pediria perdão ao marido, e ele teria o caminho livre, se quisesse, para matá-la, protegido pelo instituto legal da legítima defesa da honra. Uma história nesses termos não representaria nenhum atrativo para Nelson, avesso a situações convencionais.

Gilberto julga-se culpado de ser traído. Personagem de ressonâncias dostoievskianas, ele se atira aos pés de Judite, para dizer a frase de extrema delicadeza moral, que dá título à peça: "Perdoa-me por me traíres". Ele é que fora o homem imperfeito, não a satisfazendo completamente. Se ela o visse como ser absoluto, não se entregaria a outros. A peça fornece pungente retrato da incomunicabilidade, um doloroso quadro do desespero do relacionamento.

A crítica não entendeu assim a confissão de Nelson, levando-o a revidar, menos de três meses depois, os ataques recebidos, em *Viúva, porém Honesta*, lançada em setembro de 1957. Pelas características especiais, não se trata de tragédia carioca, mas de farsa irresponsável, o mesmo gênero da mítica *Dorotéia*, e pertence mais à linha psicológica, não obstante o tom geral de sátira, porque representa o sentimento do dramaturgo em face do "crítico teatral da nova geração". Este está encarnado na figura de Dorothy Dalton (nome da estrela do cinema mudo), foragido do Serviço de Assistência aos Menores e que, inclusive pela aparência efeminada, desperta no redator-chefe de *A Marreta*, o maior jornal do Brasil, de propriedade do Dr. J. B. de Albuquerque Guimarães (veja-se a alusão das iniciais), a inevitável pergunta: "Não é escrito e escarrado o crítico teatral da nova geração?"

O teor satírico da farsa não se esgota na brincadeira a que o dramaturgo submete Dorothy Dalton, cuja morte foi assim transmitida no rádio: "Atenção! Atenção! Conforme o *Repórter Esso* anunciou em edição extraordinária, faleceu, esta madrugada, conhecido crítico teatral da nova geração e fugitivo do SAM, Dorothy Dalton. O extinto foi atropelado, segundo uns, por um papa-fila, segundo outros, por uma carrocinha de chica-bom". Num ímpeto anárquico deflagrado contra todas as instituições, Nelson põe na boca do Diabo, respondendo a réplica do Psicanalista, segundo a qual ele não devia entrar em casa de família: "Que família? A tua? A dele? E vou provar o seguinte, querem ver? Que é falsa a família, falsa a psicanálise, falso o jornalismo, falso o patriotismo, falsos os pudores, tudo falso!" A bem-humorada demolição atinge os mais diversos valores.

Em dezembro de 1958, o autor retomou a trilha da tragédia carioca, interrompida pelo desabafo de *Viúva, porém Honesta*, com a estréia de *Os Sete Gatinhos*, qualificada "divina comédia", que parodia

Vestido de Noiva, 1994. Clara Carvalho, Denise Weimberg, Zécarlos Machado e Ana Lúcia Torres, Teatro Aliança Francesa. Foto: Heloísa Grego Bortz, Arquivo Multimeios/Divisão de Pesquisas-IDART.

o título do poema de Dante. A peça foi durante muito tempo considerada apenas mais uma produção do autor, não obstante o prefácio de Paulo Mendes Campos, que a julgava a melhor de Nelson Rodrigues e "um dos trabalhos mais belos, mais fortes e mais impressionantes do teatro mundial contemporâneo". Incluído no espetáculo *Nelson Rodrigues o Eterno Retorno*, o texto não teve alterado seu juízo público, e o encenador Antunes Filho acabou por excluí-lo, por achar sua montagem "oleosa de naturalismo". Ao aproveitá-lo novamente em *Paraíso Zona Norte*, fazendo da primeira parte, *A Falecida*, uma preparação para a violência desencadeada no palco, Antunes revelou-lhe a profunda dimensão, e promoveu *Os Sete Gatinhos* a uma das obras-primas do dramaturgo.

A peça entrelaça vários temas caros ao autor, a partir da mitificação da pureza, encarnada no ideal do casamento de uma virgem, com véu e grinalda. Para que esse símbolo se concretizasse, prostituem-se as irmãs mais velhas de Silene. Instala-se, mais uma vez, a frustração, ao ser diagnosticado que a adolescente estava grávida. O pai, o contínuo Noronha, grita para os interlocutores a miséria da família: "Todos nós somos canalhas! [...] Sabe por que esta família ainda não apodreceu no meio da rua? Por que havia uma virgem por nós! O senhor não entende. Mas, Silene era virgem por nós, anjo por nós, menina por nós!" Destruído o símbolo da virgindade, a família de Noronha pode "finalmente cheirar mal e apodrecer". Nada de prostituição na rua: o pai institui em casa o bordel de filhas.

Paulo Mendes Campos afirma que *Os Sete Gatinhos* desvenda-nos "a visão de outro pecado original, o pecado original do nosso tipo de civilização; a sociedade dividida em castas. Nessa ordem de idéias, o fulcro da peça pode ser o momento em que uma das filhas do velho Noronha atira-lhe no rosto o *insulto* ignominioso: *Contínuo!* Dentro do contexto, essa simples palavra resume toda a dimensão social de *Os Sete Gatinhos*. Um contínuo que não quer ser contínuo e cujas filhas se prostituem. Uma sociedade sem segurança material ou mental, corroída pelo dinheiro e pela fricção com que as idéias e semi-idéias se transmitem entre pessoas desprovidas de dinheiro. Uma sociedade injusta e imbecilizada: na rua, em casa, no colégio, no trabalho. Uma sociedade que sofre de vermes como Silene. Uma família que apodrece dentro da ordem capitalista".

O ressentimento pela origem humilde – nasceu numa pia de gafieira – está no substrato de Boca de Ouro, personagem-título da nova tragédia carioca, escrita em 1959 e interpretada pela primeira vez por Ziembinski, que também a dirigiu, em outubro de 1960, no Teatro Federação de São Paulo. Os episódios como projeção exterior da mente configuram aqui outro procedimento de Nelson. Chegada à redação de um jornal a notícia da morte do bicheiro, resolvem entrevistar D. Guigui, sua ex-amante. Movida pela mágoa de ter sido abandonada, ela dá, no primeiro ato, um depoimento terrível, acusando-o até da prática dos crimes que a Polícia não conseguiu esclarecer. Bastou o repórter informar que ele estava morto para D. Guigui explodir a paixão reprimida, retificando, no segundo ato, a imagem negativa, para reconhecer-lhe mesmo uma "pinta de lorde". Em face da reação do marido, que ameaça abandoná-la, D. Guigui fornece, no terceiro ato, a última versão da personalidade do bicheiro, de novo cruel e assassino, justificando o *flash* radiofônico de um locutor: "Mataram o 'Boca de Ouro', o Al Capone, o Drácula de Madureira, o D. Quixote do jogo do bicho, o homem que matava com uma mão e dava esmola com a outra!" Se, para Pirandello, o homem é a soma de todas as imagens que têm dele, incluindo a própria, Nelson Rodrigues pinta o seu protagonista de acordo com as sucessivas flutuações da subjetividade do "outro", no caso D. Guigui. Nossa imagem não é única, nem imutável, mas se modifica de acordo com o estado emocional de quem nos contempla. Só não varia a frustração final de todos os destinos: Boca de Ouro, que substituiu os dentes perfeitos por uma dentadura do metal precioso (símbolo do poder), se transforma, no necrotério, em cadáver desdentado. Logro reservado pela vida a todas as criaturas.

Beijo no Asfalto, escrita em 1960, a pedido da atriz Fernanda Montenegro, e estreada em julho de 1961, no Teatro Ginástico do Rio, consagra uma convicção inabalável do dramaturgo, segundo a qual toda unanimidade é burra, a ética individual incorruptível se mostra a forma superior de existência, ou, numa frase do Dr. Stockman, protagonista de *Um Inimigo do Povo*, de Ibsen, de que ele tanto gostava: "O homem mais poderoso do mundo é o que está mais só".

Para dramatizar os fundamentos dessa crença, Nelson forja uma trama intensa, que progride inexoravelmente, e cujo desfecho, apenas, parece inconvincente, pela intromissão de uma surpresa melodramática. No nível de uma estética popular, que revaloriza o *kitsch*, talvez seja possível assimilar a "revelação" final do entrecho, que provoca uma reviravolta na expectativa construída e introduz um elemento, se não inverossímil, ao menos não preparado dramaturgicamente de maneira eficaz.

Tudo começa com o pedido de um beijo feito por um atropelado, antes de morrer no asfalto, e que Arandir, passando ocasionalmente pelo local, se apressa em atender. Esse incidente fortuito, que ficaria despercebido, serve de pretexto para as maquinações torpes do repórter Amado Ribeiro que, na ânsia de promover-se com o aumento da tiragem do jornal, transforma o gesto inocente de Arandir em trama de homossexualismo e, para manter o interesse dos leitores, em crime premeditado. Cabe observar, a propósito, que o dramaturgo faz, em *Beijo no Asfalto*, violenta crítica à falta de ética da imprensa, mancomunada com a polícia.

Abandonado até pela mulher, que antes proclamava sua virilidade ("Eu conheço muitos que é uma vez por semana, duas, e até quinze em quinze dias. Mas meu marido todo dia! Todo dia! Todo dia! Meu marido é homem! Homem!"), Arandir pede à cunhada para transmitir a ela, Selminha: "Que em toda minha vida, a única coisa que se salva é o beijo no asfalto. Pela primeira vez, Dália, escuta! Pela primeira vez, na vida! Por um momento, eu me senti bom! [...] É lindo! É lindo, eles não entendem. Lindo beijar quem está morrendo! (*Grita*) Eu não me arrependo. Eu não me arrependo!" Mesmo que o herói seja sacrificado à sanha homicida do coro dos medíocres, Nelson faz sua profissão de fé na verdade irredutível do ser humano.

Já se vê aí, apesar do desfecho trágico, um princípio otimista, pela crença na ética superior do indivíduo solitário. Esse tema, envolto em outras conotações, retornará em *Otto Lara Resende ou Bonitinha mas Ordinária*, lançada em novembro de 1962, no Teatro Maison de France do Rio, sob a direção de Martim Gonçalves. Dentro da prodigiosa riqueza de personagens e da complexidade das situações, ganha o primeiro plano, na peça, o conflito moral de Edgard, que acaba por destruir o cheque milionário que lhe compraria a consciência.

Por que o nome do escritor mineiro no título? O diálogo explica: ele é o autor da frase "o mineiro só é solidário no câncer" – *leitmotiv* da ação desencadeada. Derivação do conceito dostoievskiano, segundo o qual "Se Deus não existe, tudo é permitido", ela alimenta a dúvida de Edgard, dividido entre a venda da alma ao diabo, gozando em conseqüência as benesses da riqueza, e a recusa de ser comprado, resignando-se à miséria mas tendo a certeza de que preservou a dignidade. Dilema ético muito caro ao substrato cristão do dramaturgo, em que a vitória do bem não esconde a tragicidade do destino, ainda que enalteça a transcendência da criatura humana.

Sem nenhuma demagogia, valendo-se apenas da extraordinária capacidade de observação do ficcionista, Nelson realiza, em *Bonitinha*, um dos mais contundentes retratos do País. Em cena antológica, o industrial Dr. Werneck se entrega ao total desregramento, porque não sabe se dali a 15 minutos vai levar um foguete russo pela cara (naquela época, estava no auge a Guerra Fria, hoje substituída por outros fantasmas). Maria Cecília, sua filha, empresa a própria curra, em degradação inimaginável. E, no pólo oposto, os desvalidos da terra, não tendo onde fazer amor, buscam uma sepultura aberta em cemitério, e são ainda assim afastados pelo coveiro. O autor não vê limites para a sua imaginação – lambuza-se no prazer criador.

Todas as personagens, dos protagonistas àqueles que só comparecem numa cena, são caracterizadas com absoluta nitidez. Veja-se a sessão pública de psicanálise, em que as grã-finas, em réplicas lapidares, confessam as suas intimidades. E louve-se principalmente o mefistofélico Peixoto, que tenta Edgard ao entregar-lhe o cheque, quando afirma, categórico: "Mas hoje em dia, escuta, no Brasil, quem não é canalha na véspera, é canalha no dia seguinte". Para acrescentar depois: "Não há ninguém que trepe na mesa e diga: 'Eu sou canalha!' Pois bem, eu digo! 'Eu sou canalha!' Digo isso de boca cheia! 'Sou canalha!' " Nelson vasculha as vísceras do brasileiro. Ou – quem sabe? – do homem de quaisquer latitudes.

Em junho de 1965, no Teatro Serrador do Rio, o dramaturgo encerrou seu mais fecundo ciclo criador, ao estrear *Toda Nudez Será Castigada*, ainda sob a direção de Ziembinski e com a atriz Cleyde Yáconis no desempenho de Geni, papel que, pela audácia, várias atrizes se recusaram a interpretar. Somente a insistência da atriz Neila Tavares o convenceu a escrever, nove anos mais tarde, *Anti-Nelson Rodrigues*, que se situaria melhor entre as peças psicológicas. E, verdadeiro canto do cisne, surgiu por último, em 1978, *A Serpente*, lançada em março de 1980, poucos meses antes da morte do autor.

Toda Nudez Será Castigada impressiona pela exacerbação do universo rodrigueano. Não é sem motivo que, fugindo aos gêneros conhecidos, essa tragédia carioca recebe o qualificativo de "obsessão". As várias personagens são dolorosamente obsessivas. Irmãs gêmeas das que povoam o inferno strindberguiano, elas repetem e depuram as paixões das obras anteriores do dramaturgo.

O dado presente resume-se ao suicídio de Geni, comunicado ao marido Herculano por intermédio de uma gravação. Os acontecimentos que levaram àquele desfecho reconstituem-se num *flashback*, interrompido de vez em quando pela voz que o aparelho transmite. A decisão extrema justifica a atmosfera atormentada, o desespero de cada acréscimo à trajetória apocalíptica dos protagonistas. Natureza radical, Herculano, viúvo, "o único luto do Brasil", apaixona-se pela prostituta Geni, depois de, no primeiro encontro, passar com ela três dias no quarto do bordel. Marcada desde menina pela tragédia, Geni, fiel também à vocação do abismo, entrega-se à louca aventura, até o aniquilamento.

Tece a trama Patrício, irmão de Herculano, Iago que se vinga dele por não ter sido salvo de uma falência. Implicações psicanalíticas brotam dos variados relacionamentos. As tias compensam-se da solidão nos cuidados com o sobrinho Serginho, que vai diariamente ao cemitério, para conversar com o túmulo da mãe. Qual Fedra que revive no enteado Hipólito o amor que nutria por Teseu adolescente, Geni se entrega a Serginho, que edipianamente se vinga assim do pai. Mas o itinerário de Serginho era outro: estuprado na prisão por um ladrão boliviano (achado de sugestões incontáveis), ele viaja em companhia dele para o Exterior, deflagrando o desespero da madrasta. E os antecedentes da fuga se acham muito bem fundamentados, sem que se possa acoimá-la de inverossimilhança.

A *Falecida*, 1994. Yolanda Cardoso, Lourival Prudêncio e Maria Padilha, Centro Cultural São Paulo. Foto: Heloísa Grego Bortz, Arquivo Multimeios/Divisão de Pesquisas-IDART.

Nelson explicita, em *Toda Nudez*, suas inquietações religiosas, que o obrigam a acreditar na eternidade. Diante dela, tudo não passa de "vil detalhe". E, dentro desse racioncínio, mesmo o pessimismo feroz, o logro formidável que a vida reserva para todos os homens, se apequena em face da esperança de ser eterno.

O longo silêncio que se seguiu a essa "obsessão" se explicaria desde o trabalho de jornalista e os problemas de saúde enfrentados pelo dramaturgo, até o sentimento de que ele já dera o seu recado, sem esquecer o projeto ambicioso, não concretizado, de escrever uma autobiografia em nove atos. Por felicidade, Neila Tavares conseguiu arrancar dele o "exercício envergonhado" de *Anti-Nelson Rodrigues* que, sob vários aspectos, reafirma todas as marcas do homem e do autor.

Aparentemente, uma brincadeira rósea, uma história de amor que dá certo, com final feliz. Daí o "anti-Nelson Rodrigues". Examinem-se os ingredientes, para verificar que o escritor não se traiu. Em primeiro lugar, lá está o casal de velhos, incomunicável. Teresa leva o marido a dizer: "A pior forma de solidão é a companhia de minha mulher". O milionário Gastão tem consciência da própria miséria, no desejo de comprar ao menos a misericórdia de uma lágrima em seu velório. Dois indivíduos para os quais não deu certo a morada terrestre.

O filho Oswaldinho define-se como *play-boy* sem conserto, para quem as mulheres representam somente o objeto de prazer. Se o dinheiro lhe falta, rouba sem escrúpulo as jóias da mãe. Édipo dita-lhe um comportamento menos convencional com o pai: envia a ele cartas anônimas, chamando-o de "ramalhal chifrudo". Semelhantes inclinações desenham o caráter irrecuperável, se outro componente não intervier. O nome verdadeiro para explicar o milagre: o amor. Oswaldinho descobre que ama Joice e o amor o redime. Ela está fincada apenas na própria pureza e na força da determinação. Os homens salvam-se pela promessa do amor eterno. O dramaturgo admitiu que, "por essa nostalgia do amor eterno, o *Anti-Nelson Rodrigues* é mais Nelson Rodrigues do que todas as minhas peças anteriores".

A essa altura expandindo-se pela imprensa em *Confissões* e tendo produzido milhares de contos-crônicas cotidianos de *A Vida como Ela É...*, o autor mobiliza todos os seus recursos, entre os quais o amigo Salim Simão travestido em personagem. Desaparecem as fronteiras entre o amigo e o dramaturgo, e algumas réplicas são comuns aos dois, como "Quando se trata de mulher, qualquer homem é um canalha".

A Serpente, que encerra a dramaturgia rodrigueana, não acrescenta facetas novas à imagem até agora construída, não ultrapassando o rescaldo do que de melhor fora feito. Talvez caiba vê-la sob a perspectiva de síntese das características do autor, em que o tema freqüente da inclinação de duas irmãs pelo mesmo homem se transfere do papel de coadjuvante para o de protagonista. Nelson se mostra mais ousado, no tratamento do sexo. E introduz uma técnica narrativa nova – após o diálogo, às vezes, uma espécie de "monólogo interior aos gritos", em que o ator vem para o proscênio e "fala para a platéia como o tenor na ária".

Desencadeia-se a tragédia a partir do oferecimento que Guida faz à irmã Lígia de passar uma noite com o seu marido Paulo, compensando-a da impotência do cunhado Décio. Curado dessa impotência por uma "crioula de ventas triunfais", Décio não recupera a mulher, que se apaixonou por Paulo. E o dilaceramento dessa união incestuosa deságua no crime: Paulo empurra Guida do peitoril da janela elevada, provocando-lhe a morte. Provavelmente o sentimento de culpa domina tudo o mais, fazendo Lígia gritar que o cunhado é o assassino.

Ninguém melhor do que Tristão de Athayde, o grande crítico do modernismo, sintetizou a contribuição de Nelson Rodrigues ao teatro brasileiro. Em necrológico publicado no *Jornal do Brasil* e na *Folha de S. Paulo* de 6 de fevereiro de 1981, afirmou ele, a propósito da estréia de *Vestido de Noiva*:

> Foi, para mim, a complementação teatral retardada, mas genial, da revolução modernista. Curiosa essa entrada tardia da cena no elenco modernista de poemas, romances e críticas. Chegou em último lugar, quando já o tumulto modernista passara por duas fases e estava em vésperas da terceira. Mas chegou para ficar. E ficar de modo ainda mais criativo e permanente do que a seara poética ou romanesca de 1922. Pois, com Nelson Rodrigues, o teatro se transforma, junto à música popular, no gênero mais representantivo das letras do nosso século XX. Esse pernambucano de origem, carioca de adoção, entrava de peito na ribalta, para transformá-la radicalmente pelo sopro de uma personalidade absolutamente singular, que refugou todo o elitismo verbal e psicológico modernista, para entrar em cheio na massa das paixões mais populares. Daí a sua popularidade única e natural, que fez descer o modernismo às ruas e à lama das ruas.

Afeiçoada definitivamente a linguagem de suas peças às exigências do palco, Nelson deveria influir de forma decisiva na formação de nossa dramaturgia contemporânea. A princípio, incomodava até o excesso de incestos em textos nitidamente influenciados por ele. Depois, essa influência transcendeu particularidade tão pessoal, para manifestar-se na réplica enxuta e incisiva e na flexível composição dramática. Não haverá nenhum exagero em reconhecer que, direta ou indiretamente, beneficiaram-se de suas conquistas todos os dramaturgos que o sucederam.

Hermilo Borba Filho, quase contemporâneo de Nelson, deixou-se marcar pela sua personalidade. Os primeiros experimentos de Augusto Boal lhe eram devedores, mesmo se o autor do *Teatro do Oprimido* enveredou mais tarde por outras direções, em grande parte opostas às abertas por Nelson. Jorge Andrade hesitava na forma de colocar, em *A Moratória*, os episódios passados nos anos de 1929 e 1932 (sucessão temporal linear ou uso do *flashback*?), e o levei a ler *Vestido de Noiva*, inspiradora da técnica original de sugerir que uma cena do presente parecesse preparar uma do passado. Oduvaldo Vianna Filho aproveitou inteligentemente a liberdade nas mudanças de planos para conceber a arquitetura tanto de *Moço em Estado de Sítio* como de *Rasga Coração*. Plínio Marcos nunca escondeu que, desbravado o caminho por Nelson, tudo ficou mais fácil para ele. Notam-se reminiscências de obras rodrigueanas em *Muitos Anos de Vida*, de Alcione Araújo. Praticamente a nova geração inteira aprendeu a fazer diálogo com Nelson Rodrigues.

Sofremos ainda hoje as conseqüências da ditadura militar, sobretudo do Ato Institucional n. 5, de 13 de dezembro de 1968, e da insatisfatória política de cultura dos vários governos. A censura e mais tarde a falta de verbas dificultaram a montagem dos autores brasileiros. Muitos nomes, desestimulados pelas circunstâncias desfavoráveis, recolheram-se ao silêncio. Nesse panorama, pela solidez de sua obra, que já não assustava aos bem-pensantes, Nelson Rodrigues passaria a reinar, quase solitário. A década de 80 consagrou-o, nos mais diversos quadrantes, e todos os meses ao menos uma peça de sua autoria freqüenta o cartaz.

Não se contendo nas fronteiras da dramaturgia, a obra rodrigueana revoluciona também a encenação. Na década de 40, *Vestido de Noiva*, montada por Ziembinski, foi o marco do primeiro espetáculo moderno brasileiro. Muitas experiências se sucederam e, nos anos 80, Antunes Filho deu novo sopro ao palco, dirigindo *Nelson Rodrigues o Eterno Retorno (Álbum de Família, Os Sete Gatinhos, Beijo no Asfalto* e *Toda Nudez Será Castigada), Nelson 2 Rodrigues (Álbum de Família* e *Toda Nudez Será Castigada)* e, por último, *Paraíso Zona Norte (A Falecida* e *Os Sete Gatinhos)*.

Atualmente, por meio de traduções, teses e montagens bem-sucedidas, Nelson Rodrigues principia a receber o reconhecimento internacional.

(1992)

3. Jorge Andrade

Um Painel Histórico

Em busca do pai perdido, os bens e o sangue, painel de quatrocentos anos da História do Brasil poderiam ser algumas indicações para configurar a dramaturgia de Jorge Andrade, autor de uma das obras mais orgânicas e conseqüentes tanto do nosso teatro como de nossa literatura. Lamenta-se que sua morte prematura, em 13 de março de 1984, antes de completar 62 anos de idade (ele nasceu em 21 de maio de 1922), tenha interrompido uma produção que prometia ainda muitos frutos. Era projeto do autor, decepcionado com a última experiência na televisão, retornar de São Paulo à cidade natal de Barretos e escrever algo no gênero de *Longa Jornada Noite Adentro*, de O'Neill, de que o romance *Labirinto* representava uma espécie de ensaio. Assim como o ciclo da vida se fechou, pode-se afirmar, porém, que o legado artístico está completo, não sugere falta de acabamento.

A construção do teatro de Jorge Andrade tem o desenho dos monumentos pacientemente elaborados. Não que fosse nítido, a partir do primeiro texto, *O Telescópio*, de 1951, o contorno global do empreendimento. O ato único, de cunho realista, encerra sobretudo a virtude de revelar um talento com vocação evidente para o palco, pela capacidade de propor de imediato o conflito e exprimir-se em diálogos cortantes. Aí se encontra também o primeiro exorcismo dos demônios familiares – a pintura da aristocracia rural decadente, em que o velho tronco de fazendeiros confronta a dissolução de costumes da nova geração. A propósito de *O Telescópio*, Anatol Rosenfeld observou com argúcia: "A obra, embora menor em relação às outras peças, e sem ação propriamente dramática, já que apresenta apenas uma situação, tem uma função importante dentro do conjunto, por relacionar as suas personagens com as das outras peças".

A partir de *O Telescópio*, puxa-se o fio da memória, que se enraíza, a seguir, num episódio testemunhado na infância do dramaturgo: a perda da fazenda do avô, em decorrência da crise econômica de 1929 e da baixa internacional do preço do café. Resultou *A Moratória*, encenada em 1955, a meu ver o primeiro acréscimo significativo ao nosso palco, depois do lançamento de *Vestido de Noiva*, de Nelson Rodrigues, na temporada carioca de 1943.

A menção a *Vestido de Noiva* não é fortuita. Socorro-me de reminiscências pessoais. Jorge Andrade era aluno da Escola de Arte Dramática de São Paulo, onde passei a lecionar, em 1953. Levara-o ao estabelecimento um conselho da atriz Cacilda Becker, que vislumbrou nele a aptidão para escrever. O curso de preparação de ator (naquele tempo a EAD não tinha incorporado a Dramaturgia ao seu currículo) propiciara a necessária intimidade com as exigências do palco. Jorge contou-me a trama e a dificuldade, que não estava conseguindo superar, de unir os tempos de 1929 e 1932, indispensável à estruturação da história. Aconselhei-lhe a leitura da peça rodrigueana, que havia resolvido muito bem o problema de três planos – o da realidade (presente), o da memória e o da alucinação.

O dramaturgo, intuitivamente, identificou ali o exemplo para o seu vôo pessoal. Nada há em *A Moratória* que evoque *Vestido de Noiva*. Apenas, pode-se diagnosticar a transmissão de um processo, a presença da continuidade e a existência de ruptura enriquecedora. Jogando com os planos do presente (1932) e do passado (1929), Jorge não fez do segundo mero *flashback* ilustrador do drama final. A mestria técnica era tão admirável que, na dinâmica do texto, freqüentemente um episódio de 1932 parecia preparar o que ocorreu em 1929. O cenário, dividido diagonalmente em duas partes, correspondendo à opulenta fazenda de café do passado e à modesta casa na cidade do presente, sugeria a paralisação do tempo numa realidade superior e esmagadora. Na simultaneidade retratada, uma cena de hoje tanto pode sugerir o acontecido há três anos e mostrado cronologicamente no palco, depois, como a esperança vã de ontem encontra superposto o comentário irônico de agora. Formalismo jurídico não trouxe o benefício da moratória ao fazendeiro, selando de maneira irremediável a sua decadência.

Da memória familiar específica, o dramaturgo ascende à memória grupal. Curiosamente, em *Pedreira das Almas*, peça seguinte, ele não espelha o momento de fastígio da aristocracia do campo. A consciência da perda desse mundo, marca arraigada na personalidade, o leva a descrever outro instante de crise – a derrota dos liberais ante as forças absolutistas, na Revolução de 1842 (quase um século antes dos episódios de *A Moratória*), no cenário tomado da cidade mineira de São Tomé das Letras, quando se esgotaram os veios auríferos. Desolação, de novo, pela inviabilidade econômica da sobrevivência, agravada pela vitória militar do Poder imperial. Contrasta com o ambiente de morte material e humana a esperança na vida do Planalto, para onde se deslocam os construtores da civilização do café. Os protagonistas de *Pedreira* são alguns dos antepassados das personagens fixadas nas peças que transcorrem no século XX.

Ao observador atento não passará despercebido que o dramaturgo encara objetivamente a inevitabilidade da queda desse universo. O aparente saudosismo exprime apenas compreensão e amor, sem os quais o dramaturgo se perderia em ato condenatório maniqueísta. Sob esse prisma, ele se mostra discípulo de Tchecov, que tanto admira. A obra de arte só tem grandeza se atribui peso semelhante às razões dos antagonistas. O engajamento confesso na posição de uma personagem corre o risco de apequenar o oponente, caricaturando-o. Jorge se empenha em dar suporte humano a todas as suas criaturas.

Até *Pedreira*, não obstante as derrotas, a perspectiva é sempre a das classes dominantes. Tratava-se de apreender os ascendentes, filtrados no próprio sangue. O fazendeiro que restou no dramaturgo, contudo, não era tecido da mesma substância dos ancestrais. Em seu meio, ele era o "diferente", o que não erige em absolutos os valores da terra – de certa forma, do ponto de vista psicológico, o "bastardo". Fiscal na fazenda que o pai ainda herdou, Jorge não apenas se dedicava aos prazeres secretos da leitura e da música, mas tinha nos colonos, cujas aflições partilhava, amigos e confidentes. O conhecimento profundo da "senzala" (o outro lado da "casa grande") não o tomou de surpresa ao inteirar-se da tragédia de Catulé, em Malacacheta, no Estado de Minas Gerais, onde trabalhadores do campo, movidos por delírio místico, em novo messianismo tão típico da miséria brasileira, foram assassinados por balas policiais, a serviço do dono das terras.

Ao escrever *Vereda da Salvação*, retomada da história do Gólgota, por colonos acionados pela completa marginalidade social, Jorge emprestou às personagens o alimento dos indivíduos de seu convívio diário de quase uma década, na fazenda paterna. Criador sem fronteiras, era-lhe fácil assumir a humanidade daqueles deserdados. No mesmo universo de sua vivência pessoal, não havia nenhuma violentação em adotar a óptica dos oprimidos. Na verdade, estranhos também no meio em que se moviam, eles eram muito mais próximos do autor do que aqueles que lhe transmitiram o sangue e a terra.

Vereda, obra pungente e poderosa, teve a infelicidade de estrear no Teatro Brasileiro de Comédia, templo da burguesia paulista (mesmo na fase de textos nacionais, em que sobressaíram *O Pagador de Promessas*, de Dias Gomes, e *A Semente*, de Gianfrancesco Guarnieri), em maio de 1964, pouco depois do golpe militar. A direita triunfante não admitiu a encenação de tal ousadia, em seu reduto privilegiado. E a esquerda míope, talvez ferida pela derrota inesperada, não soube enxergar na peça a revolta, embora irracional, dos dominados de todos os tempos. Incompreendido por uns e por outros (penso, comigo, não ter sido muito feliz, também, a encenação, histérica em demasia, do grande diretor Antunes Filho), o espetáculo foi retirado do cartaz com pouco mais de um mês de carreira. O dramaturgo passou a figurar, em definitivo, na incômoda galeria dos que atraem a desconfiança da esquerda ortodoxa e da direita obtusa.

A criação literária não obedece a planejamento cronológico rigoroso. Uma fase não se exaure completamente, para dar lugar a outra, em propósito racional. A decadência da aristocracia rural multiplicou-se em histórias diferentes, de crônica variada. O velho Quim de *A Moratória*, transposição do avô do dramaturgo, pertencia à família Junqueira, vinda de Minas para São Paulo no século passado. O velho Antenor de *A Escada*, empurrado de um apartamento a outro dos filhos, julgava-se desapossado do bairro inteiro do Brás, que pertencera um dia a seus ascendentes. Jorge não escondia que reproduzira nele um membro da família Almeida Prado, de sua mulher, paulistas "quatrocentões", que desembarcaram no Brasil no momento da descoberta. Ainda uma vez, a tentativa, como em *A Moratória*, de recuperar um bem inevitavelmente perdido.

A Escada, no meu entender, pelos traços excessivamente preconceituosos (embora reais) de Antenor, acaba incidindo em caricatura, o que lhe diminui o alcance artístico. Os numerosos conflitos familiares, no reduzido tempo de duração da peça, padecem também de esquematismo. A superficialidade não disfarçada, dentro do eficaz procedimento técnico, talvez explique o grande favor de público obtido pelo espetáculo.

Voltado para os conflitos do presente, após a crise do café, o dramaturgo inaugura, em *Os Ossos do Barão*, o ciclo de industrialização da metrópole paulistana. Há, na comédia, dois grupos de personagens: de um lado, a aristocracia decadente, representada por Miguel e sua família, cujo sobrenome Camargo Parente de Rendon Pompeu e Taques contém as dezesseis famílias que vieram na caravela de Martin Afonso de Sousa; e, de outro, Egisto Ghirotto, sua mulher e filho, imigrantes enriquecidos na economia do campo, e que dão início à próspera indústria da tecelagem. O texto celebra, pelo casamento da jovem aristocrata empobrecida e do jovem filho de imigrante enriquecido, a união da tradição e do trabalho, do nome e da ânsia de progresso, construindo, na perspectiva das classes dominantes, a pujança desenvolvimentista de São Paulo. Essa é a biografia imaginária de muitas riquezas famosas da metrópole. A capacidade de identificar-se aos "estranhos" fez que Jorge colocasse no primeiro plano, como protagonista, o carcamano Egisto Ghirotto, dotado de simpatia, espertaza e inteligência avassaladoras. A leveza cômica não impede que Egisto se distinga entre as melhores personagens do dramaturgo.

Senhora na Boca do Lixo é mais um retrato de uma aristocrata decadente, inadaptada na realidade de hoje. Serviu de modelo ao autor um caso inscrito na crônica policial da imprensa, que não foi difícil transformar em tema de peça, pela proximidade com o seu mundo habitual. Noêmia, a protagonista, à falta de dinheiro, custeia as viagens costumeiras à Europa com o produto de utilidades contrabandeadas, prática freqüente, ao que se diz, entre os que gozam de franquias alfandegárias. Basta um delegado cumpridor da lei imiscuir-se na situação para que se configure o ilícito, acarretando conseqüências inesperadas. O esporte leviano passa a ser capitulado no Código Penal. A prisão de ilustre dama da sociedade mobiliza a defesa da classe dominante, dissolvendo em vazio o que teria continuidade desagradável, fosse outro o réu.

O dramaturgo aproveita o caso para fazer mais uma denúncia das injustiças sociais, sem cair no panfletário e sem deturpar as psicologias. O conflito adquire maior densidade, porque Camila, filha de Noêmia, é noiva de Hélio, o delegado responsável pela diligência. Jorge manipula muito bem a situação contraditória criada. *Senhora*, evidentemente, não tem grande ambição artística, mas cumpre a proposta modesta que se traçou.

A Escada, *Os Ossos* e *Senhora* são desdobramentos atuais da penosa sobrevivência da aristocracia despojada de seus bens. O autor poderia explorar indefinidamente o tema, valendo-se da copiosa exemplificação fornecida pela realidade. Ainda bem que os três textos encerraram essa fase, que de resto lhe trouxe amplo favor popular (*Os Ossos* permaneceu mais de um ano em cena, no TBC de São Paulo, e *Senhora* fez boa carreira no Rio de Janeiro). Um dramaturgo exigente precisaria tentar outros caminhos – e Jorge não recuou ante o desafio.

É lícito afirmar que as três peças que se seguiram – *Rasto Atrás*, *As Confrarias* e *O Sumidouro* – incluem-se entre as mais elaboradas da produção andradina. Elas aboliram qualquer receio de não serem comerciais. Exigem numeroso elenco e efeitos técnicos sofisticados, afastando a hipótese de concessão. Com elas, o autor decidiu esquecer as fronteiras cênicas habituais, inscrevendo-se em absoluto entre os grandes criadores dramáticos.

Após se haver debruçado sobre o mundo exterior, nas três últimas obras, embora as personagens lhe fossem muito familiares, Jorge resolveu escrever, em *Rasto Atrás*, uma peça nitidamente autobiográfica. A ação se estende de 1922, ano em que nasceu, até 1965, quando completava 43 anos. Sério exercício de introspecção, o texto se passa numa viagem de volta ao Interior, ao encontro do pai distante: "É necessário que eu compreenda, de uma vez por todas, o que se passou entre nós". Em outros termos, a busca da identidade, a inquirição a respeito da própria existência, o balanço doloroso e honesto da vida inteira.

Cita-se, com freqüência, que Jorge aproveitou o conselho recebido do dramaturgo norte-americano Arthur Miller, quando de sua viagem aos Estados Unidos. Miller lhe disse: "Volte para o seu País, Jorge, e procure descobrir porque os homens são o que são e não o que gostariam de ser, e escreva sobre a diferença. O romance *Labirinto* assim glosa o motivo: "Deve haver nele (mundo) um lugar que é só meu. Gostaria de abrir portas, ver como os outros vivem, o que pensam, o que têm e o que gostariam de ter".

A marca de Arthur Miller não se acha presente apenas no conselho incorporado. Caberia, perfeitamente, estabelecer um paralelo entre algumas peças de Jorge e do autor de *Todos Meus Filhos*. *A Moratória* apresenta pontos comuns com *A Morte de um Caixeiro-Viajante*. *Vereda da Salvação* vincula-se, de alguma forma, a *The Crucible* (*As Feiticeiras de Salém*). E *Rasto Atrás* tem algo de *After de Fall* (*Depois da Queda*), sobretudo na coragem e no desassombro do autoquestionamento. Foi sem dúvida a peça em que Miller discute o suicídio de Maggie (projeção de sua ex-mulher, a atriz Marilyn Monroe) o elemento provocador da busca do tempo (ou pai) perdido do dramaturgo brasileiro.

O título vem do despistamento da caça ante a perseguição do caçador. As artimanhas não impedirão que, no desfecho, ambos se encontrem para o ajuste inevitável. Jorge privilegiou o protagonista, Vicente, em várias idades definidoras de seu itinerário: 5, 15, 23 e finalmente 43 anos, e, numa liberdade ficcional de bela ressonância cênica, as imagens do menino e do adulto às vezes se superpõem. Inteligentemente, esse mergulho psicológico se prolonga no pano de fundo de múltiplas histórias da cidade interiorana. Não se pode esquecer que o esboço inicial da peça, cujo título provisório foi *Lua Minguante na Rua 14*, data de 1957, sob o nome *As Moças da Rua 14*. Aí, Vicente nem era personagem. Essas moças transformaram-se, em *Rasto Atrás*, nas tias do dramaturgo, que com elas não tinha parentesco, na vida real. A fusão de realidade e invento visou, no texto, à melhor eficácia dramática.

Jorge viu sentido na obra ao colocar-se como protagonista. Vitorioso artisticamente, ainda que pouco representado, tratava de detectar a idéia de "diferença", que o separava do meio natal. A "bastardia" isoladora continuava a persegui-lo, e a verdadeira caça às bruxas contida nela transformou-se em arma de denúncia contra a sociedade retrógrada. Inidentificado à esquerda e à direita, desde a conspiração que abateu *Vereda da Salvação*, em *As Confrarias* ele assestou as armas contra tudo e contra todos.

Jorge Andrade. Arquivo Multimeios/Divisão de Pesquisas-IDART.

A peça passa-se em fins do século XVIII, em pleno clima da Inconfidência Mineira. São dois os protagonistas: Marta e seu filho José. Ela é a mulher forte, apegada à vida, e que se serve da morte para combater a hipocrisia e os preconceitos. José, pela própria condição de ator, no Brasil colônia, está marginalizado, e o desempenho de textos ideologicamente avançados, como *Catão*, de Almeida Garrett, e *O Casamento de Fígaro*, de Beaumarchais, o situa sob a suspeita dos poderosos.

A intenção precípua de Jorge, ao escrever *As Confrarias*, foi a de desmascarar os grupos, os partidos, as forças segregadoras que, sob qualquer pretexto, negam sempre o indivíduo não alinhado. Marta carrega, numa rede, o cadáver de José, e, na peregrinação por quatro confrarias – a dos brancos, a dos negros, a dos mulatos e a dos cafusos –, ouve sempre a negativa de sepultá-lo. Em *Antígona*, de Sófocles, o tirano Créon ordena que o sobrinho Polinice fique insepulto, para castigá-lo por ter lutado contra Tebas natal. Fiel às leis religiosas, ou de direito natural, Antígone desobedece ao tio, enfrentando o arbítrio do Poder na tentativa de dar sepultura ao irmão.

Pedreira das Almas havia retomado o tema, deixando insepulto um cadáver, na expectativa de que denunciassem o paradeiro de um revoltoso. Em *As Confrarias*, Marta faz questão de não enterrar o filho, para que a presença incômoda desmascare os preconceitos das várias organizações religiosas, como se os contrários se encontrassem na intolerância e no horror da verdade. A única fonte dessa verdade é o indivíduo, consciente da missão libertária superior, segundo o exemplo de Ibsen em *Um Inimigo do Povo* e de seu discípulo Arthur Miller, alma irmã de Jorge Andrade.

A lição final de *As Confrarias* encerra a esperança no gesto destemido de Marta. Deixando o corpo do filho no adro de uma igreja, ela provoca a união de todos, para que o enterrem: "De repente, compreendi que quanto mais plena de sentido, quanto mais ligada a uma existência humana for a vida, tão menos terrível é a morte. E porque... se eu o enterrasse com minhas mãos, esqueceriam que você viveu... e porque morreu". Adiante, ela exclama: "Enquanto existir um homem na face da Terra, você não estará só. Deus morreu... para que você exista! Mais um pouco... e uma só será a confraria de todos!" A denúncia cede lugar ao anseio por um mundo de justiça e de igualdade.

O conflito entre pai e filho, tratado nas implicações psicológicas em *Rasto* Atrás, adquire amplitude política em *O Sumidouro*, a obra que encerra o ciclo de dez peças enfeixadas no volume *Marta, a Árvore e o Relógio* (publicado pela Editora Perspectiva em 1970) e que representa, na verdade, o melhor legado artístico do dramaturgo. Sob todos os aspectos, esse é o texto da inteira maturidade, que não enxerga, no palco, nenhum limite para a imaginação.

Ainda uma vez, à semelhança de *Rasto Atrás*, a referência básica da ação se concentra no presente do dramaturgo. O escritório de Vicente, que ocupa o primeiro plano, está decorado, significativamente, com fotos reveladoras de seus mitos particulares. As grandes, de Tchecov e Eugene O'Neill, mestres absolutos, pela natureza de seu mundo. E, as menores, de Arthur Miller e Bertolt Brecht, o último até estranhável, não existisse a grandiosidade da concepção épica, aos poucos absorvida por Jorge.

Em certa medida, *O Sumidouro* mantém as características de metateatro, porque as personagens se movem no restante do cenário, "um lugar impreciso sugerindo árvores, ruas, palácios, colunas, rios, como se fossem imagens de uma mente confusa", e se vê que saem da cabeça do dramaturgo, contracenando com ele como pessoas vivas. Essa liberdade deu ao desenvolvimento da história um cunho maravilhosamente flexível, que independe da seqüência linear e dos entraves realistas. Os fantasmas do passado adquirem existência de acordo com a convocação do autor e podem, por isso, tomar corpo nos conflitos essenciais.

O dramaturgo lança, nos diálogos travados com as criaturas que inventou, sua plataforma ideológica. Fernão Dias diz a Vicente que ele não pode julgar o que é certo ou errado, por não ter vivido em seu tempo. O dramaturgo retruca terem sido erradas as soluções do bandeirante e lhe propõe: "De minha parte quero apresentá-lo como realmente foi, não um alienado sem sentido, o herói das pedras verdes! Aceita o meu desafio?" Quanto a José Dias, filho mameluco de Fernão Dias, cita o dramaturgo que alguns o chamam de "Brutus indígena, que também foi bastardo". E observa: "Como eu o compreendo! Ter que destruir o que ama, para ser".

Aos poucos, exaltando embora a grandeza de Fernão, Jorge se identifica a José Dias. Dispensa até o socorro da psicanálise, reconhecendo ele próprio a necessidade de matar a imagem paterna, para esculpir a sua. Vicente diz a Fernão: "Quem vai manter você vivo, não será o filho que foi cópia, que mergulhou num rio para buscar seus ossos, mas o que cometeu traição por acreditar. Esta é a vingança dos filhos diferentes...". A réplica poderia estar numa disputa em *Rasto Atrás...*

Na visão do autor, José Dias abriu picadas erradas, facilitou a fuga dos índios, retardou os passos da bandeira no encalço das esmeraldas, por fidelidade à sua natureza nativa. Entre a metade indígena, por ser neto de um cacique, e a metade portuguesa, por ser filho bastardo de Fernão, acabou optando pelo sangue silvícola. Conduzia-o a consciência de que sua raça autóctone era dizimada pelos conquistadores estrangeiros, que sugavam as riquezas naturais, em benefício apenas das cortes européias. O país era saqueado, para proveito de poucos. Em

José Dias, Jorge saudou o despertar da consciência nacional, espoliada por espúrios interesses alienígenas. Não será difícil concluir que *O Sumidouro* materializa a metáfora de um grande país colonizado, que se escraviza pela exploração multinacional.

As aproximações subentendem, a cada momento, liames dolorosos. Enquanto José Dias é trazido preso, Vicente fala a Fernão, que anda de quatro, na procura desesperada das pedras preciosas: "Enfrente seu pior momento. Você estava certo, mas ele também. Por que havia de trair, se não fosse por uma procura tão grande quanto a sua? (Amargo e evocativo) Meu pai... também me fez sentir como um traidor, pelo que sou. E só eu sei quanto o amava!". Mas José Dias interpela o pai: "...vai tirar minha vida e descobrir minas para quem? O senhor será responsável pela nossa miséria". E a lucidez se prolonga em novo conceito: "A exploração será feita pela lealdade de homens como vocês (refere-se ainda a Garcia Pais e Borba Gato, além do pai, instrumentos do reino), que depois serão eliminados também".

Chegando à origem da História do Brasil, emaranhada no símbolo da procura de Fernão Dias, Jorge Andrade pôde pôr o ponto final no ciclo *Marta, a Árvore e o Relógio*. Não foi à toa que Fernão Dias, agonizante, exclamou: "Procurar... procurar... procurar... que mais poderia ter feito...?". E Marta, nome da protagonista de *As Confrarias*, convertido agora no da empregada que, no desfecho, sorri enigmaticamente para o dramaturgo adormecido sobre a máquina de escrever, repete essas mesmas palavras, à guisa de conclusão. Vicente, que havia dito à mulher, Lavínia: "Você me ensinou a enterrar os mortos", pelo conselho de jogar essa gente, no palco, barões ou não, como boa maneira de se libertar, lança a replica esclarecedora, que também é premonitória: "Depois de tudo, só vão restar nossos filhos, você e meu trabalho. Poderei dizer: olhei à minha volta, vi como as pessoas viviam, compreendi como tinham o direito de viver e escrevi sobre a diferença. Não tenho mais nada a dizer".

A metalinguagem estabelece o elo entre passado e presente, fundidos numa só verdade. O percurso no tempo e no espaço visou a descobrir a essência do homem brasileiro. Vicente se confessa grato a Fernão Dias, porque a mulher descende dele. E Lavínia pergunta a quem deve agradecer o marido, ao que ele responde: "Gostaria que fosse a José Dias. Não sou, como ele, um homem sem rosto, com o rosto de cada um? Não vivo dividido em mil pedaços?" A dívida aos antepassados que vieram de além-mar não sobrepuja a fidelidade à terra em que se nasceu, num princípio nacionalista que repele a xenofobia, mas igualmente a dependência e a exploração. O homem sem rosto assume a identidade da face brasileira.

O preparo histórico e social de Jorge Andrade forneceu a dimensão de seu teatro. Nenhuma outra obra, em nossa dramaturgia, construiu tão laboriosamente a sua unidade. Sempre se lembra que, se José Lins do Rego fez no romance o ciclo da cana de açúcar, Jorge dramatizou no palco o ciclo do café. Esse ciclo, porém, não termina a sua obra. O café (*A Moratória, O Telescópio, Vereda da Salvação* e *Rasto Atrás*, em variadas facetas) se completa com o ciclo do ouro (*Pedreira das Almas* e *As Confrarias*) e do apresamento do índio (*O Sumidouro*), para chegar ao ciclo posterior da industrialização (principalmente *Os Ossos do Barão*). *A Escada* e *Senhora na Boca do Lixo* expõem fatias do presente, que mistura a decadência do cultivo do café ao surto do processo industrial.

Essa concepção épica não poderia privilegiar personagens prosaicas, extraídas de um mesquinho cotidiano. Jorge teria de dar preferência a criaturas agigantadas, que esculpiram o perfil da História. Mesmo as suas dúvidas e hesitações se compõem em traços largos, como se carregassem o peso da sociedade. Os heróis tendem ao granítico da estatuária, exprimindo-se em réplicas lapidares, severas. Os conflitos se desenham, dessa forma, com absoluta nitidez, deixando os meiostons, para que ressaltem as cores fortes. Tais características obrigam à elaboração de uma linguagem freqüentemente nobre, tecida de séria pesquisa literária. Até os colonos de *Vereda da Salvação* se comunicam, pelo tema bíblico em que se envolveram, em belas falas poéticas.

O talhe escultórico da maioria das personagens não se coaduna com uma vertente significativa da literatura contemporânea, definida pela dissolução da personalidade. Jorge não se entrega a sutilezas dos desvãos psicológicos, sentindo-se mais próximo dos seres inteiriços. Se as peças perdem, assim, em complexidade na apreensão do contraditório homem presente, ganham em vigor teatral direto. Os lugares-comuns básicos da sociedade aí estão refletidos, com indiscutível pujança cênica. Eu arriscaria afirmar que sobretudo *As Confrarias* e *O Sumidouro* se nutrem de sincero ardor cívico, se o qualificativo não se associasse a propostas escolares discutíveis.

Dramaturgia desligada dos apelos fáceis para a platéia, ela não seduz as iniciativas meramente comerciais. Os custos elevados da produção constituem outro fator de desestímulo. Sinto que o teatro de Jorge Andrade seria normalmente representado, se o Brasil dispusesse de uma companhia oficial, nos moldes dos elencos estatais da Europa. A realidade na qual se movem os nossos espetáculos relega, por enquanto, parte ponderável da obra andradina ao prazer da leitura, embora ela tenha evidente destinação cênica.

Ou por ter enterrado finalmente os seus mortos, ou porque a ditadura implantada em 1964 suscitou engajamento mais ostensivo, Jorge, depois do ciclo *Marta, a Árvore e o Relógio*, quis explicitar a meditação sobre a atualidade. O texto mais característico dessa fase é *Milagre na Cela*, editado em 1977 pela Paz e Terra e, após a habitual interdição, montado no Rio de Janeiro no início da abertura política. Antonio Candido, no prefácio que escreveu para a publicação, observa que "o grande personagem desta peça talvez não seja nenhum dos figurantes, apesar da sua grande força; mas a tortura, abordada pela primeira vez entre nós como um fato com o qual é preciso conviver".

A generosidade, a coragem e o não-maniqueísmo da inspiração do dramaturgo deveriam levar-me a aplaudir *Milagre na Cela*. Não consigo, porém, convencer-me com o resultado artístico. Tenho, para o problema, uma explicação simples, quem sabe correta. No ciclo *Marta, a Árvore e o Relógio*, Jorge lidou sempre com a memória, entranhada na vivência de todos os dias. Até os remotos Fernão e José Dias pertencem ao sentimento grupal, entranhado na formação da personalidade, além de exprimirem nova faceta do conflito entre pai e filho, presença observada na obra e na psicologia do dramaturgo. A ficção costuma ser boa quando projeta o universo mais íntimo do autor.

Já *Milagre na Cela* resulta de uma aplicação exterior das convicções políticas do dramaturgo. Não quero dizer que ele não tivesse sensibilidade para o presente. Mas faltou tempo de maturação para a experiência da tortura. A protagonista, Irmã Joana de Jesus Crucificado, funde quatro mulheres torturadas pela repressão ditatorial, de cujo sofrimento Jorge se inteirou intimamente. Em *Labirinto*, irmana Joana a Marta, viga-mestra de seu mundo: "Marta e Joana! Personagens que me fizeram esquecer os mortos do passado e sofrer pelos vivos perseguidos, presos e torturados. Foi Joana quem me ensinou, infundindo-me total confiança no homem, que há uma força invencível na humanidade que sabe resistir à violência das trevas que tenta sempre a sua desumanização. Foi ela quem me levou a escrever sobre a perseguição, a tortura e a intolerância que existem no mundo de hoje; sobre o ódio que se lança contra o homem que deseja ser livre, pensar livremente, viver feliz. Sobretudo, me fez registrar um tempo difícil e doloroso vivido pelo homem, mostrando-me a violência que ele é obrigado a enfrentar, violência colocada em seu ponto-limite. [...] Advertiu-me contra a alienação que entorpece o povo e me lembrou que, como escritor, eu tinha obrigação de registrar o homem brasileiro no tempo e no espaço com toda a sua problemática. [...] Foi Joana quem me fez compreender que o homem tem sido a minha religião". Teoricamente, a peça pretende inaugurar um novo humanismo do dramaturgo.

Em matéria artística, todavia, pode ser grande a distância entre a proposta elevada e a realização. Empolgado pelo ardor humanista, Jorge concebeu uma irmã Joana fora das convenções aceitas do martírio. Mulher, ela prefere levar às últimas conseqüências a linguagem do corpo. E não afasta, inclusive, a sensação de prazer ao ser violentada pelo torturador. A substância humana seria o seu substrato verdadeiro.

Talvez a idealização da vítima, no sentido oposto ao convencional, tenha eivado de falsidade a protagonista. Suas intervenções são sentenciosas, discursivas, de um cerebralismo que rouba a autenticidade. Citarei dois exemplos, ilustrativos, a meu ver, da inverosimilhança das réplicas de Joana. Numa, ela insinua para Daniel: "Somente hoje percebi que tenho corpo bem feito. O corpo de uma mulher, não de uma freira. Um corpo para dar vida. Mandando tirar a minha roupa, você me fez sentir a beleza do meu corpo. Ele agora existe e deve ser usado". E, na outra, ela diz que não desistiu de ser freira: "Mas como freira também posso dar vida. O que não posso é dar morte. Tome o meu corpo! Ele não me pertence mais. Agora... deve pertencer a uma causa!". O panfleto, que o dramaturgo recusou sabiamente no ciclo da memória, acabou por inocular-se, de forma traiçoeira, em *Milagre na Cela*. A ânsia de combate acolheu até frases de gosto duvidoso: "A tortura é filha da mente em decomposição!".

O Incêndio, escrito no início da década de sessenta, poderia figurar em *Marta, a Árvore e o Relógio*, pois junta a vivência pessoal aos episódios narrados, colhidos em reportagem jornalística, à maneira de *Vereda da Salvação*. O ponto de partida do texto foi o linchamento de quatro presos, numa madrugada de 1950, quando dezenas de fanáticos religiosos invadiram a cadeia pública de Xapecó, em Santa Catarina. O episódio, naturalmente, serviu de pretexto para o dramaturgo desmontar os sórdidos interesses dos dominadores, escondidos por trás da pretensa justiça exercida por mãos ingênuas. Exigente com a redação definitiva de sua obra, Jorge só considerou a peça acabada em 1979, quando a Editora Global a publicou. Nova reflexão sobre a intolerância, sem dúvida superior a *Milagre na Cela*, *O Incêndio* soma-se aos trabalhos de um autor político, sem ultrapassar muito o nível residual de peças como *A Escada* e *Senhora na Boca do Lixo*.

A Feira Paulista de Opinião e a *Feira Brasileira de Opinião* (esta última censurada e portanto só conhecida em livro da Global) tiveram o concurso de Jorge Andrade. Para a primeira, ele produziu *A Receita* e, para a segunda, *A Zebra*. Nenhum dos atos únicos traz contribuição apreciável, como de resto as duas *Feiras*. A primeira adquiriu notoriedade, graças ao comportamento obtuso da Censura e a reação do pessoal de teatro, que se declarou em desobediência civil e manteve o espetáculo em cartaz, até a decretação do Ato Institucional n. 5, em 13 de dezembro de 1968. É de autoria de Jorge, ainda, o ato que trata do casal aristocrata, em *A Corrente*. O ato sobre o casal operário e o ato sobre o casal da classe média foram escritos, respectivamente, por Consuelo de Castro e Lauro César Muniz. No conjunto, a montagem não acrescenta nada à obra de ninguém. Em seus inícios, Jorge realizou ainda, de parceria com a autora Clô Prado, *Os Vínculos*, de teor artístico limitado.

Em 1968, antes da edição de *Marta, a Arvore e o Relógio*, Jorge me confiou outros projetos, não concretizados. O filão de *Pedreira das Almas* prosseguiria com *Os Coronéis*, já fundido com o vindo de *O Sumidouro*, texto que, na época, ele elaborava. Nova síntese da linha de *Pedreira das Almas* seria *Usufruto* e a síntese geral dos dois troncos se consumaria em *A Barragem*.

A análise do presente, encerrado o ciclo, se desdobraria em vários textos: *Sapato no Living*, sobre os problemas da adolescência; *Os Avaliados*, sobre a educação, examinando a luta das novas posições pedagógicas contra a mentalidade estabelecida pelo sistema vigente; *O Professor Subversivo*, sobre o negro em nossa estrutura, explorando o germe contido em Isabel e Omar, personagens de *A Escada*; *As Colunas do Templo*, sobre o crédito, na verdade reformulando um dos primeiros textos do autor, também intitulado *O Faqueiro de Prata*; e *O Náufrago*, sobre a questão operária, retomando Marcelo, de *A Moratória*, ao trabalhar num frigorífico.

Pena que o jornalismo, em certo momento o serviço público e depois a televisão, necessários à sobrevivência financeira, tenham impedido que Jorge Andrade levasse a termo todas as idéias teatrais que lhe passaram pela cabeça. Enumerei-as mais a título de curiosidade. Porque o ciclo *Marta, a Árvore e o Relógio* já oferece a inteira dimensão do dramaturgo, um dos maiores da História do Teatro Brasileiro.

(1984)

A Moratória

Cumprindo o programa de realizações audaciosas, o Teatro Maria Della Costa vai lançar *A Moratória*, peça do jovem autor Jorge Andrade. O arrojo da iniciativa se torna mais patente se lembrarmos que se trata de um dramaturgo brasileiro, geralmente visto com desconfiança pelas companhias profissionais e pelo público; de um estreante na prova do palco, cujo êxito não pode ser prejulgado; e de uma empresa que se inicia em casa própria, sem dispor ainda de estabilidade contra quaisquer riscos.

Mas o empresário Sandro Poloni e o diretor Gianni Ratto, acolhendo o texto, revelaram a sua visão de homens de teatro, que adotam uma verdade elementar, infelizmente tão pouco divulgada: os movimentos cênicos duradouros, ao menos na história, são aqueles que têm raízes na dramaturgia nacional. Daí a importância dessa estréia, tanto para o elenco como para o teatro brasileiro.

A Moratória talvez surpreenda pela maturidade artística. Não deverá ocorrer a muitos que ela seja a estréia do autor, pois nada apresenta de comum com as hesitações, as tibiezas, os erros típicos da primeira experiência. O texto surge como um bloco homogêneo e compacto, seguro na nitidez de suas linhas; cheio de mérito na fusão de um tema atraente com uma forma precisa e adulta. Essas qualidades parecerão mais naturais se não esquecermos que Jorge Andrade é um artesão infatigável, que não se poupa o trabalho das múltiplas versões de um texto, e já deixou o anonimato com a mensão honrosa obtida por *As Colunas do Templo* (sob o título *O Faqueiro de Prata*), no concurso "Martins Penna", da Comissão do IV Centenário, e o Prêmio Fábio Prado de 1954, além de ter concluído o curso de quatro anos da Escola de Arte Dramática. Se até agora se conserva inédito é que falta apoio de toda espécie ao dramaturgo brasileiro.

A Moratória, 1976. Miriam Mehler, Mauro de Almeida e Carlos Augusto Strazzer, Teatro FAAP. Foto: Ruth Amorim Toledo, Arquivo Multimeios/Divisão de Pesquisas-IDART.

À primeira vista, pensaríamos filiar o teatro de Jorge Andrade à corrente do "realismo social", que busca nos problemas do meio o seu alimento. Como essa definição, em nossa literatura, se tornou sinônima de um certo primarismo, de ausência de profundidade, preferiríamos recusá-la, para afirmar simplesmente que as peças do jovem autor pertencem à moderna família dos que têm os pés fincados na terra, mas são capazes de auscultar o íntimo das personagens e banhá-las de verdadeira poesia.

Vinculado à sua experiência pessoal, Jorge Andrade tratou em *A Moratória* o tema da crise cafeeira que abalou a economia de São Paulo nos anos próximos de 1930. Como cenário histórico aparece a decadência da aristocracia rural, absorvida pela nova burguesia industrial da cidade. Dirá uma personagem engolida pelo frigorífico: "Vivemos num mundo diferente, onde o 'nome' não conta mais e nós só temos 'nome' ". A crise econômica tem repercussão em toda a esfera do indivíduo, e essa personagem reconhecerá: "Se voltássemos para a fazenda... tornaríamos a perdê-la. As regras para viver são outras, regras que não compreendemos nem aceitamos". Daí o inevitável desajustamento e a nostalgia da vida anterior, nostalgia da grandeza perdida e que homens como eles só poderiam sentir ao contato da terra. O velho fazendeiro já havia exclamado: "Meus direitos sobre essas terras não dependem de dívidas. Nasci e fui criado aqui. Aqui nasceram meus filhos. Aqui viveram e morreram meus pais. Isto é mais do que uma simples propriedade. É meu sangue!"

O que significa, nesse quadro, a "moratória"? De um lado, é apenas o prazo que os lavradores terão para pagamento dos débitos e esse fazendeiro almeja também para si. Do outro, é a dilatação do tempo que todos esperam para saldar os compromissos e encarar a realidade, numa fuga constante do próprio destino, pelo temor que ele inspira. Esse encontro do indivíduo com a verdade assume um caráter irremediável, como se a bonança fosse sempre um engano de perspectiva, que o tempo destruirá. Naturalmente liga-se ao problema um sentimento de culpa, expresso na fala: "Estamos sempre pedindo prazo a Deus para nos corrigirmos. Chega um dia em que este prazo é tirado definitivamente". Diante da impossibilidade final da moratória, como num coro, uma personagem concluirá: "Os que plantaram... vão começar a colher!" Há um clima idealista e uma sugestão de castigo trágico, inevitáveis na perspectiva da família e procurando envolver o aspecto mais duro e prosaico do drama econômico.

Para melhor exprimir as fases distintas da história, Jorge Andrade adotou a solução dos dois planos cênicos: um corresponde ao presente (1932) e outro ao passado (1929). Mas o passado não está ali para esclarecer ou informar o presente, como no insatisfatório recurso do *flashback*. Os dois planos são até certo ponto autônomos, no sentido de que as duas histórias se bastam isoladamente e têm desenvolvimento próprio e completo. A vantagem da intimidade das duas fases foi a de ter permitido ao autor uma expressão formal mais rica e colorida. No passado, a história vai da verificação da crise à saída obrigatória da fazenda, com a esperança de nulidade do praceamento. No presente, o caso evolui da notícia da concessão da moratória, à certeza de que ela não aproveitará ao fazendeiro, porque não obteve a nulidade. Desfazem-se totalmente as esperanças de retorno à terra.

A evolução paralela das histórias deu ao plano do passado um valor dinâmico, no qual ele muitas vezes interrompe uma cena do presente para acrescentar-lhe novos dados. O contraponto abre caminhos para a narrativa, que se enriquece assim de sugestões e de possibilidades plásticas. O jogo dos planos, ademais, ao invés de fragmentar os efeitos cênicos, possibilitou, no caso, o choque mais fundo da única realidade existente para as personagens. Passaram-se três anos, mas a concentração do tema vem ressaltar o imperativo absoluto do apego à terra.

O resultado da peça é fruto, também, de um virtuosismo técnico pouco freqüente na literatura dramática brasileira. As personagens são talhadas em traços vivos e fortes, o que, embora com prejuízo da sutileza e da complexidade, lhes confere caracteres esculturais. Se aduzirmos que o veículo utilizado por Jorge Andrade é um diálogo excelente – objetivo, vigoroso, teatral, sem devaneios literatizantes – concluiremos que *A Moratória* é uma obra feliz.

E só podemos augurar que o público, compreendendo todos os fatores positivos da próxima encenação do Teatro Maria Della Costa, a prestigie com o aplauso merecido.

(Publicado no programa de *Com a Pulga atrás da Orelha*, de Georges Feydeau, espetáculo que antecedeu, no Teatro Maria Della Costa de São Paulo, a estréia de *A Moratória*, ocorrida em 1955.)

O Sumidouro: **Dramatização do Sentimento Nativista**

A obra de Jorge Andrade (1922-1984), talvez a mais orgânica e consciente do teatro brasileiro, parte do mergulho autobiográfico, em que a memória infantil se confunde com as conseqüências da crise de 1929, para a pesquisa dos momentos fundamentais do país, até a tentativa de definição da identidade nacional. No imenso painel histórico, desdobrado dos conflitos do presente à fixação do domínio português no trópico, *O Sumidouro* se distingue como a peça que surpreende o despontar do sentimento nativista, oposto à faina exploradora do colonizador.

O dramaturgo encontrou no episódio da condenação à morte do mameluco José Dias por seu pai, o bandeirante Fernão Dias, em pleno século XVII, o cerne do problema o que era ser brasileiro. Em outros textos, sobretudo em *Rasto Atrás*, estava presente a luta do filho contra o pai – afirmação do escritor que não se curvou ao desígnio paterno de fazer dele fazendeiro, dentro da linha familiar. *O Sumidouro* põe em confronto o europeu – que procura extrair da nova terra as riquezas destinadas ao seu continente – e seu filho com uma índia, desapossado dos bens que vão aproveitar a outros.

No romance autobiográfico *Labirinto* (Rio de Janeiro, Editora Paz e Terra, 1978, p. 191), Jorge Andrade observa: "Mergulhando até às raízes da aventura colonial – mas sempre com perspectiva dialética – dei, em sangue e em raciocínio, as misérias e grandezas do Brasil épico, que principia a separar-se de Portugal. Fernão Dias – em permanente diálogo comigo – é o obstinado herói antigo, testemunhando perante um tribunal imaginário, que tudo sabe de seus erros, sonhos grandiosos e espoliados. Seu filho bastardo e mestiço José Dias antecipa os rebeldes da Inconfidência: entre duas raças e duas fés, personifica o espírito da independência, o antiescravagista, o sentimento libertário. Espécie de Brutus sertanejo, debate-se entre o amor filial e o imperativo de uma justiça nova, que os usos da época ainda não consentem. E é nesta angústia que a sua identidade brasileira se afirma".

Para conferir a maior dimensão ao tema, o autor alargou as fronteiras da narrativa. Ao invés de concentrar o diálogo nas duas personagens, recorreu à técnica do metateatro, colocando-se, por meio do *alter-ego* Vicente, a questioná-las nas suas motivações. A liberdade épica fez que a ação se transferisse do núcleo familiar de Vicente, apanhado enquanto imaginava as cenas e escrevia, ao mundo de Fernão Dias, à corte portuguesa e à sede do papado, alternando-se no palco de Afonso VI, rei de Portugal, ao papa Inocêncio XI, além de desfilarem colonos, índios, soldados e povo da colônia. Projetam-se filmes e *slides* relacionados com o desenvolvimento da história. Por isso, o cenário é "um lugar impreciso sugerindo árvores, ruas, palácios, colunas, rios, como se fossem imagens de uma mente confusa. À esquerda, em primeiro plano, mesa grande de trabalho, atulhada de papéis e livros. Há papéis pelo chão e livros amontoados debaixo da mesa e pelo assoalho. Na parede, acima da mesa, diversas estampas de bandeirantes, baseadas em quadros de pintores e em escultores célebres. Mais acima, duas fotografias grandes: Tchekov e Eugene O'Neill. Ao lado, fotografias menores de Arthur Miller e Bertolt Brecht. À direita, em primeiro plano, estante até o teto, cheia de livros desordenados. Em frente à estante, no chão, pilhas de pastas, manuscritos e discos. À extrema esquerda, porta que leva a outras dependências da casa". Não será difícil reconhecer logo que a trama de *O Sumidouro* é a projeção exterior da mente do dramaturgo, e o cenário ostenta, até no tamanho das fotos, a importância de seus modelos dramatúrgicos.

O presente, centrado no autor como personagem, na mulher Lavínia e na criada Marta (esse nome figura no título do ciclo de dez peças interligadas que Jorge considerava com justiça a sua produção maior – *Marta, a Árvore e o Relógio*, São Paulo, Editora Perspectiva, 1970, 1ª edição, e 1986, 2ª edição, revista e aumentada), desempenha o papel de servir de eixo aos acontecimentos e submeter a História a um crivo crítico moderno. O dramaturgo retornara de Jaborandi (nome fictício de Barretos, sua cidade natal), a caminho do reencontro com o pai, tendo descido ao seu inferno particular, tema da peça *Rasto Atrás*, e se dispunha agora a tratar do duplo de seu conflito íntimo, na luta travada entre Fernão e José Dias. A historiografia convencional julgava José Dias fruto dos delírios da mocidade do bandeirante, traidor menor que não soube avaliar a grandeza da caça às esmeraldas, enquanto Jorge Andrade o erige em primeiro mártir da consciência nativista, que recusa a postura predatória do estrangeiro. Vicente, a certa altura do texto, exclama, a propósito de José Dias: "No corpo, dois sangues formam uma confluência torturante! Mas é belo como um deus da mata! Podem me chamar de nacionalista, mas é assim que o vejo". E também o compreende: "Ter que destruir o que ama, para ser". O próprio José Dias vive a tragicidade da divisão entre europeu e índio: "Maldita condição de ter dois sangues, de ser filho de dois mundos, de odiar a quem amo".

O mameluco, a fim de evitar que o pai descobrisse as esmeraldas, prendeu os passos da expedição, abriu picadas erradas, fez índios fugirem e levou a bandeira a dar voltas e mais voltas, sempre no mesmo lugar. Fernão, conferindo um sentido à sua existência, confidencia ao padre franciscano: "De repente, compreendi que procurar era o que tinha me proposto, o que me distinguia dos outros. Que não importava mais achar, mas o ter feito tudo para encontrar. Que a única riqueza é o que cada um leva seguro nas mãos... e que eu levaria a certeza de ter procurado sempre, a vida inteira!"

Se o dramaturgo se identifica a José Dias, na defesa do solo pátrio, Fernão Dias lhe dá o exemplo da procura generosa, da paixão no encalço de um sonho, mesmo que interesses poderosos do reino comandem seu heroísmo inútil. Vicente diz à mulher que encontrou o que procurava: "Agora sei que tenho que escrever, nada mais". Não sofreria com a escolha, nem se sentiria um marginalizado – estigma da condenação paterna, de que se libertara. Lavínia ensinou-lhe a enterrar os mortos. E ele pode afirmar: "Depois de tudo, só vão restar nossos filhos, você e meu trabalho. Poderei dizer: olhei à minha volta, vi como as pessoas viviam, compreendi como tinham direito de viver e escrevi sobre a diferença. Não tenho mais nada a dizer".

Nessa confissão, Jorge Andrade incorpora o conselho que Arthur Miller lhe dera, num encontro que tiveram em Nova Iorque, na década de cinquenta: "Volta para o seu país e procure descobrir por que os homens são o que são e não o que gostariam de ser, e escreva sobre a diferença". No bojo de *O Sumidouro* e das outras peças, acha-se o conflito básico entre realidade e idealidade. Fernão Dias, sacrificando-se na busca das esmeraldas e encontrando apenas turmalinas e outras pedras não preciosas. José Dias, opondo-se ao amado pai europeu, na esperança de evitar o genocídio da raça indígena, o que acabou por acontecer, ao longo da História. Na visão do dramaturgo, Vicente escreve à máquina as últimas palavras de Fernão Dias, agonizante: "Procurar... procurar... procurar... que mais poderia ter feito...?" Cansado, ele adormece, e Marta, em seguida, tira da máquina a folha de papel e, ao ler essa frase, inconscientemente imputa ao autor o mesmo intento que ele emprestara a Fernão Dias.

Vê-se que Jorge Andrade apaga os limites entre passado e presente, e outorga ao tempo uma unidade inconsútil. O gosto da verdade histórica, esmiuçada com paixão compreensiva, já fora o pretexto para aqueles que não estimavam o seu teatro o julgarem saudosista, preso a valores aristocráticos e caducos. Em *O Sumidouro*, o que ele faz, de fato, não é inverter os elementos da História tradicional, que pintava José Dias como vilão e seu pai como o herói obrigado a matá-lo. O dramaturgo reabilita a figura do mameluco e, simultaneamente, imprime absoluta coerência ao caráter de Fernão Dias, que age em consonância com os seus valores de europeu. Evitando condenável maniqueísmo, o autor trata os antagonistas em sereno plano de igualdade.

Não se encare o texto sob o prisma do nacionalismo, ponto de vista que tenderia a apequená-lo por ultrapassado, num instante em que a Europa sacode os resíduos nacionais (ao menos como programa e aparência). Para nós, brasileiros, *O Sumidouro* preserva uma atualidade inquestionável, na medida em que a fusão de parte do Primeiro Mundo representa um passo a mais no desprezo discriminatório do Terceiro. Quem sofre as agruras do subdesenvolvimento sabe que os belos propósitos de internacionalização escondem apenas uma forma perversa de oprimi-lo. As fronteiras internas européias desaparecem, tornando as externas mais intransponíveis. A peça de Jorge Andrade, sem nenhum ressentimento menor, lembra que a "descoberta" do Novo Mundo tem sido uma pilhagem indiscriminada de suas riquezas, para a maior opulência dos donos da civilização.

Daí o significado simbólico do título. O Sumidouro, lugar geográfico, é o rio em cujas proximidades se esconderiam as esmeraldas. Vicente dirige-se a Fernão Dias, aludindo às filhas dele, que costuram em grande solidão: "Não bordaram para marido e filhos, mas para a sua bandeira... Sumidouro de todas as coisas". A missão do bandeirante, levando-o a descobrir minas, que um colono ligava a maior número de tributos e presídios, correspondia na realidade ao desaparecimento de tudo.

A circunstância de as personagens, na peça, nascerem da imaginação do autor, dá à trama uma grande flexibilidade. O dramaturgo se libera de escrever uma narrativa linear e questiona o tempo inteiro suas criaturas. Arquitetonicamente, o texto ganha dimensão insuspeitada, esquecendo quaisquer amarras realistas. A técnica do estranhamento, derivada sem dúvida da estética brechtiana, permite a conscientização progressiva dos problemas. Vicente se define pela simbiose com suas personagens e elas herdam dele o exame racional da História, encarnam suas inevitáveis contradições.

A interferência contínua do autor Vicente desobriga as cenas de observarem a sucessão cronológica. Um assunto é lançado aqui e retomado muito adiante, depois de outros enriquecimentos da trama. As personagens não são desenvolvidas com princípio, meio e fim, mas surgem em iluminações privilegiadas, naquilo que ajudará a compor o imponente panorama do conjunto. Interessam ao dramaturgo o microcosmo da busca das esmeraldas e o macrocosmo das decisões superiores, tomadas tanto na corte portuguesa como no papado, determinando o destino dos súditos políticos e religiosos. Reflexo do comando distante do rei, que resolveu guardar para si todas as conquistas da bandeira, Fernão Dias não passa de joguete do poder alienígena – súmula dos países subdesenvolvidos que pensam agir em benefício do povo e na verdade o traem, em razão dos desígnios multinacionais.

Sem se ater à pureza do gênero dramático, por acreditar na validade de quaisquer recursos que aumentem a eficácia cênica, Jorge Andrade recorre, vez por outra, a projeções de filmes. Numa cena, aparecem índios em danças guerreiras e depois em posição de combate. Em outra, um homem, com o rosto de José Dias, é amarrado à cauda de dois cavalos. Novas películas mostram heróis da Independência do país, ao mesmo tempo que Fernão Dias, no delírio da febre, vê galeões partindo, "índios e negros carregando pedras, sendo chicoteados, arrastados, mergulhados na água, colonos presos e maltratados". Todo o séquito de horrores do Brasil colonizado.

Diferentemente de um teatro histórico edificante, estimulado pela ditadura do presidente Getúlio Vargas (de 1937 a 1945), com a finalidade de promover o culto de figuras nacionais, a visão de Jorge Andrade é sobretudo crítica. Obsessivo no empenho de situar-se no mundo, ele travestiu-se na personagem de José Dias e o integrou na História, realizando em *O Sumidouro* a primeira definição teatral do homem brasileiro, espoliado nativo indígena que ama e recusa o pai europeu.

(1992)

4. Ariano Suassuna

A Pena e a Lei: **Auto da Esperança**

Ao anunciar a apresentação de *A Pena e a Lei*, o Teatro Nacional Popular Mamulengo do Cheiroso qualifica a peça de "presépio de hilaridade teatral e relaciona o título com a circunstância de que no entrecho "se verão funcionando algumas leis e castigos que se inventaram para disciplinar os homens". Fiel ao seu processo de proclamar para o público as intenções que o movem, Ariano Suassuna dissolve a pureza tradicional dos gêneros ao inscrever a obra como tragicomédia lírico-pastoril, drama cômico em três atos, farsa de moralidade e facécia de caráter bufonesco. Excusando-se antecipadamente de que o terceiro ato tenha Cristo entre as personagens e se passe no céu, ele leva Cheirosa a afirmar: "Vão dizer que você não tem mais imaginação e só sabe fazer agora o *Auto da Compadecida*". Ao que Cheiroso, porta-voz do autor, replica: "Isso é fácil de resolver: na próxima peça em vez do personagem ser sabido, é besta e no terceiro ato, em vez de tudo se passar no céu, se passa no Inferno. Aí eu quero ver o que é que eles vão dizer". Louvável a coragem que permitiu a Ariano Suassuna não atemorizar-se ante a retomada parcial de um recurso cênico; ela proporcionou a realização do seu texto mais complexo e maduro. E enriqueceu o repertório brasileiro com uma inegável obra-prima.

Desde a concepção cênica inicial, tudo é extremamente engenhoso em *A Pena e a Lei*. A rubrica esclarece que o primeiro ato "deve ser encenado como se se tratasse de uma representação de mamulengos, com os atores caracterizados como bonecos de teatro nordestino com gestos mecanizados etc. No segundo ato os atores já representam num meio-termo entre boneco e gente, com caracterização mais atenuada e com alguma coisa de trôpego e grosseiro que sugira a incompetência, a ineficiência, o material que a despeito de tudo existe no homem. Somente no terceiro ato é que os atores aparecem com rostos e gestos teatralmente normais para indicar que só então, com a morte, é que nos transformamos em nós mesmos". O mecanismo teatral posto em prática encontra perfeita equivalência no universo religioso. Mais uma vez e de forma brilhante, o palco resume aquele "gran teatro del mundo", microcosmo simbolizador da história humana, quando o homem pergunta o significado de sua presença na terra. Teatro e transcendência estão aí admiravelmente fundidos. A gradação no estilo do desempenho tem elevado objetivo didático. O homem, como criador em termos terrenos, constrói os seus bonecos, esse teatro de mamulengos que preenche o primeiro ato. Como criatura esculpida pela divindade, ele participa também da imperfeição terrena, depois que o primeiro homem marcou a sua estirpe com o pecado original. De acordo com o cristianismo, cujo espírito sustenta o dramaturgo e o texto, apenas a morte resgata o homem da parcela de culpa que identifica o tempo da encarnação. Daí, se o segundo ato visualiza na maneira de representar a dualidade da natureza humana, o terceiro libera o homem das contingências materiais e o devolve na pureza da sua face divina ao diálogo com o Criador. É perfeita a correspondência entre a materialização cênica e o intuito apologético fundamental.

Essa postulação teórica poderia emaranhar a obra, sem que o público se desse conta dos intuitos superiores, se não estivesse a ampará-la organicamente uma boa trama concreta. Em miúdos: de nada adiantariam as excelentes idéias se, como estrutura dramática, *A Pena e a Lei* não funcionasse. E no talento para unir a mais tradicional história de burlas e um signo teológico exigente se percebe a força do grande ficcionista Ariano Suassuna. O espectador que desejar a diversão desabrida da farsa encontrará na peça um motivo inesgotável de comicidade. Cada diálogo encerra uma sugestão para o riso, as histórias narradas contêm uma graça espontânea e explosiva. Subjacente a esse encadeamento natural de vidas simples e primárias ganha vigor, no terceiro ato, a indagação ontológica, uma das mais profundas já realizadas pela dramaturgia brasileira.

Até na disposição da matéria dos três atos o autor revelou seu espírito agudo, capaz de adequar da melhor maneira os "casos" contados ao didatismo religioso. Aparentemente, trata-se de uma reunião de peças em um ato, nas quais reaparecem sempre as mesmas personagens, "máscaras" reminiscentes da *Commedia dell'Arte* italiana. Em abono desse raciocínio existe até a particularidade de que o primeiro ato de *A Pena e a Lei* reaproveita a peça *Torturas de um Coração*, escrita por Suassuna em 1951. A reincidência do tema, com novas implicações, acaba por provar, sem dúvida, o amadurecimento artístico do dramaturgo, em poucos anos de maior contacto com o palco. Como peça de mamulengos, urdida pelo homem (teatro dentro do teatro), o primeiro ato de *A Pena e a Lei* se basta numa trama de logros e traições. Vêm, no final, como "lição" dos acontecimentos, a fala em versos de Cheiroso: "A vida traiu Rosinha, / traiu Borrote também. / Ela trai a todos nós. / quando vamos, ela vem / quando se acorda, adormece, / quando se dorme, aparece, / que a vida é morte, também". Já o segundo ato, movendo-se em território humano, no qual estão presentes os fios (embora invisíveis) da divindade, apresenta "a história de julgamento e justiça denominada 'O Caso do Novilho Furtado': com o objetivo de mostrar: "letra A – que os homens têm que viver com medo da polícia e do Inferno; letra B – que se não houvesse a justiça, os homens se despedaçariam entre si; letra C – que existem casos em que a justiça acerta seus julgamentos..." Por caminhos mesmo tortuosos, com ludíbrios incontáveis, o próprio mundo não precisa desesperar da possibilidade de estabelecer seus acertos – ilustram as façanhas. Agora é Cheirosa quem tira a "lição" do ato: "Se cada qual tem seu crime, / seu proveito, perda ou dano, / cada qual seu testemunho, / se cada qual tem seu plano, / a nota mesmo da peça / devia ter sido essa / de 'Justiça por Engano' ". Aqui se percebe a abertura para uma vida terrena em que nem tudo é absurdo ou, em outras palavras, o próprio absurdo provém de uma lei secreta que pode redundar em justiça.

O paralelo entre o primeiro ato de *A Pena e a Lei* e o ato único *Torturas de um Coração* exemplifica a mestria do dramaturgo. No esboço original, já de si engraçado, Benedito, derivação do primeiro Zanni e de sua numerosa família de tipos semelhantes, dá a Marieta, como se fossem seus, presentes enviados por Cabo Setenta e Vicentão. A fim de notabilizar-se diante da amada por coragem maior que a propalada pelos rivais, amedronta-os sob o disfarce de Malassombro e lhes dá uma surra de pau. Mas, na hora de fazer jus a Marieta, ela está apaixonada por "seu" Afonso Cabeleira (coração não se governa...), e Benedito é também logrado. A trama é linear, direta, sem requintes na fabulação. O mesmo esquema, no primeiro ato de *A Pena e a Lei*, adquire outras sutilezas, desde o extrato psicológico de Cabo Setenta, transformado em cabo Rangel (vulgo Rosinha) e Seu Vicente (apelidado Borrote) – o primeiro louco por flores e com horror à violência, e o segundo tendo vocação real de criador de passarinho e coagido pela fama adventícia que lhe atribuíram, a arrostar o incômodo de valente. A idéia da falácia de todas as aparências nutre com sabedoria a urdidura desse ato, no qual a história dos presentes e da destruição dos antagonistas de Benedito é vivida em peripécias mais complicadas e cheias de suspense. Os valentões se ridicularizam sem a necessidade do recurso fácil ao Malassombro e se destróem em conseqüência do plano hábil de Benedito, em termos puramente naturais. Ganha, com o amadurecimento literário de Ariano Suassuna, a consistência cômica de *A Pena e a Lei*.

As personagens foram escolhidas com base no populário nordestino, que se vincula à tradição da comédia ocidental. Os bravateiros medrosos filiam-se à linhagem dos soldados fanfarrões, que alimentam os militares ridículos da *Commedia dell'Arte*. Ao ser chamado para encontrar uma saída numa situação difícil de outras personagens, Benedito aparenta-se a um Scapino, avô dos antigos primeiros Zanni, criados espertos do gênero popular italiano. Marieta surge como figura mítica, fatalidade da mulher para todos os homens. Por isso, Benedito afirma que está apaixonado por ela sem remédio: "E que é que eu posso fazer? A mulher tem todas as qualidades: ingrata, cruel, fingida, cheia de ternuras e de malícias, ingênua, cabotina, sincera, leal, incapaz de uma traição, falsa, traidora, bonita, sem escrúpulos... É maravilhosa!" Eva perturbadora, da qual nenhum teatro afeiçoado às imagens arquetípicas até hoje escapou... Essa mesma Eva assume, no terceiro ato, a "máscara" de Madalena, a pecadora arrependida diante do sacrifício de Cristo. Ao universo genérico de símbolos Ariano Suassuna acrescentou aquilo que já se pode considerar sua obsessão de natureza religiosa e social – Padre Antônio, velho e surdo, e Benedito como preto, testemunha de um preconceito que o *Auto da Compadecida* havia enfrentado, mostrando Manuel – Cristo negro (segundo Hermilo Borba Filho, no livro *Espetáculos Populares do Nordeste*, "com exceção de João Redondo, que é branco, os demais heróis [do mamulengo] são pretos, na intenção clara de 'pintar a bravura do preto, ressaltando o valor da raça negra'. Vale-se, assim, o artista popular daquilo que os eruditos chamam de 'arte comprometida', lançando mão deste veículo para gritar de público as qualidades e o desassombro daqueles que são humilhados na vida real"). Não há nenhum herói, no sentido de criatura privilegiada e portadora de idealidade, salvo o poeta João Benício, íntimo, sendo cantor, dos segredos da morte, única revelação válida para o homem. No gosto de pintar seres frágeis e pecadores Ariano Suassuna se liga a uma das características da ficção moderna, nutrida de preferência pelo anti-herói. No caso da maioria dos escritores, essa opção se prende ao conceito de um homem-objeto, determinado por um jogo de forças superiores. Quanto ao dramaturgo brasileiro, o procedimento se explica pela aceitação da precariedade da natureza humana, de cujo estofo participa irrevogavelmente a própria destruição. Não era sem motivo que o *Auto da Compadecida* findava pela misericórdia divina perdoando o imenso batel de pecadores, ante a interveniência milagrosa de Nossa Senhora. As personagens cheias de erros de *A Pena e a Lei* estão envolvidas pela simpatia, pela ternura, pela caridade cristã autêntica de Ariano Suassuna.

O último ato, se pode existir isoladamente como nova história de mamulengos, completa a trilogia interna de *A Pena e a Lei*, no sentido de que indaga e julga a razão dos episódios anteriores. Passar-se ele na

Ariano Suassuna. Arquivo Manchete.

Sexta-Feira Santa particulariza-o como autêntico Mistério da Paixão, nos moldes do primitivo teatro religioso medieval, em que o ciclo da morte de Cristo precedeu, aliás, o da Natividade. Com mestria literária, nunca louvada por demais, o autor relaciona os planos divino e humano, e engloba-os no juízo final sobre a própria criação. Sucedem-se as descrições da morte de cada personagem, e até essa continuidade, que em outro tratamento seria na melhor das hipóteses monótona, se torna fonte permanente de riso, pela paródia dos atestados técnicos de óbito, e pela sátira das agruras terrenas. Pelos caminhos mais diversos, as várias mortes aparecem interdependentes, numa cadeia simbólica de responsabilidades, que Cheiroso, representando Deus, comenta: "Em suma, cada um de vocês morreu por causa do outro. É o primeiro ponto do processo, porque os homens morrem do convívio dos demais. Se vocês não herdassem o pecado através da carne, se não fossem obrigados às injunções de um só rebanho, não morreriam e deles não seria acusado nesse ponto. Será que Jesus vai ter que morrer novamente por isso?"

Mas, quem é responsável final pela humanidade imperfeita? Ao admitir essa pergunta, o texto aceita implicitamente preceder o julgamento do homem pelo juízo sobre a criação. Benedito assim se dirige a Cheiroso: "Então, Vossa Excelência vai desculpar mas antes disso quem deve ser julgado é Vossa Excelência, Vossa Eminência, Vossa Mamulenguência! Antes de nós fazemos qualquer coisa, o senhor criou a gente e inventou o mundo, foi o senhor quem inventou a confusão toda". E Cheiroso, criador dos bonecos do teatro de mamulengos, agora identificado com salutar irreverência a Deus, criador do mundo, se submete à indagação dos homens. Replica ele: "Está certo, Benedito, em nome de Jesus vou aceitar o que você diz, se bem que veja que não estou sendo levado a sério. Serei então julgado por vocês. Vocês farão um inventário de seus infortúnios e dirão se valeu a pena ter vivido ou não. Será assim julgado o ato que Deus praticou, criando o mundo. Vou eu mesmo servir de acusador, formulando as perguntas fundamentais do processo, tudo aquilo que se pode lançar no rosto de Deus, mais uma vez exposto à multidão. O próprio Benedito havia apresentado uma alegoria da injustiça terrena, sintetizando a revolta cristã do autor: "O mundo que eu conheci, foi uma cavalhada: os grandes comerciantes de fora, montados nos de dentro, os de dentro nos fazendeiros, os fazendeiros nos vaqueiros, os vaqueiros nos cavalos". Entretanto, nenhuma das personagens repudia a vida que teve. Se lhes fosse dado retornar ao mundo, aceitariam de novo o fardo, desde que, segundo Benedito pede e Cheiroso reconhece como legítimo, se continuasse "com o direito de lutar para escolher melhoria de vida". Findo o processo da Criação, Cheiroso pode concluir a peça: "Pois uma vez que julgaram favoravelmente a Deus, assim também ele julga vocês. Erros, embustes, enganos, traições, mesquinharias, tudo o que foi a trama de suas vidas perde a importância diante do fato de que vocês acreditaram finalmente em mim e diante da esperança que acabam de manifestar. [...] Jesus foi mais uma vez julgado e crucificado. Os homens comeram mais uma vez sua carne e beberam seu sangue, esse fruto da videira, que ele afirmou que não beberia mais, até que viesse o Reino de Deus". A trama bem elaborada, que o dramaturgo urdiu em função de alto propósito catequético, conseguiu realizar o intento expresso por Cheiroso no início do terceiro ato: "Vamos ver se consigo acentuar a extraordinária significação da virtude da esperança. Sempre me impressionou a tremenda importância que se dá ao pecado do desespero. Está certo, mas se é assim, se o desespero é coisa tão grave, a esperança deve ser algo de virtude maravilhosa, pois é o contrário dele".

A Pena e a Lei é uma súmula do teatro. Síntese de fontes populares e de exigente inspiração erudita, *Commedia dell'Arte* e auto sacramental, sátira de costumes e arguta mensagem teológica, divertimento nordestino e proposição de alcance genérico, herança de valores tradicionais e saída para uma vigorosa dramaturgia coletiva, história concreta e vôo para regiões abstratas, mamulengo e metafísica, a peça inscreve-se, sem favor, na vanguarda incontestável do palco moderno. Honra seu autor e a inventividade da literatura dramática brasileira.

(1964)

5. Vicente Catalano

Professor de Astúcia e Sexy

Apesar da influência que realmente recebeu de Silveira Sampaio, Vicente Catalano surge em nossa dramaturgia com uma personalidade marcada e original. As expressões mais curiosas da comédia brasileira, mesmo quando escapam para a fantasia livre da burleta, guardam uma referência tácita à realidade, vista através da sátira ou da farsa. O próprio Silveira Sampaio, em suas lucubrações mímico-expressionistas, parte de dados comuns da comédia de costumes. Tanto em *Professor de Astúcia* como em *Sexy*, agora enfeixadas em volume, Vicente Catalano encara com muito maior liberdade a relação da obra de arte com os estímulos do mundo real. Seu quase desprendimento das condições prosaicas do cotidiano foi responsável, aliás, pelo estilo fantasioso da montagem de Silveira Sampaio em *Professor de Astúcia* e pela transformação de *Sexy* em comédia musical, na linha que lhe deu Sérgio Cardoso. Chamaríamos Vicente Catalano o nosso comediógrafo mais imaginoso se não percebêssemos em sua segunda peça o mesmo processo de composição da primeira. De qualquer forma, o espírito inventivo, o gosto da palavra e o mecanismo da comicidade, se ainda não produziram um trabalho plenamente satisfatório, estão a anunciar que Vicente Catalano poderá surpreender-nos com uma obra-prima do gênero.

Professor de Astúcia era uma peça que apenas indicava as qualidades do autor, perdendo-se num estéril malabarismo cerebral. Verifica-se que ele, depois de montada uma completa intriga, divertia-se em despistar o público, para só no desfecho revelar-lhe a chave. O jogo tornava-se tão intrincado que, ao ser oferecida a solução ao espectador, no final não tinha ele tempo de refazer o caminho e chegar ao entendimento claro da história. Vicente Catalano parecia satisfazer-se com o quebra-cabeças em que as coordenadas abstratas não chegavam a filtrar-se nas exigências concretas do palco. O conduto da sensibilidade, que nunca pode ser fechado para a eficácia do espetáculo, fora abolido pelo autor em função unicamente do exercício intelectual.

Sem perder as suas características melhores, Vicente Catalano envereda em *Sexy* por uma trilha mais espontânea, cujo resultado ganha em humanidade. A diferença está expressa no título das duas peças, que poderiam utilizar expressões semelhantes: "como vencer pela astúcia" e "como vencer pelo sexy" ou "escola de astúcia" e "escola de sexy". Sendo o "sexy" (apesar da sugestão da palavra, indicando o condicionamento e a exploração cerebral do instinto) muito mais chegado à realidade que o permanente emprego da astúcia, a segunda peça tinha um ponto de partida favorável para falar ao espectador. E é o que se dá: ser "sexy" para atingir qualquer meta parece mais convincente na linguagem dos nossos dias do que simplesmente astucioso. Ou melhor, a astúcia objetiva-se em "sexy". Deixa de ser uma faculdade abstrata para converter-se num veículo palpável de êxito.

A simples enunciação dos móveis das peças mostra que a problemática do autor não traz novidade e o distanciaria assim do epíteto de original, que lhe reconhecemos. Com efeito, afirmar que é preciso astúcia ou "sexy" para vencer na vida não tem maior interesse e parece tão antigo como as mais comezinhas regras de arte. Vicente Catalano revela, entretanto, inteligência na maneira de captar e exprimir os velhos lugares-comuns. Sabedor de que a forma pode vestir de originalidade as idéias gastas, ele submete a antiga sabedoria (ou falta de sabedoria) humana aos esquemas atuais de manifestação, fixando as idéias que andam no ar em verdades indiscutíveis. Destituído de um pensamento profundo e mesmo encarando com uma certa superficialidade as relações humanas, Vicente Catalano conduz às fórmulas genéricas, aos métodos de aprender com palavras mágicas o gosto da maioria, o que é decorrência melancólica da civilização na qual vivemos. E como a propaganda é o veículo indiscutível para alcançar o maior número de consumidores, o autor junta a idéia de êxito pelo "sexy" ao instrumento eficaz da publicidade. Dois achados do nosso século que se fundem para constituir, a nosso ver, uma diversão teatral muito curiosa.

Em *Professor de Astúcia,* Vicente Catalano não havia conseguido unir todos os ingredientes do seu processo dramático e por isso a peça, lida sob a perspectiva de *Sexy,* mais se assemelha a um ensaio que a prepara. Tio Afonso – como é denominada a personagem no texto de estréia – partindo do conceito surrado segundo o qual "as lutas dos povos, os choques das classes e a inimizade entre os indivíduos, tudo é uma questão de dinheiro", pratica e ensina a astúcia para que os problemas se arranjem da melhor maneira à sua volta. Como um deus que move bonecos, ele dispõe as personagens de acordo com os interesses do seu jogo superior, que afinal sai vitorioso. Ao revelar sua verdadeira identidade (não é o irmão do homem rico com quem fazia chantagem), poderia ficar no desamparo, mas já calçou bem a história para que seu filho se casasse com a filha do extorquido. O professor de astúcia é em germe o professor de "sexy", proprietário da agência de propaganda que inventa o ardil para a solução de todas as dificuldades. Como um mágico e conduzindo também o fio da ação, Leopoldo coloca-se acima de seus dramas pessoais para, segundo a certa altura afirma, "concorrer com Deus no auxílio aos que sofrem". Seduz também a personagem a idéia segundo a qual "a melhor criação é a que vem do nada". Daí partir Leopoldo para as maquinações que dão a *Sexy* um permanente frescor inventivo, como se a trama estivesse nascendo no palco, diante do público. E só um real virtuosismo técnico no domínio da comédia de situação poderia sugerir espontaneidade, já que o sistema criador de Vicente Catalano é meticulosamente elaborado.

Nesse particular se define sua filiação ao método de Silveira Sampaio, ou ao processo dialético de que ambos se serviram. O professor de astúcia ministrará aulas a Eduardo, no fim do primeiro ato, e a Diana, no fim do segundo, para que os dois se descubram no terceiro. A tese de *Sexy*, levantada no primeiro ato, é transformar a pacata Regina na vencedora de um concurso de beleza. Leopoldo ama a sua criação mas recua ao deparar com Alberto, marido dela, necessitado de seus serviços profissionais. Como antítese, Alberto se tornará também galã de cinema, processando assim a reconquista da mulher. A síntese, obviamente, é o reencontro do casal nos termos do ensinamento simpático e otimista de Vicente Catalano. O "sexy" povoa tudo, resume a noção de bem viver, é o impulso vital capaz de dar alegria à existência.

Se quiséssemos vislumbrar na peça intenções satíricas, não estaríamos por certo traindo o pensamento do autor. Toda a armação de *Sexy* pode ser encarada como uma sátira à publicidade, que transforma os falsos valores em mercadoria vendável. Ainda mais, a comédia permite que se diagnostique a vida de hoje como o resultado de uma completa falsificação, diante da qual tudo se curva. Vivendo num mundo de aparências, Vicente Catalano estaria denunciando a circulação de produtos ilegítimos, inventados para satisfazer às insaciáveis necessidades do consumidor. Mas, interpretar assim seu pensamento é trazer-lhe uma amargura ou uma dureza que estão longe de sua filosofia amável. Catalano não destrói o brinquedo mas entra nele com a melhor das intenções: se os homens vivem de impulsos ilusórios, não custa fabricar um pouco de ilusão para tornar a existência mais agradável. Usem o artifício do "sexy" e seus dias correrão menos tristes e entediados – parece concluir a peça. Ela própria tem esse objetivo de divertir sem maiores pretensões, e a nosso ver o realiza.

Sexy, 1959. Sérgio Cardoso, Rita Cleos e Guilherme Corrêa, Teatro Bela Vista.
Foto: Júlio Gostineli, Arquivo Nydia Lícia.

É verdade que para facilitar o mecanismo de uma trama complicada, Vicente Catalano precisa pôr em cena um industrial que adquire navio para fazer propaganda e um comendador disposto a comprar ilha e couraçado para se ver livre da amante. Mundo fantasioso por certo, e bastante irreal, que pouco contacto prende às injunções da vida e da dramaturgia a que sempre mais nos habituamos. Será essa razão para condená-lo? Não cremos: *Sexy* pode ser apontado como exemplo de um dos pertinazes "escapismos" do nosso tempo.

Um pouco mais de gosto literário (a formação artística de Vicente Catalano não nos parece muito moderna) e o emprego funcional do diálogo (por enquanto, as sucessivas perguntas do entrecho parecem mera réplica de apoio ao solilóquio do protagonista) serão o veículo para que, em nova peça, as criaturas também se humanizem. Com esse passo, o autor nada terá a perder e antes conseguirá quebrar a impressão de secura interior das personagens, como se não as animasse nenhuma seiva própria. Em *Sexy*, Leopoldo ainda consegue justificar-se pelo prazer de propagandista que tira do nada suas criações. Ao entrar, no final, uma jovem desamparada, ele diz que a transformará na beleza "sexy". Mas que fazem Tulipa e Mateus? Não superam a função de interlocutores do protagonista.

O inegável pretexto que oferecem as peças de Vicente Catalano para um espetáculo imaginoso tem prejudicado sua transmissão objetiva. A nosso ver, se conseguia um rendimento louvável para certas cenas isoladas de *Professor de Astúcia*, Silveira Sampaio, com o seu estilo abstratizante, dificultava a assimilação intelectiva da peça. Com o espetáculo da Cia. Nydia Lícia-Sérgio Cardoso, baseado aliás numa idéia de Silveira Sampaio, ocorre algo semelhante: o enxerto de viagens fictícias (destinadas apenas a mostrar o virtuosismo do elenco) e uma excessiva marcação coreográfica, que chega a requintes de gratuidade, para não voltarmos à tecla do prejudicial desfile de modas e da propaganda de firmas comerciais, acabaram por diluir o núcleo dramático. Preferiríamos ver uma montagem de comédia com toques de fantasia em lugar da tentativa de comédia musical, que não nos parece ser a destinação básica de *Sexy*. Ainda aqui, o êxito de algumas cenas não silencia as reservas à concepção geral do espetáculo.

Essas considerações estão a pedir que prognostiquemos o sentido de nova peça do dramaturgo. De *Professor de Astúcia* a *Sexy*, ele deu um passo significativo para alcançar maior verdade cênica (em seu caso, aborrece-nos escrever verossimilhança). Quando se despir dos malabarismos intelectuais e conjugar melhor sua fantasia com a realidade, Vicente Catalano humanizará suas personagens para fazer a comédia inteligente e brilhante que seu talento nos promete.

(1959)

6. Vinícius de Moraes

Orfeu da Conceição

Quase sempre nós, de teatro, estamos lamentando a adaptação cinematográfica de uma peça. Ou a fita costuma trair o significado do texto (caso mais freqüente) ou a transposição não adquire na nova linguagem os valores artísticos equivalentes aos da obra teatral. Podemos achar muito interessantes algumas versões shakespeareanas na tela, mas longe estão de corresponder à sobrecarga mítica do palco e, num confronto com outras histórias, escritas especialmente para filmes, ficam muito aquém no resultado da realização, embora os roteiristas natos possam ser medíocres escritores. A discussão desse problema nos levaria ao debate acadêmico sobre a especificidade de cada arte e o feliz encontro de um tema com uma linguagem própria, afastando, se não a hipótese de outro tratamento, ao menos o êxito total numa forma diversa. Um filme como *The set up* (*Punhos de Campeão*) é melhor que as películas extraídas de *Hamlet* ou *Macbeth*. Que as conclusões dessa natureza sirvam ao mesmo tempo de consolo aos teatrólogos e aos cineastas.

No caso da peça *Orfeu da Conceição*, de Vinícius de Moraes, a adaptação para a fita *Orfeu do Carnaval*, dirigida por Marcel Camus, nos pareceu feliz, ou melhor, a fim de não concluir simplesmente que o espetáculo cinematográfico é bom (tarefa dos críticos especializados), enquanto o texto original é fraco, afirmemos que as modificações introduzidas na história e, em conseqüência, nos diálogos, trouxeram sensível melhora do nível artístico. Dir-se-ia apenas que *Orfeu* não havia encontrado no teatro sua forma, ao passo que atingiu no cinema sua exata expressão. Tudo o que estava irrealizado e incompleto numa arte foi suprido, ao passar para outra. A história se sobrecarrega para o palco num diálogo pouco cênico e as evasões líricas não se resolvem em dramaticidade. A peça parece mais uma narrativa dialogada e os três atos não encontraram uma inspiração unificadora. O enriquecimento dos episódios e a maior objetividade dos diálogos, pedidos pela forma cinematográfica, engastaram-se admiravelmente no cenário de um Rio de Janeiro festivo para realizar o painel feérico de *Orfeu do Carnaval*.

Orfeu da Conceição procurou, em princípio, trazer para o morro carioca o mito grego, pela sugestão espontânea de que o músico encontra seu equivalente na disponibilidade criadora do malandro. A figura do boêmio, que se nutre da magia carnavalesca, pode bem representar o símbolo do homem que sente na fruição poética da vida o motivo inteiro de ser. O compositor de sambas, gênio anônimo da favela, indivíduo sem passado e querendo do futuro nada mais do que o prazer de cada instante, liga-se à imagem mitológica do Orfeu que dobrou o mundo ao seu canto. Nesse sentido, a peça realiza a romantização plena do músico popular, compondo à medida que as circunstâncias o inspiram – o improvisador absoluto, sem história, que se alimenta da música enquanto ela é também a expressão do permanente culto feminino. O filme, tornando Orfeu condutor de bonde e empobrecendo as cenas de pura improvisação e de sortilégio musical, reduz o alcance poético da personagem, embora a vincule mais à realidade. É elogiável que a narrativa, na sua transposição, que tanto poderia levar ao sabor do exotismo e da simples curiosidade folclórica, nada perde da força e do significado primitivos.

Não era fácil acompanhar o itinerário da fábula grega, sobretudo porque ela se insere num universo religioso que não fala ao público de hoje. Sabe-se que, de acordo com a lenda, morta Eurídice, amada de Orfeu, ele pôde trazê-la dos infernos, com a condição de que não a contemplasse. Orfeu não conseguiu atender à determinação divina, perdendo-a assim para sempre. Como, em nossos dias, descobrir uma situação plausível para esses dados? Vinícius de Moraes fez que, na peça, a descida aos infernos se transformasse na louca procura da Eurídice no clube carnavalesco Maiorais do Inferno, em que não faltam as personagens mitológicas da crença helênica. A lenda é aproximada quando Dama Negra fala a Orfeu com a voz de Eurídice – apelo da Morte para que o músico entrasse em seus domínios. Eurídice assimila-se à morte, que é a única morada onde se pode realizar o amor despido do efêmero terrestre. Ao dirigir-se a Orfeu com a imagem da Dama Negra, Eurídice quer alcançar a eternidade do sentimento que não se cumprira em vida.

Modificando a peça nesse dado, o roteiro cinematográfico diminui a ambição poética de Orfeu mas o liga com maior felicidade à lenda. Cansado de procurar Eurídice, tendo feito tudo para descobri-la nas frias repartições mortuárias, o músico vai a seu encalço, a conselho de um amigo anônimo, numa macumba. De fato, a voz de Eurídice lhe fala, mas ele não resiste à recomendação e se volta para trás, verificando que é uma velha o instrumento do além. Esse súbito e desagradável contacto com a realidade apaga o sortilégio, levando-o a continuar a procura do cadáver, até que o acha no necrotério. Na peça, as mulheres, açuladas por Mira, amante enfurecida com o abandono, atiram-se sobre Orfeu com facas e navalhas, provocando a sua morte. Em *Orfeu do Carnaval*, o herói traz de volta ao morro, nos braços, Eurídice morta, recebendo no rosto uma pedra jogada por Mira, que lança o casal pela ribanceira. Um menino e uma menina renovam depois a história de amor e música reunidos, numa sugestão de que o mito é eterno.

Outro caminho em que peça e fita se separam é o da equação amorosa, na qual interferem outras personagens. O Orfeu da peça, receptivo a todas as mulheres, em certo momento encontra Eurídice, com quem quer se casar. Mira foi preterida, mas não era ainda noiva, como aparece na película. Por outro lado, a peça fixa a morte de Eurídice pelo prisma do crime passional, já que Aristeu, pastor de abelhas, que a amava, a assassina instigado por Mira. Aí a história parece mais humana mas não tem o mesmo alcance simbólico do filme, em que Eurídice está sempre fugindo de um indivíduo que a persegue desde a cidade de Niterói, onde morava, e agora, no carnaval, aparece apenas com a máscara da caveira afivelada ao rosto. É como se estivesse sempre a fugir da Morte, que afinal a colhe num acidente na estação de bondes, do qual é involuntariamente culpado o próprio Orfeu.

A problemática amorosa também não é idêntica em *Orfeu da Conceição* e *Orfeu do Carnaval*. No filme, processa-se o encontro de dois seres fatalizados um para o outro, quando as conveniências sociais e prosaicas estavam a recomendar outro desenlace... Orfeu gostaria de desmanchar o noivado com Mira, mas a falta de oportunidade não o permite. Dentro da técnica costumeira na dramaturgia (não observada na peça), Eurídice, elemento perturbador, vem de longe para subverter o equilíbrio de uma situação aparentemente estável. O que ocorre depois é conseqüência do amor irreprimível dos protagonistas. Já no texto, outras características do poeta Vinícius de Moraes afloram no entrecho, ligando *Orfeu da Conceição* à mitologia feminina de toda a sua obra. Quando o músico procura Eurídice no Clube Maiorais do Inferno, exclama, diante da pletora de mulheres que lhe é dado ver: "Vem, Eurídice. Eu te encontrei. Eurídice é você, é você! Tudo é Eurídice. Todas as mulheres são Eurídice. Quem é que quer mulher morta?" A mulher deixa de ser única e insubstituível para tornar-se a exemplificação do eterno feminino, que é o que importa. A peça quebra o mito de uma Eurídice perdida, pela possibilidade de estar ela presente em todas as mulheres. O amor pessoal curva-se ante o imperativo do sexo, Orfeu amante ilustra o panfeminismo do poeta Vinícius de Moraes.

São várias as personagens da peça substituídas por outras, no filme. *Orfeu da Conceição* dispunha, por exemplo, de uma mãe arquetípica, voltada contra o casamento de Orfeu com Eurídice e que chora, depois, a doideira do filho inconsolável. O filme a aboliu, talvez porque ela existisse, na peça, como elemento de oposição ao matrimônio de Orfeu, representado no roteiro cinematográfico pelo próprio noivado com Mira. Em compensação, *Orfeu do Carnaval* introduz a personagem Serafina, prima de Eurídice, que realiza no amor satisfeito pelo marinheiro o contraste cômico e inconseqüente com o amor trágico dos protagonistas. O filme, pelas exigências narrativas do cinema, lança mão de uma série de tipos e figurantes que só podem enriquecer uma história que tanto vive da veracidade do ambiente.

Feitas todas as aproximações entre peça e fita, volta-se sernpre ao ponto de partida: *Orfeu da Conceição* está irrealizado dramaticamente e *Orfeu do Carnaval* encontra uma linguagem na tela. Talvez cometamos, no caso, uma injustiça comum aos que se especializam: severos com a sua arte e dotados de complacência no tema em que são leigos. A verdade é que o filme nos encantou, do princípio ao fim, e mesmo quando se lambuza no prazer documentário da paisagem e do carnaval ou faz uma tomada gratuita do edifício do Ministério da Educação. Há maior organicidade no conjunto da película do que na peça.

A necessidade de desdobrar as falas tornou-as mais cotidianas, no filme, o que evita o verso (poesia e não teatro) encontrável no original. Poucas vezes as réplicas de *Orfeu do Carnaval* estão sobrecarregadas de adjetivação arbitrária. Já na peça, Vinícius de Moraes se deixou seduzir pelo gosto de uma poesia fácil, que dá aos versos um colorido popularesco e não autenticamente popular. Embora saibamos da traição que muitas vezes representa isolar um verso do contexto, não resistimos ao desejo de transcrever as seguintes imagens de duvidoso sabor: "Tão cheia de pudor que vive nua", "não um homem, mas voz da natureza" (sobre Orfeu) e "... a lua / está dando de mamar pras estrelinhas". Às vezes, na simplicidade dos versos, como os do encontro entre Orfeu e Eurídice, se percebe a marca do grande poeta das *Cinco Elegias*. Depois, não sabemos informar porque, tendo feito em versos o primeiro e o terceiro atos, o segundo está escrito em prosa. Nenhum argumento lógico pudemos invocar para oferecer uma explicação satisfatória dessa liberdade. A peça apresenta cenas soltas de inegável beleza e lamentamos que o autor não tenha organizado melhor a estrutura dramática da história.

Tantas restrições sugeridas por *Orfeu da Conceição* não impedem, entretanto, que acalentemos a vontade de assistir a uma montagem do texto, acreditando, inclusive, que o acréscimo da música e de um bom desempenho possa exprimir o sortilégio que emana de *Orfeu do Carnaval*.

(1959)

7. Pedro Bloch, Vinícius de Moraes e Gláucio Gill

Procura-se uma Rosa

No prefácio do volume *Procura-se uma Rosa* (publicado por Edições Massao Ohno), Hélio Bloch narra os pressupostos que levaram à construção do simpático Teatro Santa Rosa no Rio de Janeiro, e à encomenda de textos a dramaturgos de estilos diversos, para constituírem o programa inaugural da casa de espetáculos.

"Partindo da tese de que o nosso quotidiano é fértil de inspiração para nossos autores entregamos a Pedro Bloch, Vinícius de Moraes e Gláucio Gill uma notícia de jornal, dessas que se encontram diariamente em nossos periódicos, como tema para três peças em um ato" – explica o empresário. A seu ver, a par da diversidade, "as peças conservariam um elemento comum, importante como confirmação de nossas premissas: a sua essência brasileira; os problemas, a linguagem, a psicologia dos personagens etc. traduziriam a realidade nacional e, mais ainda, a carioca". O teatro, cujo nome foi escolhido, muito justamente, numa bonita homenagem a uma das maiores figuras do teatro brasileiro, alcança lotação completa com *Procura-se uma Rosa* – resultado dessa idéia – desde a sua entrega ao público. Solidários com o movimento de prestígio à nossa dramaturgia, Helio Bloch, Léo Jusi e Gláucio Gill, responsáveis pela edificação da casa de espetáculos, decidiram encenar somente peças brasileiras.

Sem o suporte ideológico do desejo de afirmação dos valores nacionais, quer na literatura dramática, quer no desempenho e no enquadramento da montagem, e sem os esforços que o precederam, sobretudo no Teatro de Arena de São Paulo, o Teatro Santa Rosa provavelmente não poderia ter sido aberto, ostentando essa plataforma. E, talvez também, se o autor brasileiro não tivesse vencido, nos últimos anos, o complexo de inferioridade, pareceria absurda ou pelo menos estranhável a iniciativa de pedir variações sobre um mesmo tema a três dramaturgos. O conjunto não pretende fixar-se em métodos rígidos: leitura em seminários e lançamento de obras de novos, concursos, espetáculos experimentais acham-se em seus planos.

A notícia inspiradora de *Procura-se uma Rosa* encerra inegável sugestão poética. Um casal estava na estação, aguardando o momento de embarcar. Num segundo, em meio do burburinho, Rosa perdeu-se do braço de Lino dos Santos. O rapaz a procurou em vão. Para casa, ela não voltou. E não mais apareceu. Depois de transmitir a ocorrência ao Distrito Policial, Lino percorre os jornais, "para avisar que oferece uma gratificação a quem encontrar uma Rosa".

O episódio tem a virtude de catalisar a eclosão dos diferentes temperamentos dramáticos. Ângulos sentimentais, ternos, secos ou cômicos podem conter a história, que se presta a múltiplas explorações. Como experiência, vista apenas do ponto de vista do autor, o espetáculo apresenta aspectos positivos: trata-se da peça menos fraca de Pedro Bloch; o poeta Vinicius de Moraes faz nova experiência cênica; e revela-se em Gláucio Gill um talento cômico de qualidades já bastante desenvolvidas.

Um juízo artístico objetivo, porém, não salva muitos elementos de *Procura-se uma Rosa*. As lacunas de cada criação ainda comprometem o resultado estético das peças, e se prendem elas, no caso de Pedro Bloch e Vinícius de Moraes, às deficiências lamentáveis de seu processo dramático.

O público paulista nunca foi muito assediado pela subliteratura de Pedro Bloch, e talvez não o identifique inteiramente como introdutor da novela de rádio no teatro brasileiro. No Rio, a produção do autor de *As Mãos de Eurídice* e *Morre um Gato na China* é oferecida com mais freqüência, e não nos consta que a pieguice sentimental – seu traço básico – tenha sofrido solução de continuidade. *Procura-se uma Rosa* não altera os condimentos essenciais da dramaturgia blochiana. Uma vantagem se patenteia: sua dose é mais reduzida, havendo menor campo, assim, para os fatores negativos. Como a peça se limita a um ato, dividido em quatro quadros, não sobra tempo para desenvolvimento da história, o que seria perigoso. As possibilidades de sentimentalismo barato ficam apenas entrevistas, sem agredir o espectador. Algumas cenas mais e se instauraria, irrecusável, o domínio da desenfreada melodramaticidade. Felizmente, o pano baixa, e não chega a consumar-se o sacrifício.

A Rosa de Pedro Bloch é uma professora primária, casada com um mecânico, que sofre por julgar-se inferior a ela. Os antecedentes do casamento e da situação que a levou à fuga são expostos em *flashback*, para dar consistência à realidade atual. Na fundamentação psicológica é que Pedro Bloch não trai as suas origens subliterárias.

Rosa não se casara virgem, e o pior é que ela se entregara, por vontade própria, a um homem casado. Lino se consome na infelicidade, por não ter-lhe propiciado lua-de-mel, por vê-la obrigada a duros trabalhos domésticos e por nem ter podido comprar um anel de ouro verdadeiro. Os malogros materiais estavam a corroê-lo, e eis que avulta a tentação do dinheiro fácil. Lino vai montar oficina e terá a lua-de-mel, quando Rosa, percebendo o que pode ocorrer ao marido, prefere fugir. "Deve ter compreendido que eu não ia sossegar, enquanto não desse a ela vida de gente. Sumiu por isso. Pra não me estragar" – reconhece Lino. Pedro Bloch nunca recusa aos seus heróis um humanitarismo piedoso

Resumir assim o entrecho, contudo, redunda em injustiça para a peça. Essa é a essência da filosofia blochiana. Talvez seja inócuo esperar que ele a modifique, a essa altura. Mas *Procura-se uma Rosa* não se reduz à vã filosofia. É, sobretudo, peça de teatro. E como tal ganha no palco ou na leitura, por conseguir atenuar os efeitos do pensamento e resolver-se em diálogo.

Pedro Bloch, no longo trato do palco, adquiriu certa mestria técnica, sendo-lhe possível armar cenas com segurança e relativa eficácia sobre a platéia. As falas são curtas, diretas, e as réplicas se encadeiam sem os percalços das penosas ligações. Nesse texto, acrescenta-se um maior cuidado no aproveitamento dos pormenores realistas, o que, sem fugir ao lugar-comum, ao menos confere alguma veracidade à situação. O defeito, nesse particular, encontra-se acaso no excesso de dados objetivos, superpostos com a preocupação de retratar-se fielmente o cotidiano. Sobram as referências ao futebol, ao drama da vida suburbana (trens apinhados e hora de dormir que coincide com a de ir para o trabalho), e ao problema financeiro, esterilizante para as criaturas humildes. O propósito velado do texto seria, assim, uma denúncia do desconforto e da miséria, responsáveis pela infelicidade conjugal de Rosa e Lino. Não oferecendo a sociedade condições dignas para que se construa o lar, o jeito do rapaz é superar pelo labor desonesto a feiúra da pobreza, e ter de qualquer forma a pretendida lua-de-mel. *Procura-se uma Rosa* indica, para o crítico de boa vontade, um princípio de regeneração em Pedro Bloch. Fazemos sinceros votos para que ela se efetive.

Já com o texto de Vinícius de Moraes sucede exatamente o inverso: parte ele de uma idéia poética, de um belo esquema dramático, para incidir, na realização, no mais imperdoável convencionalismo. Não registramos o caminho oposto entre os dois autores para fins didáticos ou atendendo a mera sugestão de facilidade. O procedimento teatral parece-nos por demais visível e não cabe recusar a observação, sob pena de prestar um desserviço ao grande poeta, cujo interesse pelo teatro auguramos que se torne dos mais fecundos. Ao fechar a cortina, corremos pressurosos a reler o programa, temendo ter sido vítima de um equívoco: a peça mais parece escrita pelo Pedro Bloch de outros tempos.

Uma poesia simples informa a história concebida por Vinícius de Moraes. Com o desfecho, o público percebe que Rosa é a louca da "curra", que passeia a esmo pela delegacia de polícia. O desencontro permanente, marca da fatalidade trágica, impede que Lino a veja e a reconheça, no próprio local em que se apela para que ajudem a descobri-la. Possivelmente um ou outro espectador nem identifique na louca da "curra" a Rosa perdida, porque o dramaturgo mal aflora o assunto, preferindo envolvê-lo em delicadeza. O pudor, no tratamento da procura e da fortuita e melancólica impossibilidade de se acharem, mostra a natureza do poeta. Houvesse o encontro do casal e a trama estaria irremediavelmente viciada pelo melodrama. O autor se alaga no gênero, em compensação, por motivos de outra natureza.

O que torna a peça de Vinícius de Moraes, a nosso ver, tão ruim, a pior de todas, é a incompreensível bisonhice técnica. Espanta-nos que um poeta que tenha alcançado, nos melhores momentos de sua obra, uma tamanha consciência artesanal, não se preocupe em aprender os meios do teatro, e deixe a peça esfacelar-se como um exercício escolar. Tenta *Procura-se uma Rosa* definir-se como flagrante numa delegacia de polícia. Para ter consistência cênica, os vários ingredientes da situação precisariam articular-se numa ordem dramática, não importa se através dos casos menos aparentados entre si. Vinícius de Moraes não se deu o trabalho de pensar em desenvolvimento dramático: informa o público, em cada caso, mediante o mais rudimentar recurso, que pouco varia da muleta: "Conta então o que se passou". E o interlocutor sempre conta, num longo e desinteressante monólogo, que às vezes parece aproveitado apenas com o objetivo de preencher a duração normal da peça em um ato. Os caracteres, por seu turno, mergulham nas mais tolas convenções: o comissário cafajeste, em atrito com o delegado que mostra pelo dictafone a sua melhor formação pessoal (manda que dêem sanduíches à louca no bar próximo e ponham a despesa na sua conta); o investigador cioso de sua profissão, não querendo ficar sentado como motorista de táxi; os soldados habituais; a mulher que se queixa do marido, porque ele a surra; a negra bêbeda, que vai curtir a costumeira embriaguez durante uma noite nas grades; e o repórter policial, que recebe pelo telefone a notícia do suicídio de uma antiga amante, sacrificada na engrenagem do vício, e depois conta: "Negócio de muito homem. Muito homem e muito álcool. Menina de gente humilde que quis subir. Eu já peguei ela nessa batida. Trezentos mil homens, quatrocentas mil buates". Onde andará a autocrítica do poeta de *Cinco Elegias*? Um manual elementar de como fazer peças pouparia a Vinícius de Moraes a vergonha de surgir tão desarmado em território estranho.

Depois de dois dramas frustrados, respira-se com alento o clima cômico do ato de Gláucio Gill. O autor, estreante, não tem muitas pretensões. Decide-se pela aparente brincadeira, e a intriga se movimenta com facilidade. Bastam poucas réplicas, porém, para o público sentir que se encontra diante de um dialogador inteligente, que sabe tirar partido do insólito e do absurdo. Se não nos enganamos, sua estréia se reveste de características semelhantes às que assinalaram o aparecimento de Silveira Sampaio, há uma década. Provavelmente o texto de Gláucio Gill parecerá composto de uma série de reminiscências de outras peças, cujas coordenadas vão de Ionesco a Millôr Fernandes, passando pelo próprio Silveira Sampaio e por Vicente Catalano. As deixas do diálogo são aproveitadas para uma sátira da sociedade, desde as promoções publicitárias dos veículos de divulgação, com patrocínio comercial, às fórmulas feitas da política partidária, que incorpora Rosa aos seus *slogans* (a propósito, a atitude de Lino, recusando que Rosa fizesse a felicidade geral do bairro, se explicaria como imperialismo reacionário). Atrás das críticas episódicas, porém, o autor levanta uma questão mais séria – o significado do sexo. Quem se encantou com a deliciosa fita *Nunca aos Domingos*, certamente saboreará o desinibido amoralismo do texto de Gláucio Gill. Rosa justifica sua generosidade: "Sempre tinham-me dito para negar". E assevera: "Ninguém sabe porquê". Dessa verificação ao programa de impedir o sofrimento de todos os homens infelizes foi um passo. "Meus namorados são para mim gatinhos de estimação". E Rosa não interromperá a tarefa de evitar que os complexos se agravem, os desesperados se suicidem.

Cabe observar que, enquanto as outras peças, de propósitos dramáticos, precisavam abolir o encontro de Rosa, a comédia de Gláucio Gill valeu-se exatamente da presença da protagonista, como elemento propulsor da trama. Rosa presente e que nunca se encontra, mito da ilusória felicidade masculina – eis o achado poético do comediógrafo. Adquirisse o texto, no conjunto, maior densidade, e estaríamos diante de uma pequena obra-prima. Concluído o espetáculo, resta a insatisfação que nos deixam os logros – tudo não passou de fogo de artifício. A peça não recheia com músculos o seu princípio algo abstrato. Mas não será difícil avaliar a promessa que representa a estréia de Gláucio Gill. Ela assegura validade a *Procura-se uma Rosa*.

(1961)

8. Gláucio Gill

Toda Donzela Tem um Pai que É uma Fera

Os dramaturgos sentem real prazer em ajustar contas no palco. Jean-Louis Barrault, em seus escritos teóricos, insiste na tecla de que o teatro é um ato de justiça. Desde os gregos até hoje, numerosas peças deleitam-se em mostrar logrados os conquistadores, vencidos os tiranos, presos na própria armadilha aqueles que as destinavam aos outros. Essa desforra pode assumir ares sinistros, na punição trágica de um Créon, ou simplesmente um jeito de brincadeira inconseqüente, no desfecho da *Farsa de Mestre Pathelin*. A comédia castiga pelo ridículo, quase sempre de desagradável incômodo.

No campo da conquista sentimental, o primeiro enganador enganado foi o Pirgopolinice plautiano. Além das bravatas militares, o soldado fanfarrão gabava-se da irresistibilidade para as mulheres. Ludibriam-no de tal modo que até aquela que está submissa a ele, por direito de senhorio, se escapa com o verdadeiro amado. O comediógrafo não se contenta com o desapossamento total de quem se julgava dono do mundo: ministram-lhe uma surra violenta, quando ingenuamente penetrava no reduto de mais uma suposta apaixonada.

A comédia brasileira contemporânea oferece um delicioso exemplo de herói engolido pela teoria que tão engenhosamente forja diante do espectador: o Petúnio da sátira *Da Necessidade de Ser Polígamo*, de Silveira Sampaio. Na tese do primeiro ato, o marido confessa com franqueza à mulher que tem uma amante. A antítese do segundo ato coloca a situação inversa – a mulher que revela a Petúnio ter encontrado também outro homem. O ardoroso defensor da poligamia assiste, por fim, ao desmoronamento do ilusório equilíbrio que desejara instaurar, e se encolhe em posição fetal, depois de dizer: "Eu vou pra casa de mamãe"...

Apontar o parentesco de *Toda Donzela Tem um Pai que É uma Fera* com a sátira de Silveira Sampaio não supõe uma dependência nem a presunção de que o jovem comediógrafo Gláucio Gill se deixou secretamente influir. Mais de uma década separa uma peça da outra. O teatro brasileiro, nesse curto período, percorreu um longo caminho. Pode-se falar, sem medo de equívoco, no estabelecimento de uma tradição. As semelhanças e as diferenças das duas experiências formam um capítulo do teatro brasileiro atual.

No fim da década de quarenta Silveira Sampaio inaugurou o Teatro de Bolso de Ipanema, que procurava oferecer ao público do Rio uma comédia intelectual e sofisticada, afeita às grandes linhas da psicanálise e do processo político do País. O carioca da Zona Sul, depois de uma exaustiva jornada, no centro, preferia uma diversão próxima da residência, que lhe era acessível em traje esporte. Copacabana tornou-se a nova sede do gênero ligeiro, incompatível com o sacrifício do retorno à Cinelândia. Silveira Sampaio passou a pontificar num teatro em que ele era o factótum – empresário, comediógrafo, encenador e intérprete. Após inevitável estagnação, pela impossibilidade de renovar-se numa faina tão voraz, Silveira Sampaio foi momentaneamente absorvido pela TV, mas a sua fórmula não perdera o sentido. A Zona Sul requer sempre mais autonomia em todos os setores, e as casas de espetáculos se vêm multiplicando. Uma das mais recentes conquistas de Ipanema é o Teatro Santa Rosa (vizinho, aliás, do Teatro de Bolso), no qual Gláucio Gill acumula as funções de empresário, autor e intérprete. Talvez o trabalho anterior de Silveira Sampaio lhe tenha recomendado maior parcimônia nas atribuições: não é o único empresário, um amigo (Léo Jusi) encena os espetáculos e, ao invés de organizar uma empresa à volta de seus textos, ele os vai paulatinamente introduzindo, em meio a outros cartazes. Seu ato único de *Procura-se uma Rosa* juntou-se, após algum tempo, aos dois já escolhidos de Pedro Bloch e Vinícius de Moraes, e sem dúvida revela maior engenhosidade e interesse. Estava patente, na brincadeira despretensiosa, o talento para o diálogo teatral e a capacidade de armar situações imprevistas e de efeito. Um comediógrafo à vista – impunha-se reconhecer.

Ao apresentar *Da Necessidade de Ser Polígamo*, Silveira Sampaio já era homem maduro e compunha um Petúnio que lhe realçava o estilo inconfundível de comediante. Gláucio Gill é ainda um jovem intérprete e Porfírio, em *Toda Donzela Tem um Pai que É uma Fera*, se mantém em intransigente celibato. No cenário, parodiando os cartazes postos em moda por Brecht, vê-se um quadro, com os seguintes dizeres: "Neste apartamento mora um solteiro feliz". Petúnio encarnava uma aspiração do burguês carioca, distraindo na poligamia o tédio da existência sem projetos. Porfírio sintetiza uma parcela da juventude copacabanense, que ainda se aplica apenas nos exercícios da virilidade e faz das conquistas femininas o seu *hobby* infatigável. Padece ele a antítese entre o casamento e o amor, o cotidiano como negação absoluta do romantismo sentimental. Por isso a idéia de amarrar-se a uma só mulher horroriza esse "don Juan" do universo guanabarino sem ética e que tem como armas, fora a sua possível atração pessoal, um apartamento bem instalado e a ociosidade. Tantas vantagens não bastam para que o herói, no final, deixe de proferir uma frase parecida com a de Petúnio: "Vou-me embora pra casa da mamaãe!!!"

As duas peças se distanciam sobretudo pelo recheio e pelos propósitos dos autores. Silveira Sampaio preocupou-se mais com a sondagem psicológica e o exame da realidade matrimonial. O desfecho guarda um travo amargo e o espectador percebe o clima de decomposição. A perspectiva de Gláucio Gill é muito mais amável e – cumpre dizer – inconseqüente. Dirige-se ele, com deliberação, para a farsa. A possível penetração nos caracteres cede lugar ao jogo contínuo de imprevistos. Prefere o comediógrafo agarrar o público à inventiva mecânica de situações sempre renovadas, surpreendendo a cada passo pelo acréscimo de um novo elemento, com o qual não se contava. Não entra nessa observação juízo de valor, mas o desejo de definir a maneira de Gláucio Gill. E cabe julgá-lo na medida em que realizou seus intentos, acrescentando mais uma contribuição a um gênero pouco explorado pelos nossos autores.

Não será exagero reconhecer que Gláucio Gill aclimata ao meio brasileiro as características do *boulevard* francês e das comédias que asseguram os grandes êxitos comerciais da Broadway. Do ponto de vista moral aparentemente acolhem-se todas as licenciosidades das camadas sociais despidas de preconceitos, para no fim restabelecer-se a ordem, dentro do estrito moralismo em vigor. Assim, além de preservar-se uma convenção antiga da comédia, não se descontenta a platéia habitual. Porém a verdade é que esse dado se apaga ante o gosto muito mais dinâmico de desencadear o riso, através da sucessão de novos estímulos à trama, sem que a verossimilhança imediata se imponha como força inibidora. Nesse mundo liberto de lógica irrepreensível, tudo pode acontecer. E tudo acontece em *Toda Donzela Tem um Pai que É uma Fera*.

Gláucio Gill parece egresso de um curso de *Playwriting*, no qual lhe tivessem sido revelados os vários segredos para suscitar a curiosidade do espectador e para tecer múltiplas combinações de episódios. Nesse sentido, sua comédia alcança mestria elaborada com maturidade maior que a de qualquer jovem dramaturgo brasileiro. Ela nada fica a dever às peças do gênero, produzidas regularmente pelos conhecidos fabricantes de êxitos, nas capitais do teatro. Se uma das deficiências dos nossos autores é a falta de domínio técnico, Gláucio Gill está iniciando sua carreira com uma louvável capacidade para lidar com a intriga

Toda Donzela tem um Pai que É uma Fera, 1964. Eugênio Kusnet, Ítala Nandi, Cláudio Marzo, Míriam Mehler e Tarcísio Meira, Teatro Oficina. Foto: Fredi Kleemann, Arquivo Multimeios/Divisão de Pesquisas-IDART.

e o diálogo. Como essas virtudes reclamam inteligência, argúcia e espírito de observação, basta a Gláucio Gill tornar-se mais ambicioso, para um dia realizar a obra de fôlego a que seu talento está obrigado. Os ingredientes desse gênero, que tateia num mundo já conhecido, não costumam renovar-se, e só conta, por certo, a habilidade com a qual o autor sabe manuseá-los. O texto lança mão de recursos tradicionais – Porfírio, inimigo do casamento, em contraste com Joãozinho, cuja sólida formação doméstica não lhe permite "fazer mal a uma moça sem pretender casar com ela". Daisy e Loló nivelam-se pelo interesse comum do matrimônio (não se costuma afirmar que toda jovem, na estrutura social de hoje, procura a qualquer preço a segurança do casamento?), e se diferenciam pelos dotes pessoais – a primeira esperta e viva, e a segunda burrinha. O que elas têm de semelhante provoca esta fala de Porfírio: "Por isso é que eu tenho um horror profundo da moça de família. Por causa dessa técnica... comunista... de infiltração progressiva". As diferenças de ambas, entre as quais a circunstância de que surge em cena o pai de uma (general), permitem o andamento do enredo. Aí é que o comediógrafo apresenta os seus dons maiores – o prolongamento de uma cena para explorar o suspense, a troca de pessoa numa situação imprevisível, a mostra de uma aparência sempre diversa da realidade, com o fito de enriquecer a trama. Embora Gláucio Gill utilize o armário como se estivesse partindo para "a solução francesa", ainda aí, como no detalhe de um revólver mostrado ao interlocutor, lembra de novo Silveira Sampaio – agora na peça *Triângulo Escaleno*. Fiel ao desejo de entreter a cada instante a platéia com uma situação insuspeitada, a comédia chega a anunciar as bodas do austero general viúvo com Lolô, a jovem que seu futuro genro acabara de possuir.

Joãozinho, que morava com Daisy sem que as cenas de intimidade precisassem ser proibidas para uma audiência de 14 anos, pratica de súbito duas conquistas efetivas. A confessada timidez e a rígida teoria não lhe vedam o acesso intempestivo às duas jovens. Porfírio tem planos subliminares de conquista, com marcha militar, e não desconhece os processos intelectuais: "Isso quatro, cinco, seis vezes. Almoço, jantares, concertos de piano, convites para assistir peças de Bertolt Brecht. Negócio cultural pra chuchu. E sem falar em sexo. Aí a coitadinha vai começar a ficar intrigada". Daisy e Lolô furtam-se ao assédio de Porfírio e, no final, D. Florisbela se benze ante a sua investida, feita em desespero de causa. A comédia deixa patente o logro de quem se julgava a mais esperta das criaturas. O conquistador impenitente é o único a ficar solitário. E o resto do mundo se casa.

(1964)

9. José Celso Martinez Corrêa

A Incubadeira

A Incubadeira estava anunciada para apenas duas semanas e alcançou perto de dois meses de permanência no cartaz do Teatro de Arena. No II Festival Nacional de Teatros de Estudantes, realizado em Santos, já recebera uma verdadeira consagração do público, que se identificou de imediato com os problemas do texto. É simpático verificar que um jovem de pouco mais de vinte anos dispõe de uma linguagem capaz de comunicar-se tão espontaneamente com a audiência. Não se pode negar-lhe esse requisito básico, sem o qual os maiores talentos literários se frustram no palco: tem a vocação do teatro, escreve de maneira a atingir o espectador. Seu segredo corresponde ao de todos os dramaturgos brasileiros – bons ou maus – que se têm imposto à admiração do maior número: fala de temas próximos, procura retratar uma realidade reconhecível facilmente pela platéia. Tanto em *A Incubadeira* como em *Vento Forte para um Papagaio Subir*, peça de estréia, José Celso Martinez Corrêa se inspirou nos dados oferecidos pela adolescência, e muito provavelmente naquilo que viveu. Não é de estranhar que o espetáculo apresentado pelo grupo *Oficina* obtivesse um particular êxito no certame estudantil.

Embora, nos últimos anos, surgissem peças fixando situações de adolescentes (lembramos *Rua São Luiz, 27, 8º*, de Abílio Pereira de Almeida, e *Marido Magro, Mulher Chata*, de Augusto Boal), as referências maiores de José Celso Corrêa, em nossa literatura, o ligam a Octavio de Faria, em cuja obra uma das fontes romanescas é a descoberta do mundo. João Inácio e Tarciso, os heróis dos dois textos, acham-se igualmente no estádio dos dezoito anos, em que se rompem os laços familiares em busca de uma afirmação autêntica de vida. O indivíduo, inconformado com a herança que lhe transmitem, escolhe o caminho da exploração solitária do desconhecido. Não importam as lutas que se vislumbram e os frutos agrestes da jornada. A parábola do filho pródigo é uma experiência que se renova incessantemente.

Pode-se afirmar que José Celso Corrêa, nos três atos de *A Incubadeira*, retoma o mesmo tema que ensaiara no ato único de *Vento Forte para um Papagaio Subir.* João Inácio, protagonista do texto de estréia, não suporta a asfixia da cidade do Interior e se despede para para a aventura da Capital. Sentindo-se poeta, sabe que o emprego medíocre, o casamento burguês e o convívio restrito acabariam por sufocá-lo irremediavelmente. "Eu comecei a sentir em mim alguma coisa como um papagaio querendo se escapar" – eis o símbolo explicativo do título e do problema do herói. Em *A Incubadeira*, a ação transfere-se para a Capital, mas os dados são semelhantes: a família saiu do Interior, para que o jovem pudesse estudar na Politécnica, fechando-o num círculo de doença e medo que ele tentará quebrar. Aí também a simbologia é intuitiva, senão fácil: Tarciso nasceu de sete meses e até os dezoito anos tem a sensação de que permanece na incubadeira, contemplando a vida através dos vidros protetores dos desvelos paternos. Único filho que vingou e ainda assim extremamente frágil, em virtude da asma, tem necessidade de separar-se da família para abrir por si um caminho. A preocupação essencial que o define, sacudindo as forças negativas da inércia e da debilidade, é o desejo de sentir-se existir, com uma vida própria e não aquela que lhe é legada artificialmente pelos remédios e cuidados dos pais. Ao sair do apartamento para morar numa pensão, move-o sobretudo o rigor com que precisa provar-se – intransigência e autenticidade diante dos longos anos que ainda vai percorrer.

Talvez por lhe faltar a experiência humana necessária ao estádio posterior, José Celso Corrêa conclui as duas peças diante da entrada no mundo adulto. A fim de não repetir-se ainda outra vez, seu herói deverá aparecer em novos textos, no atrito mais amplo com a sociedade, e não confinado na rebeldia doméstica. Por enquanto, trilha apenas o itinerário dos inconformistas. Precisa passar ao mundo dos que se realizam. A temática do autor é menos de afirmação que de fuga, de ruptura mais que de engajamento. O impulso inicial é louvável e promissor, longe das transigências carreiristas. Agora, armado com a pureza de propósitos e de meios, cumpre atuar sobre as circunstâncias que o rodeiam. Tarciso está deixando de ser "filho de papai". Cabe-lhe fazer-se homem.

No ato único, o dramaturgo esquematizara em excesso a situação, na qual as várias personagens dão quase apenas a deixa a João Inácio. A irmã, a namorada e o amigo servem de moldura à sua inquietação interior. Os caracteres mal se definem. Já em *A Incubadeira*, percebe-se maior empenho no desenvolvimento das personagens, que deixam

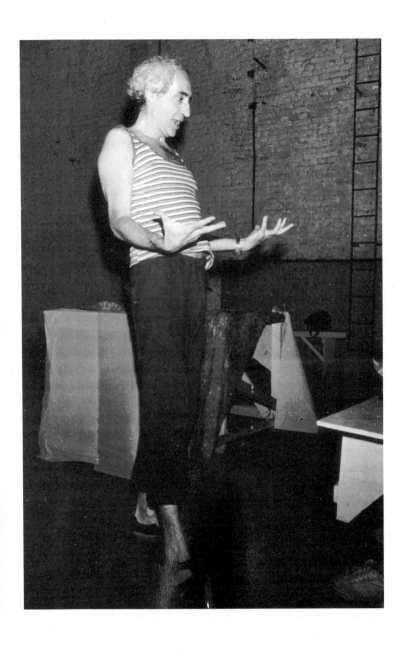

José Celso Martinez Côrrea, 1979. Curso patrocinado pelo Inacen, Teatro Oficina.
Foto: Ary Brandi, Arquivo Multimeios/Divisão de Pesquisas-IDART.

de ser simples indicações para se atritarem como criaturas reais com o protagonista. Os esboços adquirem consistência própria. E sua presença pontilha as reações sucessivas de Tarciso. Quais são elas? Da consciência de que é um ser diferente, isolado de todos pela doença, ele passa a integrar-se no meio. Na noite de seu décimo-oitavo aniversário, quando já havia descrido quase inteiramente do comparecimento de seus colegas de "cursinho" à festa familiar, eles surgem e o estimulam à sortida noturna. Faz então a descoberta do sexo – e note-se que não se trata da descoberta do amor. Em *Vento Forte para um Papagaio Subir*, João Inácio praticamente reconhece a insatisfação do namoro interiorano, abandonando-o para vir à Capital. Na segunda peça, a presença da prima Veroca é um princípio de cumplicidade sentimental, mas seus mundos incomunicáveis logo os afastam. Não é ainda o momento da entrega amorosa. Em decorrência, porém, da camaradagem surgida na festinha, opera-se outro fenômeno importante da adolescência: a descoberta da amizade. Marcelo, jovem tímido, também vindo do Interior, é o primeiro amigo nascido do clima propício a confidências. Outra característica das relações humanas estabelecidas nos textos é a compreensão do drama dos filhos, manifesta pelos pais. Seus intentos são afáveis, carinhosos. Não se repete aí a revolta da juventude contra a intolerância dos adultos. Pode-se reprovar neles o desvelo excessivo, que acaba por asfixiar mais do que a severidade. A mãe inválida do ato único dá a João Inácio algum dinheiro para ajudá-lo na viagem. O pai de *A Incubadeira* termina por incentivar Tarciso no propósito de transferir-se para a pensão, dispondo-se a ir com a mulher para o Interior. Apenas um problema se propõe sempre – o de que todas as experiências são pessoais e intransferíveis.

Na fatura de *A Incubadeira* (a primeira peça não ultrapassa um esquema ainda muito bisonho), o autor se perde em numerosas inadequações, mas o impacto global do espetáculo se processa. Diálogos isolados, também, mostram o incipiente mais animador domínio do instrumento cênico. Os defeitos imputam-se à inexperiência, quer humana, quer literária. Assim, por exemplo, José Celso Corrêa ainda não se libertou da influência de leituras recentes. A mãe, circunscrita às motivações da mocidade e próxima da loucura para defender-se da realidade adversa, lembra Amanda Wingfield de *À Margem da Vida* (*The Glass Menagerie*), de Tennessee Williams, e incide no lugar-comum dos solilóquios devaneantes. O pai está empobrecido em pinceladas sumárias e não falta, no desfecho, a cena de acusações mútuas com a mulher. Outros diálogos e problemas familiares aparentam-se a dados de *A Moratória*, de Jorge Andrade. Mas essas falhas e referências não têm muita importância. Preocupamo-nos mais com o perigo da caricatura, na qual o texto incorre várias vezes. A caracterização excessivamente esquemática das primeira falas de Veroca e os *play-*

boys estandardizados fazem-nos recomendar ao autor que tome cuidado com o êxito fácil. Processos semelhantes, bem como os sonhos esclarecedores, encontram-se no limite da subliteratura. Algumas falas, entretanto, demonstram louvável sabor e espírito de síntese, e entre elas uma de Veroca, ao comer um doce preparado pela tia: "Parece que estou mordendo um pedaço de Araraquara..."

A naturalidade das entradas e saídas é um jogo difícil que só o domínio técnico proporciona. Não nos parecem bem realizadas certas cenas de *A Incubadeira*: o tardio cumprimento dos pais ao aniversariante; a visita matinal de Veroca a Gusta, perdendo-se esta num clichê inverossímil, no qual antepõe um "doutor" ao nome do marido e deixa de dar seu endereço à prima; o corte, para desdobramento do segundo ato, quando o primeiro quadro sugeria a saída dos rapazes, de tal modo que, encontrando-os ainda em casa, ao se acenderem de novo as luzes, o espectador é quase levado à confusão.

Da soma de virtudes e defeitos resulta, a nosso ver, que *A Incubadeira* tem que ser considerada fraca, mas dispõe de qualidades para animarem o autor a prosseguir vitoriosamente no teatro. Talvez seja até mais tranqüilizador verificar que José Celso Corrêa, quase estreante, revela as indecisões da idade e não escreveu logo uma peça perfeita, cuja fórmula os dramaturgos procuram em vão repetir em outras tentativas. Esperamos que ele realize a obra de valor da qual *A Incubadeira* é uma inequívoca promessa.

(1959)

10. Augusto Boal e José Celso Martinez Corrêa

A Engrenagem,
Adaptação de Sartre

Uma informação sobre as circunstâncias em que o grupo Oficina encenou *A Engrenagem* ajudará, por certo, a compreender o espetáculo, apresentado inicialmente durante duas semanas, no Teatro Bela Vista, e depois no Teatro Novos Comediantes. Sartre veio a São Paulo e seu ardor combativo polarizou o interesse dos intelectuais e da juventude, e mesmo daqueles que, por divergências ideológicas, não puderam aceitar a sua palavra de ordem. Era justo que se procurasse canalizar para o teatro a imensa e simpática onda publicitária levantada pelo autor de *Huis Clos*. Mas, sobretudo, avizinhavam-se as eleições, e *A Engrenagem*, originalmente roteiro cinematográfico, prestar-se-ia como arma na luta a favor de uma das candidaturas, nos moldes da teoria do teatro político. Augusto Boal e José Celso Martinez Corrêa fizeram às pressas a adaptação cênica e os ensaios se reduziram a não mais de quinze dias. A lembrança desses dados seria inútil, se a montagem tivesse malogrado. Como são numerosos os aspectos positivos da realização do Oficina, porém, a narrativa do esforço despendido acrescenta um novo elemento ao êxito.

Para nós, além do exame do espetáculo, como resultado artístico, interessa analisar as intenções dos adaptadores e dos dirigentes do conjunto, pelas possíveis consequências de seu ponto de vista na vida teatral da cidade. Augusto Boal e José Celso Martinez Corrêa são autores e, embora em estádios diversos (pela maior experiência do primeiro), refletem uma certa ordem de idéias da nova geração. Antes de escrever *Revolução na América do Sul*, Augusto Boal lançou *Marido Magro, Mulher Chata* e uma série de outras peças, inspiradas em preocupações do momento literário, e que afiaram o seu instrumento técnico. Mesmo o atual espetáculo do Teatro de Arena é muito mais expressão de um pensamento livre e apartidário (não obstante as suas implicações políticas) do que obra de um espírito empenhado em filiar-se a uma das forças em choque. Com *Vento Forte para Papagaio Subir* e *A Incubadeira,* textos artisticamente pouco elaborados mas reveladores de talento, José Celso Martinez Corrêa se mostrava ainda prisioneiro de seus demônios. É esse o fardo de todos os jovens escritores, ligados umbilicalmente à origem familiar e de classe, e ao itinerário estético do nosso século. Pela inteligência, são capazes de inclinar-se sobre as realidades políticas, e preferir essa ou aquela facção, que satisfaça mais aos seus anseios intelectuais. Sentimentalmente, não estão sustentados por experiências emotivas de igual maturidade. Daí não terem uma linha de conduta perfeitamente definida e oscilarem com freqüência nos pronunciamentos objetivos, segundo os reclamos mais imperiosos do instante. Dentro de si mesmos, os adaptadores não encontrariam matéria para produzir um texto original, de aplicação política imediata. Aproveitando a estrutura já pronta do roteiro cinematográfico de Sartre, puderam eles satisfazer a uma necessidade de participação, sem que violentassem ao mesmo tempo a sua natureza de autores.

A passagem de um roteiro cinematográfico a peça teatral já acarretava, em si, um conjunto de alterações. A flexibilidade que se permite à câmera deveria ser em grande parte reduzida no palco, e a primeira tarefa era assim a de escolher os episódios que se prestariam à nova linguagem. A expansão descritiva do cinema precisou concentrar-se para atender aos limites do teatro, em que a palavra, por outro lado, ganha um relevo que se esbate diante da tirania da imagem (será essa uma das razões do não aproveitamento do trabalho de Sartre, até hoje, numa película?).

Além dos motivos estruturais, que determinariam inevitavelmente uma mudança na adaptação cênica, os intentos específicos do espetáculo impuseram outras escolhas. Como se queria sublinhar o tema da "engrenagem", isto é, o jogo fundamental entre um povo colonizado e uma nação imperialista, despertando assim as consciências para uma luta política, o texto cênico acabou por cortar o recheio psicológico e por suprimir certos contornos pessoais, não temendo também acrescer à trama subsídios das reportagens sartrianas sobre Cuba, a fim de que o espetáculo ganhasse em clareza e objetividade. O roteiro, embora não seja uma das melhores realizações literárias do autor de *Os Seqüestrados de Altona,* guarda as características básicas de toda a sua obra. A ação presente se passa num tribunal (as saídas se prestam sobretudo a colher novos elementos para o debate) e, ao iniciar-se o julgamento do indiciado, o júri resolve opinar sobre os atos e sobre o homem. Essa opção, além de tornar mais completo o juízo de sobre as atitudes de Jean Aguerra, permitiu a Sartre desenhar com maior profundidade a personagem, que de outra forma se conteria em clichês

Augusto Boal, 1979. Curso patrocinado pelo Inacen, Teatro Ruth Escobar. Foto: Silvia Paulino Neder, Arquivo Multimeios/Divisão de Pesquisas-IDART.

exteriores. A técnica do *flashback* reúne, assim, dois objetivos: o de trazer à luz dados indispensáveis à compreensão do presente e o de conferir aos vários protagonistas suas reais dimensões no tempo. Os testemunhos, recriando cenas passadas, em épocas diversas, enriquecem a trama com a perspectiva da história. Não satisfeito com esse processo, Sartre completa a sua análise com o auxílio do método pirandelliano, que se pode observar com freqüência, embora sob capas diferentes, nas peças que escreveu até agora. Sucedem-se no roteiro, essencialmente, três depoimentos – o de Suzana, o de Helena e o de Jean Aguerra – e em cada um deles os mesmos fatos são revividos em interpretações diversas, de acordo com "a verdade de cada um". Outros caracteres do original revelam que Sartre, apesar da permanente agudeza do seu estilo literário, não foi de todo feliz na solução de alguns problemas da trama. Os diálogos sucessivos dos chefes revolucionários com o embaixador do país imperialista e o diretor da indústria petrolífera exprimem-se num primarismo caricatural. Nada teríamos contra esse procedimento se ele fosse coerente com as outras cenas do roteiro e nascesse da intenção de encarar sob um mesmo prisma todo o mecanismo da trama. Como está, porém, ele parece espúrio e sugere que o autor não soube resolver satisfatoriamente as dificuldades literárias. O original encerra, a nosso ver, outro defeito, que empresta inverossimilhança ao desfecho: Jean Aguerra sofre as conseqüências de sua política somente porque não confiou a ninguém, nem mesmo a Lucien, o melhor amigo, a razão pela qual deixou de nacionalizar de imediato a indústria do petróleo. Por que não podia ele dizer ao menos a uma pessoa que, se adotasse uma solução radical, as tropas do grande país vizinho destruiriam logo o seu país, pequeno e indefeso? Jean Aguerra explica depois que desejou assumir pessoalmente a inteira responsabilidade da política, mesmo sabendo que o povo o detestaria e que, dentro de alguns anos, nova revolução o deporia. Não será o caso de achar-se que ele foi movido por um orgulho suicida e pueril? Afinal, esse lúcido homem de ação se perdeu por um delírio masoquista, já que, se tivesse exposto apenas a Lucien a realidade internacional, certamente evitaria que o amigo o combatesse sem trégua. Acreditamos que Sartre tenha prejudicado a credibilidade da narrativa em função do propósito de mostrar que são inúteis os movimentos revolucionários, se eles não visam, fundamentalmente, à libertação nacional do imperialismo estrangeiro. Afirma Jean: "Vocês acreditam numa troca de política e não terão senão uma troca de homens".

Ao transpor esse material para o palco, os adaptadores adotaram a técnica da redução e do empobrecimento. O lado humano esvaziou-se de suas implicações biográficas, para resumir-se em alguns traços. Não que o original sartreano fosse excessivamente rico em pormenores de efeito literário. O tema do braço perdido na infância, que simboliza o drama de Jean com relação à violência e sua conduta em face dos outros, se cria um certo fundo de ressentimento e de ciúme, não deixa de expor-se em diálogos algo demagógicos. Ainda assim, o texto cênico apresenta menos sutilezas, no que se refere ao suporte psicológico das personagens. Paradoxalmente, porém, a simplificação trouxe maior unidade ao trabalho do palco, apesar do elo ainda confuso entre algumas cenas. Tudo está traçado em linhas amplas e nunca se tenta interiorizar demais os problemas, para que não se esbarre depois na debilidade do entrecho. Sartre, aliás, raramente soube, como dramaturgo, encontrar um equilíbrio satisfatório entre a sondagem interior e as exigências concretas da trama. Lançando a situação de *A Engrenagem* em termos diretos e mesmo primários, os adaptadores lograram maior coerência e organicidade no impacto sobre o espectador.

Não obstante a menor importância do original com relação a outros textos, poucas vezes, no espetáculo, se percebe a presença completa de Sartre. No emaranhado do julgamento, contudo, observam-se várias constantes, típicas da temática do autor na década passada e presentes em toda a sua obra. Em meio delas, a desconexão entre os princípios e a prática revolucionária, ou, de maneira geral, entre as nossas virtualidades e os nossos atos. A título de explicação, Sartre informa, em nota do volume francês, que o roteiro foi escrito no inverno de 1946, e era originariamente chamado *Les mains sales*.

A peça que herdou esse título lhe é posterior, portanto, de dois anos. "O assunto da presente obra não tem nada em comum com o da peça". Ora, apesar da advertência, e considerando a imensa lucidez de Sartre, que não se permitiria um engano tão simples, não vemos como recusar certas semelhanças dos dois trabalhos. Estaria o escritor empenhado em não admitir que se repete? Na verdade, os propósitos essenciais de *A Engrenagem* e de *As Mãos Sujas* são diversos. A fim de chegar às suas conclusões, porém, Sartre adota caminhos parecidos, ou melhor, alimenta as personagens com matéria análoga. Jean Aguerra lembra Hoederer, assim como Lucien Drelitsen sugere Hugo. O conflito poderia ser resumido na diferente postura dos intelectuais e dos verdadeiros revolucionários em face dos meios e dos fins. Enquanto os intelectuais não querem sujar as mãos, quando as exigências políticas determinam o sacrifício de vidas, os outros cumprem à risca a desagradável tarefa. O "bastardo" Sartre, ao menos cerebralmente, parece estar ao lado daqueles que realizam os seus propósitos. Já a juventude inquieta da última década, ao ler a peça *As Mãos Sujas*, se reconhecia no drama de Hugo. Sartre incubiu-se de esclarecer (é difícil afirmar se com inteira procedência): "Hugo nunca foi para mim uma personagem simpática, e nunca julguei que ele tivesse razão, em face de Hoederer". Sobre *As Mãos Sujas*, *A Engrenagem* tem esse mérito: não permite equívoco na exegese das posições políticas. Lucien, o intelectual puro, se escudava na crença: "Nenhum triunfo vale a perda de uma vida humana". Talvez por bisonhice do ficcionista, sua figura resulta, na trama, algo abstrata, irreal e (por que não?) até mesmo ridícula. Jean Aguerra, ao contrário, vai crescendo na história da perspectiva de traidor para a de vítima consciente, que desejou colocar sobre os próprios ombros o ônus da necessária transigência com o imperialismo estrangeiro.

Num debate sobre o espetáculo, insistiu-se em demasia sobre o possível efeito negativo de *A Engrenagem*. O público, ao invés de tomar consciência do problema, se sentiria vencido no seu anseio de libertação. Não concordamos com esse ponto de vista. O texto deixa bem claro que a substituição infrutífera dos revolucionários não se contém num processo cíclico, mas a passagem de país colonizado a livre depende de tempo e de oportunidade, relacionados com o desenvolvimento interno e o jogo da política exterior. Jean advoga a espera de alguns anos: "Daqui a dois ou três anos, ou talvez mais, explodirá um conflito entre duas grandes potências que vocês bem sabem quais são. É inevitável. E então as tropas que ameaçam as nossas fronteiras serão retiradas e nós teremos as mãos livres". Concorde-se ou não com a exegese de Sartre, não se lhe pode negar coerência e uma real profissão de fé a favor dos oprimidos, contra as forças opressoras.

Seja qual for o resultado artístico do espetáculo, deve-se abrir um enorme crédito de confiança ao grupo Oficina. A princípio, o conjunto não despertava a simpatia do meio teatral, pela sua aparência ligeiramente grã-fina. Mas era visível na inquietação algo desorientada de seus elementos, com matizes de filhinhos de papai e de existencialistas cristãos, uma sincera procura de caminho, um verdadeiro desejo de acertar. Sem talento, sem seriedade, qualquer esforço se perderia na vala comum de tantos movimentos encetados com bons propósitos e logo desfeitos diante da primeira dificuldade. Como o grupo Oficina tem talento e seriedade, em breve passará do estádio ainda amador para o de uma das nossas mais conseqüentes companhias profissionais.

(1960)

10. Augusto Boal e Gianfrancesco Guarnieri

Arena Conta Tiradentes

Arena Conta Tiradentes é a história da Inconfidência Mineira revista como autocrítica da esquerda em face da política de hoje. Augusto Boal e Gianfrancesco Guarnieri sublinharam, nos episódios de 1791, as correspondências com a situação brasileira atual, de molde a explicar a derrota em 1964. O texto conclui com uma exortação para o aparecimento de heróis que proclamem a liberdade, sempre que necessário.

Na perspectiva adotada pelos autores, o paralelismo se estabelece de maneira rigorosa, servindo para diagnosticar tanto as causas do malogro da Inconfidência como daqueles que, dentro do Governo João Goulart e/ou por intermédio dele, pretenderam subverter a estrutura antiga do País. Inconfidência palaciana seria o seu epíteto pejorativo, bem como os incitamentos revolucionários, feitos recentemente sem a participação do povo, significaram um jogo de cúpula, destinado ao inevitável esvaziamento.

As características dos governantes, nos dois momentos históricos, facilitaram o confronto, feito com espírito satírico e inegável habilidade. Em Cunha Menezes, governador em Vila Rica de Nossa Senhora do Pilar de Ouro Preto, alcunhado Fanfarrão Minézio, se fundem o desenvolvimento do Governo Juscelino Kubitschek (a Cadeia Pública é a obra fundamental da Colônia, como uma Brasília faraônica perdida nos confins da nova terra...) e a corrupção do Governo Ademar de Barros, sob a égide de um Clérigo caricaturado na frase sempre repetida: "O que pode a mão do homem com a ajuda da mão de Deus!"... De qualquer jeito, o progresso material desta parte distante do Atlântico, trazendo o enriquecimento de alguns habitantes privilegiados, não estava rendendo lucros à coroa, e se impunha trocar o governador: o austero conde de Barbacena veio garantir os dízimos da metrópole, decretar a derrama e conter o desenvolvimento da indústria e do comércio, assim como se critica o Governo Castelo Branco por ter sufocado a economia nacional. Entenda-se Estados Unidos, em lugar de Portugal, e se terá a imagem exata do que pretenderam os autores.

O julgamento final dos inconfidentes acha-se na peça como reflexão sobre a atitude de militares, padres e intelectuais perante as mudanças de poder, em particular do processo brasileiro dos nossos dias. Um militar deveria ser sempre perdoado – alegam ironicamente os dramaturgos, pela boca do Tenente-Coronel Francisco de Paula Freire de Andrade, comandante do Regimento dos Dragões de Vila Rica – porque o soldado obedece ao poder que vige e no vazio entre dois poderes a obediência se dualiza. Padre Carlos, que participou da Conjuração, afirma que lutou somente contra os excessos do poder: "a Igreja muitas vezes assume a aparência de revolucionária, quando na verdade apenas luta contra os excessos de um poder e não contra a sua essência". (Não haveria nessa observação um despeito por causa da liderança assumida pela esquerda católica, muito mais radical nas reivindicações imediatas?) Depois de apontar-se a covardia de Alvarenga Peixoto, que acusou a mulher pelo seu envolvimento na Inconfidência, vem a inquirição de Tomás Antônio Gonzaga, representando o intelectual. Ele admite ter dito muita coisa "mas sempre como hipótese de potência e não de ato". Se soubesse que as conversas eram mais que mero entretenimento, ele as teria denunciado. Falar em liberdade valia como exercício. Além da caricatura maliciosa, que apequena a personalidade do grande poeta Gonzaga, Boal e Guarnieri tiveram a intenção evidente de fustigar a impotência da intelectualidade brasileira de esquerda. Desapiedada autocrítica é o menos que se pode dizer dessa análise...

O distanciamento, objetivando deixar claro que se trata de uma visão contemporânea do fato histórico, está presente na primeira explicação do Curinga: "Nós somos o Teatro de Arena. Nossa função é contar histórias. O teatro conta o homem. [...] O teatro naturalista oferece experiência sem idéia, o de idéia, idéia sem experiência. Por isso, queremos contar o homem de maneira diferente. Queremos uma forma que use todas as formas, quando necessário". Embora essa crítica ao teatro naturalista e ao de idéias seja parcial, nascendo de um propósito polêmico, afirmador do próprio ponto de vista, ela esclarece desde logo que serão utilizadas todas as formas. Um grande mérito do espetáculo, assim, é o de abandonar o preconceito de um estilo único. Como preferir, nas manifestações artísticas modernas, esse ou aquele *ismo,* quando todos exprimem aspectos da nossa experiência? Quem sabe até, dentro de cinqüenta anos, alguns *ismos* que parecem contradizer-se não serão enfeixados como ramos de um único tronco da arte? Parece-nos salutar essa beberagem por todo canto, desde que não se instaure o caos estilístico, e a unidade é produzida pela presença do Curinga, comentador e também personagem, que entra numa cena quando cabe preencher um vazio, exatamente como no jogo de cartas.

A justaposição de estilos exprime também um dos impasses da criação moderna, esgotada na tarefa de inventar sempre uma pequena originalidade. Ao invés de acrescentar um novo *ismo*, que exclua os demais, talvez seja mais fecundo tentar uma síntese de todas as expressões, na procura da consolidação de um monumento. Esse ou aquele *ismo* não passa de uma fórmula raquítica, dentro da complexidade das manifestações de hoje. Enfrentar sem pudor esse desafio enriquece a pesquisa de *Tiradentes*.

Outro aspecto positivo do espetáculo está na identidade das teorias de encenação e literatura dramática. Pode-se afirmar que a peça ilustra o primeiro sistema nacional de montagem, ou que o método da representação foi motivado pelas exigências específicas do texto. Já aí se nota um parentesco inicial com Brecht, que desenvolveu paralelamente, na sua dramaturgia e nos espetáculos do *Berliner Ensemble*, a teoria do teatro épico. As idéias expostas por Boal, à guisa de prefácio do volume *Arena Conta Tiradentes* (edição Saragana), dão conta das várias fases pelas quais passou, para atingir a coordenação de suas conquistas e não sua substituição". Ao tratar das quatro técnicas agora adotadas – a desvinculação de ator e personagem, os atores agrupados sob a perspectiva de narradores, o ecletismo de gênero e de estilo, e a presença da música – parece que ele está aplicando, com palavras semelhantes, o *Organon* brechtiano. Onde Boal não se satisfaz com a lição de Brecht é no exclusivismo deste, que encerraria o perigo, na quebra permanente da ilusão, de afastar o espectador, no sentido comum do verbo. Ainda nesse particular há o desejo de aproveitamento dos dados positivos do método stanislavskiano, não para preparo do ator, que passaria depois a distanciar-se da personagem, mas para se exercerem simultaneamente as duas técnicas. A função Curinga, da total abstração, com significado crítico, se contrapõe à função protagônica, da personagem que procura reconquistar a empatia do público – no caso Tiradentes. A síntese de estilos se completa com a síntese dos dois métodos fundamentais do teatro moderno – Stanislavski e Brecht unidos com o propósito de se vivenciar uma experiência e ao mesmo tempo comentá-la para o espectador.

A solução encontrada por Boal racionaliza ainda um problema de natureza econômica: pela área limitada da arena e pelo número reduzido de assentos na platéia (150), a produção não deve ser dispendiosa, sob pena de não pagar-se. Em termos tradicionais, o grupo só levaria peças de poucas personagens, com prejuízo do alcance artístico, ou aceitaria como condição normal de trabalho o déficit. A circunstância

Arena Conta Tiradentes, 1967. Sylvio Zilber, Vanya Sant'Anna, Gianfrancesco Guarnieri e Jairo Arco e Flexa, Teatro de Arena. Foto: Derly Marques, Arquivo Multimeios/Divisão de Pesquisas-IDART.

de interpretarem os atores vários papéis, além de facultar o efeito do estranhamento, permite concentrar o desempenho num núcleo pequeno e fixo, que se desdobra em numerosas personagens. Um papel pode ser encarnado numa cena por um ator e na seguinte por outro, e assim sucessivamente, de acordo com as necessidades da distribuição. Com essa liberdade, a personagem não se confina às características de um intérprete, incorporando os achados de todos. Um lenço, uma flor conferem de imediato a identidade, à maneira da cartola usada pelo Bip de Marcel Marceau.

O sistema do Curinga apresenta muitas vantagens, como nos parecem evidentes neste resumo. Ganhou sobretudo a liberdade de movimentos, com ampliação imensa do horizonte, dentro de um esquema relativamente simples de trabalho. Julgamos, porém, que esse método é uma decorrência dos problemas específicos do Arena e que não seria aplicado com o mesmo rendimento na dramaturgia tradicional. Ele está intimamente ligado à figura do Curinga em cena, *deus ex machina* que preside à representação. No próprio Arena, julgamos perigosa a repetição do sistema, pelo cansaço que inevitavelmente provocaria no espectador. As formas discretas, intuitivas, espontâneas, costumam passar despercebidas, e por isso podem repetir-se, enquanto as soluções elaboradas e demasiado racionais se esgotam na própria originalidade. Joyce está incorporado à ficção, mas um livro que retomasse o processo de *Ulisses* seria, na melhor das hipóteses, um plágio sem sentido, ao passo que não choca a utilização da narrativa de Flaubert, por parecer natural, embora deixe de refletir inventividade dos seguidores. Não há nada que pareça mais velho, no palco, do que a aplicação do "afastamento" brechtiano a uma peça qualquer, imaginada com outro espírito, quando o desempenho tradicional poderia valorizá-la sobremaneira. O sistema "Curinga" é o aprofundamento e a cristalização de uma técnica já experimentada em *Arena Conta Zumbi*. Como teoria, coloca-se no apogeu, sendo a mais inteligente formulação de um encenador brasileiro. *Tiradentes*, como texto, é incomparavelmente mais rico do que *Zumbi*, e supera as limitações propositais a que ele se submeteu. Entretanto, *Zumbi* era um espetáculo muito mais vivo e comunicativo, de uma indisciplina contagiante de comicidade. A racionalização excessiva de *Tiradentes* rompeu-lhe o encanto do impacto teatral. Mas sentimos que, nessa melhor comunicação, uma parte da responsabilidade cabe à volta do mesmo processo, que já faz até o público sem preconceitos políticos referir-se um pouco enfadado ao "jeito de sempre do Arena".

Temos para nós que o cansaço maior do sistema se deve ao abuso da música. Admitimos que a intromissão musical decorra de um fundamento teórico defensável e que nosso desagrado nasça de alguma particularidade, e longe de nós querer generalizá-lo para todo o público. Confessamos, honestamente, que toda vez que a cantoria começa precisamos sofrear a irritação. Em *Zumbi*, o mérito das composições se impunha, mas a debilidade e a insistência da música de *Tiradentes* desserve o texto e quase o submerge, em muitas passagens. Ademais, se Boal é um bom teórico da encenação, não atinge em *Tiradentes* o mesmo nível como realizador, caricaturando às vezes grosseiramente o que ele e Guarnieri escreveram.

Essa crítica aplica-se, em parte, ao texto, talvez em virtude da posição assumida pelos autores. O Curinga aceita as observações de Silvério sobre alguns inconfidentes e conclui: "Sozinho, cada um pensava na sua prosperidade individual; sozinho, cada um pensou depois na sua salvação. Menos Tiradentes: este queria estar junto – mas escolheu mal com quem". A partir desse julgamento desfavorável dos inconfidentes, a peça, a pretexto de desmistificar a Conjuração, encara-a com uma lente deformadora, em prejuízo das psicologias individuais. Seria incongruente que os autores dessem um tratamento psicológico tradicional às personagens, mas amesquinhar as psicologias, sobretudo a de Gonzaga, nos pareceu falho. Pode-se pensar que Boal e Guarnieri pretenderam menos aprofundar a grandeza libertadora da Inconfidência Mineira e o seu valor simbólico na luta pela emancipação nacional do que identificá-la à pândega vigente no Governo João Goulart.

É verdade que a sátira se faz com muito espírito e admirável eficácia e economia verbal. Ouça-se, por exemplo, Cunha Menezes pedir a Portugal para estimular "a exportação de donzelas não fanáticas". Algumas falas são primorosas de crítica: "O homem é vil, mas a humanidade é bela! [...] Uma nação florente é sempre obra de canalhas satisfeitos!" Alvarenga advoga que sejam libertados, depois de proclamada a Independência, somente os mulatos, apoiando Padre Carlos a proposta: "Será um ato profundamente humanitário, já que a maioria dos mulatos é descendente de amigos muito chegados". Depois de várias conjeturas, encontra-se um dístico para a bandeira: *Libertas quae sera tamen* (Liberdade, ainda que tardia). "Porque – diz o Cônego – pode tardar séculos mas um dia o Brasil será livre". Essa saudável caçoada se torna eficiente veículo para a comunicabilidade do texto.

Não queremos que o Arena, agora que alcançou maturidade teórica e a melhor realização dramática de Augusto Boal e Gianfrancesco Guarnieri, principie também o seu declínio.

(1967)

12. Dias Gomes

A Invasão e A Revolução dos Beatos: em Busca de uma Consciência

Dias Gomes está fadado a carregar a cruz de *O Pagador de Promessas*. A figura de Zé do Burro constituiu-se numa invenção admirável e se espera sempre que o dramaturgo repita o achado. Como não é fácil descobrir muitos heróis exemplares, que sintetizem de súbito potencialidades dispersas, o menos que se pode afirmar é que as outras peças – *A Invasão* e *A Revolução dos Beatos* – não chegam a ter o mesmo interesse de *O Pagador*. Apesar da simpatia que cercava o autor baiano, seus dois novos textos, encenados respectivamente pelo Teatro do Rio e pelo Teatro Brasileiro de Comédia, e vindos também a lume (editora Civilização Brasileira S.A.), provocaram visível decepção, que se agravou ainda com o malogro do espetáculo paulista (o carioca foi distinguido como o melhor da temporada de 1962, pelo Círculo Independente de Críticos Teatrais).

Um dos motivos, porventura, da extraordinária garra de *O Pagador de Promessas* nasce da irredutibilidade individual de Zé do Burro. Na formação dos freqüentadores habituais de teatro pesou, fundamentalmente, a defesa contra as violentações da personalidade, características dos regimes políticos dominantes nas últimas décadas. Quaisquer que sejam as convicções intelectuais, a sensibilidade moderna está impregnada de horror às tiranias, às ditaduras, às prepotências.

Ao prosseguir sua carreira, Dias Gomes deveria ter em mira a superação de vários problemas trazidos por *O Pagador de Promessas*. O primeiro, talvez o mais difícil, era o de forjar uma intriga rica e complexa, que suprisse a lacuna da ausência de um Zé do Burro (observe-se que o recheio episódico de *O Pagador* se bastava em linhas rudimentares, sobretudo na fragilidade quase inverossímil do caso sentimental da mulher do herói). O segundo, praticamente conseqüência do anterior, consiste na tarefa de transformar as "máscaras" de *O Pagador* em verdadeiros caracteres. Finalmente, atendendo à sua formação política, o dramaturgo deveria tornar-se mais claro na "mensagem" a transmitir, a fim de que não pairassem dúvidas a respeito da exegese marxista da sociedade. Tanto *A Invasão* como *A Revolução dos Beatos* parecem-nos uma tentativa consciente de se concretizarem esses objetivos, daí surgindo certos progressos e os prejuízos finais das peças.

Se *O Pagador de Promessas* termina com a invasão da Igreja, o texto seguinte principia pela invasão do esqueleto de cimento armado de um edifício, a qual serve, aliás, de título. A simples ocupação da propriedade privada por um grupo já se encontra, como se sabe, entre as técnicas revolucionárias. Na peça, a posse inautorizada não decorre de intenção política: vem de um imperativo de sobrevivência, depois que os favelados foram coagidos a retirar-se dos barracos. O tema da invasão volta de novo no texto de *A Revolução dos Beatos*, modificado para o palco: os "adoradores" do boi ocupam as terras do padre Cícero, num ato volitivo contra as manobras do deputado Floro Bartolomeu.

O título *A Invasão* indica o propósito de fixar uma coletividade, diferente do cuidado maior com uma só personagem, sugerido no título *O Pagador de Promessas*. O texto pretende abranger o painel, desenvolvendo-se paralelamente as histórias das várias famílias de origens distintas, reunidas pelo denominador comum da falta de um teto. Os três núcleos dominantes refletem as realidades típicas do morro: uma vítima do futebol (foi, no passado, uma de suas glórias) e cujo filho é operário, uma família de retirantes nordestinos e um casal de negros, que vive numa espécie de beatitude sensual e paradisíaca, aspirando ele à consagração no samba, que virá no desfecho, para dar a nota otimista do talento criador e da autenticidade popular. A propósito, é inevitável a lembrança de *Eles não Usam Black-tie* e *Gimba,* e explica-se ela, afinal, porque Gianfrancesco Guarnieri foi o primeiro dos nossos jovens dramaturgos a tratar de conflitos sociais sob a perspectiva das camadas menos favorecidas. Dias Gomes tem bastante lucidez para evitar a politização do meio, e tudo se passa numa espécie de explosão intuitiva, da qual resulta, no fim, o assassínio de Mané Gorila, opressor daquelas criaturas.

O sincretismo religioso que deu o conflito básico de *O Pagador de Promessas* alimenta, em novas peripécias, a trama de *A Revolução dos Beatos*, efetivando-se agora no culto ao padre Cícero e a um boi. No afã de enovelar a intriga, o autor não se contentou com a história dos "milagres" do Juazeiro: acrescentou-lhe os "milagres" do boi e pôs no primeiro plano a figura de um político inescrupuloso, para extrair as ilações queridas. Por isso o texto impresso vem precedido de uma nota explicativa, que o define especificamente como "uma tentativa de Teatro Popular". Teatro popular que "é também político – não poderia deixar de sê-lo". Conscientemente, Dias Gomes quis dar um fundo mais empenhado a essa última obra (a data da estréia de *A Invasão* lhe foi, em virtude de problemas de montagem, pouco posterior). A multiplicidade de cenários, que o dramaturgo utilizou pela primeira vez, viria facilitar o enovelamento da trama, aparentando-a, por outro lado, aos processos do teatro épico. Se o êxito de uma promessa feita ao boi (e que é o primeiro passo para a santificação do animal) sugere reminiscência temática de *O Pagador*, o tratamento da realidade e das personagens procura afastar o mais possível as duas obras.

As diferentes feições assumidas por criaturas afins, nos três textos, demonstram a luta por um enriquecimento progressivo. A voz embrionária da baiana do povo, em *O Pagador,* transmuda-se no Profeta de *A Invasão* e no Beato da Cruz da última peça. O mecanismo social relativamente indiferenciado de *O Pagador* individualiza-se na figura do deputado Deodato Peralva de *A Invasão* e no do deputado Floro Bartolomeu de *A Revolução dos Beatos*, que tem papel ativo muito maior na trama. Peralva mostra-se numa única aparição demagógica, ao passo que Floro é elevado ao posto de co-protagonista. Ilustra melhor o raciocínio a complexidade crescente das personagens femininas. A mulher do "pagador" entrega-se a Bonitão numa trama despreparada, que é geralmente vista como a mais inconsistente do texto. O itinerário de Malu, a filha dos retirantes nordestinos de *A Invasão*, encerra uma necessidade mais apreciável: a passagem quase fatal das belezas pobres a prostitutas de luxo. Um desconsolado realismo poetiza essa figura de Dias Gomes, sem dúvida uma das mais bem compostas de seu teatro. Nutre-a um intuitivo conhecimento da condição da mulher em face do apetite masculino, no atual comércio dos sexos, o que não a impede, findo o melancólico episódio com Peralva, de retornar à possível aventura amorosa com Lula (os diálogos finais apresentam os primeiros passos da prostituição de Rita, irmã menor de Malu, num flagrante da obrigatória continuidade do processo, desde que persistem as mesmas circunstâncias, como sucedeu com o ingresso de Tico no crime, após a caçada a Gimba). A Zabelinha de *A Revolução dos Beatos*, depois de passar a viver com Bastião, resiste às propostas de Floro Bartolomeu, para imolar-se mais tarde a ele qual a Santa Maria Egipcíaca ao barqueiro ou a Beata Maria do Egito ao tenente, na peça de Rachel de Queiroz. Vê-se que o autor procurou trazer novas motivações ao comportamento feminino.

Zé do Burro evoluía de uma singeleza autêntica para a consciência de sua intangibilidade pessoal. O "reconhecimento" de *O Pagador de Promessas* podia traduzir-se na descoberta da dignidade básica do ser humano, sem que implicasse uma forma de atuação política. A peça se resume à história do nascimento do indivíduo, fato perigoso para as abdicações grupais e que é logo sufocado pelo sacrifício ritual do herói. Lula, o operário de *A Invasão,* deseja permanecer romanticamente em sua classe (reagindo à fuga ilusória do êxito esportivo), e escuta a doutrinação de Rafael, o líder político ausente do rol de personagens mas responsável, à distância, pela firmeza das atitudes dos moradores do esqueleto em face da polícia e da justiça. Sente-se que o exemplo de Rafael marcará a politização de Lula, no território das sugestões abertas depois que baixa a cortina. Em Bastião, protagonista de *A Revolução dos Beatos,* Dias Gomes pretendeu avançar um pouco mais no caminho iniciado com Zé do Burro, despertando-o em cena para a consciência política. O primeiro passo de Bastião assemelha-se ao do pagador de promessas, intransigente na recusa do acordo que lhe propõem. Enquanto os padres desejam inutilmente demover Zé do Burro da decisão de entrar na Igreja com a cruz, Floro Bartolomeu tenta subornar Bastião, a fim de que desminta a santidade do boi. Por coerência íntima, Bastião mantém-se fiel à sua crença. E exatamente da mesma forma que Zé do Burro acaba perdendo a fé em Santa Bárbara, que o abandonou em meio ao burbirinho citadino, Bastião descobre a impostura do boi, e liquida o seu mito. A diferença maior dos dois heróis está no desfecho: o primeiro morre, ao passo que o segundo, também do campo, desperta para a liderança política, ao desnudar o mecanismo social. *A Revolução dos Beatos* encerra-se quando o protagonista adquire consciência da missão política a cumprir, definindo-se como o primeiro herói completamente positivo da dramaturgia de Dias Gomes.

Esse teatro, como de resto o de outros jovens autores brasileiros, sugere um debate estético de difícil conclusão. Zé do Burro representou um achado singular de ficcionista, talvez até em virtude da simplicidade e da espessura psicológicas. Nenhum traço o lançava em sutilezas ou requintes de indagações, que seriam até incongruentes, em sua personalidade. Quanto aos outros tipos, o esquematismo autorizava que se denominassem "máscaras". O que fez Dias Gomes, daí por diante, foi insuflar certa carnalidade nessas silhuetas, perseguindo a idéia de composição de caracteres, mas num sentido tradicional, diferente da múltipla substância da moderna ficção romanesca. Sua matéria preferida são os clichês, sem que uma reação inesperada mova as suas criaturas. Tudo o que elas fazem pode ser previsto, faltando à sumariedade psicológica de que se compõem um elemento de surpresa. Até mesmo a ternura de Mané Gorila pelas crianças, contrastando com a implacabilidade na exploração dos adultos, está compendiada em qualquer manual de psicologia. Em *A Revolução dos Beatos,* não bastou essa "fotografia" dos sentimentos rotineiros: são aproveitadas no entrecho personagens reais, que já completaram, sem possibilidade de

Dias Gomes, 1979. Arquivo Multimeios/Divisão de Pesquisas-IDART.

mudança, o ciclo biográfico. Não recusamos, porém, o feitio do autor. Se ele não alcança as sondagens profundas, satisfaz em geral ao primarismo das figuras retratadas, e seria absurdo exigir que elas se matizassem com tons improváveis. Esse teatro se move, assim, nos lugares-comuns, e não vai no juízo um vezo pejorativo.

Outra característica afigura-se-nos menos aceitável na dramaturgia de Dias Gomes: a ingenuidade e a inverossimilhança de certas tramas urdidas pelas personagens que enfeixam poderes. Bonitão seduzia a mulher de Zé do Burro de maneira algo sumária. É pouco crível que o retirante entregasse a Mané Gorila, com tanta facilidade, a quantia dificilmente amealhada para que pudesse retornar ao Nordeste. A oratória do deputado Deodato Peralva, sucedendo à encenação policial que ele custeou, contém visível arranjo no pretexto. Que se dirá então da estultície de Floro Bartolomeu, desatinando-se em chamar tropas para combater o culto ao boi, temeroso de que ele lhe roubasse o prestígio político? Um indivíduo esperto, que havia conseguido dominar padre Cícero, não se perderia em malhas tão simplórias.

Esses defeitos se explicam pela intencionalidade política do autor. O maniqueísmo, quando aplicado aos fenômenos sociais, simplifica em demasia as causas e os agentes. Uma coloração simpática envolve todos os elementos do povo, cabendo às figuras da classe dominante mal disfarçados papéis de vilões. *O Pagador*, apesar da caricatura da crítica feita à imprensa, evitava esse erro, por causa da presença compacta do protagonista. No final, o povo revoltado não deu as costas à igreja, mas transportou para o seu interior o herói morto. Preservavam-se o móvel da ação e a religiosidade popular, num desfecho honesto, que foi aceito pelo clero esclarecido. A história de *A Invasão* é mais convencional e a peça escorre numa mediania aceitável, com o mérito de propiciar uma montagem de grande efeito, como é a do Teatro do Rio. As falhas prejudicam mais *A Revolução dos Beatos*, levando a concluir que o autor trilha um caminho arriscado, de evidente involução. Começa por desgostar-nos a escolha do padre Cícero, como personagem, no declínio dos setenta anos. O símbolo que dele se fez prende-se à maturidade, que oferece também outros recursos dramáticos. Como está no texto, padre Cícero apaga-se numa palidez desfigurada, sabendo-se quase apenas através de informações o que significou o seu mito. Mero joguete nas mãos de Floro Bartolomeu, não se separa umbilicalmente do político e do autor. No volume publicado, as cenas finais permanecem algo descosidas, e talvez fosse difícil para o espectador apreender de imediato todo o alcance dos últimos diálogos, quando, ao transmitir Zabelinha a opinião segundo a qual "foi Deus quem matou" o boi, Bastião replica: "Eu sou Deus, Zabelinha! Eu sou Deus!" O protagonista atingiu a consciência da realidade, desmistificando um engodo que ele próprio criou. Como sugestão literária, esse desmascaramento da santidade do boi era plenamente satisfatório e caberia à platéia completar o itinerário intelectual do protagonista. Na versão cênica, o herói explicita o seu pensamento e agrava a insuficiência artística do texto. No estalo do "reconhecimento", Bastião diz algo parecido com "a terra não é de quem a possui mas de quem a planta", o que faria ruborizar o mais modesto discípulo do marxismo. Animado talvez pela acolhida triunfal a *O Pagador de Promessas*, Dias Gomes expandiu com pressa as suas idéias, não sedimentadas ainda em densidade dramática. *A Revolução dos Beatos* não falou a público nenhum, na temporada paulista. Vale a pena lembrar um truísmo literário: a fidelidade aos estímulos espontâneos, sem dobrá-los às conveniências ideológicas, assegura um resultado artístico melhor. Que em geral costuma ser também mais eficaz.

(1963)

Dr. Getúlio – Sua Vida e Sua Glória
(de parceria com Ferreira Gullar)

Dias Gomes e Ferreira Gullar tiveram a audácia de levar para o palco uma tragédia real da História brasileira: o suicídio de Getúlio Vargas. A biografia de um homem que, deposto como ditador, volta à presidência da República eleito pelo voto popular – para finalmente matar-se, quando se sente sobre um mar de lama –, guarda uma grandeza indiscutível, pronta para se converter em teatro. Essa é a matéria de *Dr. Getúlio – Sua Vida e Sua Glória*, apresentada pela primeira vez em Porto Alegre, no ano de 1968.

A proximidade dos episódios ainda não permite um juízo totalmente isento. A contradição ficou como uma das características de Getúlio Vargas, cuja trajetória no poder, salvo os anos de exílio em São Borja, cobriu o longo período de 1930 a 1954. Não se pode esquecer que há o Getúlio até o golpe do Estado Novo, em 1937, o dirigente discricionário da fase da ditadura, concluída em 1945, e o estadista que procurou governar de acordo com as regras democráticas, da eleição de 1951 à morte, em 1954. Se os dramaturgos estivessem empenhados em analisar as duas décadas da permanência no poder, o estilo de *Dr. Getúlio* deveria ser o da saga épica, em numerosos atos.

Escritores conscientes, informados por uma ideologia, Dias Gomes e Ferreira Gullar aproveitaram da vida de Getúlio Vargas aquilo que dizia respeito especificamente à sua indagação. Afirmaram eles: "O que procuramos foi extrair a essência daquele momento histórico e relacioná-la com a nossa realidade". Aduzem que "para nós, hoje, importa muito pouco saber se Getúlio foi bom ou mau, um sanguinário ditador ou o pai dos pobres". Para deixar claro: "O que realmente interessa, nos dias atuais, é a pergunta que fazemos à História: por que nos países sul-americanos, sempre que um Presidente tenta seguir um caminho nacionalista ou reformista é derrubado?"

Com essa perspectiva, entende-se que os autores tenham minimizado os aspectos negativos do Governo de Vargas, para situá-lo como vítima de uma trama imperialista. Debaixo da revolta que eclodiu no suicídio, não estaria o "mar de lama" encarnado na guarda pessoal de Getúlio, mas o revide frio aos interesses contrariados – a lei de remessa de lucros, desgostando o capital estrangeiro, e a criação da Petrobás, confiando o petróleo ao monopólio do Estado. Os brasileiros que se levantaram contra Getúlio se equipariam, na visão dos autores, a aliados conscientes ou inconscientes da força imperialista internacional, que sempre sufocou o verdadeiro nacionalismo.

Para quem viveu sob a ditadura de Vargas, durante o Estado Novo, é muito difícil aceitar essa explicação simplista. Mesmo se se tem em mente a existência de dois governos em bases distintas, até a deposição e até o suicídio, não se consegue apagar a figura do caudilho, responsável por alguns dos crimes mais hediondos que se cometeram no país. O ditador malévolo, servido por uma polícia treinada nas escolas de Hitler e por um DIP que silenciou inapelavelmente todas as consciências, não pode, num passe de mágica, virar herói nacional, defensor dos humildes contra a sanha dos donos da vida. Foi ele impiedoso tirano, que manteve na impunidade o bando de facínoras que sempre o serviu. A ditadura de Vargas, quando a imprensa emudeceu e ninguém ousaria levantar uma tímida crítica, deve ser vista como um dos períodos mais funestos da História do Brasil. Quem não perdeu a memória só consegue fazer esse desabafo retórico, animado por furiosa paixão.

Não se consegue, assim, esquecer o "sanguinário ditador", em função do equacionamento da História numa ótica artificial, mobilizada para a luta contra o imperialismo. Outras personalidades e outros episódios se prestariam mais ao propósito dos autores, aliás louvável. Colocar Getúlio Vargas como bandeira de luta contra o imperialismo, não obstante a grandeza e o toque de sinceridade da carta-testamento que ele deixou, padece de inevitável mistificação.

Se o esquematismo compromete a figura do protagonista, que não se dirá das outras personagens? Todas funcionam como simples silhuetas, incumbidas de dar a deixa a Getúlio, quando necessário. Elas surgem à medida em que a ação exige a sua presença, não havendo a preocupação de que se desenvolvam e se amarrem num desfecho. O procedimento é legítimo, se se considerar que Getúlio não conheceu um real antagonista, que medisse forças com ele, em igualdade de condições. Do alto de sua posição, como ditador ou presidente eleito, ele teve opositores aos quais não deu a chance de uma luta frontal, e preferiu o suicídio ao ver-se sem apoio para destruí-los.

Embora se extraiam dos discursos de Carlos Lacerda passagens expressivas no combate a Getúlio, sua figura ficou empobrecida e envolta pelas Aves de Rapina, num partido tomado claramente contra ele, quando se procurou ser simpático ao ditador. As passagens com Alzira Vargas, Gregório Fortunato, Benjamin Vargas, Embaixador Osvaldo Aranha, General Zenóbio da Costa, José Américo, Tancredo Neves, Apolônio Sales e outros sofrem de inevitável simplificação, porque procuram concentrar, em cenas privilegiadas, o que demandaria preparo dramático. Não é o caso de se afirmar que os autores incidiram na caricatura. Mas a teatralização, nesses termos, permanece muito aquém da História.

Há um achado, que em grande parte absolve as lacunas do tratamento escolhido. Trata-se de "teatro dentro do teatro", isto é, os episódios da vida de Getúlio Vargas aparecem como enredo de uma escola de samba. A ficção adotada não é absurda, porque as escolas costumam criar enredos em torno de temas populares e não há dúvida de que o "pai dos pobres" preenche amplamente essa exigência. E o achado não se esgota nessa forma de fixar a paixão e a morte de Getúlio: arma-se paralelamente, na escola de samba, uma trama que tem muito em comum com a de Getúlio, sem repeti-la ou caricaturá-la.

Na escola de samba, o bicheiro Tucão foi, durante muito tempo, o senhor absoluto, pelo poder do dinheiro. Era ele quem pagava as fantasias e reinava sobre todos. Faz-se uma eleição e Simpatia assume a presidência da escola, tomando inclusive Marlene do banqueiro de "bicho". O derrotado não aceita a situação e retira o apoio financeiro à escola, criando dificuldades para Simpatia. Exigem a renúncia de Simpatia mas ele, eleito, resiste, até ser assassinado pelas aves de rapina. Como bem observa Antonio Callado no prefácio à edição (Rio de Janeiro, Civilização Brasileira, 1968), "a encarnação de Getúlio em Simpatia e o esforço de Simpatia para representar Getúlio dão uma dignidade inesperada à morte de Simpatia e uma espécie de religiosidade popular à morte de Getúlio". E cabe acrescentar que o crime de que foi vítima Simpatia situa o suicídio de Getúlio como uma forma de assassínio cometido contra ele.

Pelo tratamento de grandes linhas das escolas de samba, que nunca poderia demorar-se em sutilezas psicológicas, até que os autores conseguiram definir em poucos versos as personagens. A revelação que faz de si a mulata sensual Marlene, porta-estandarte da escola de samba, corresponde às cenas em que ela age: "Não tenho dono, não sou / mercadoria barata. / Não tem rico nem bacana. / Por dinheiro ou por amor, / a quem quiser dar, eu dou." Simpatia e Tucão estão bem delineados e as cenas se armam sempre em clima de convincente conflito.

O próprio Getúlio, descontado o ponto de vista simpático dos autores, surge como uma personagem dramaticamente interessante. De início, ele aparece como um homem empurrado pela História. Mesmo que não se creia em suas palavras, em face da verdade dos fatos, Getúlio diz que não quis ser chefe da Revolução de 30, assim como não quis ser ditador em 37: "Sou como aquele sujeito que salta no mar, salva uma criança de morrer afogada e vira herói. Mas ninguém sabe que ele foi empurrado". A habilidade de um estadista está em se deixar empurrar pela História: "E ceder aqui, barganhar ali, mas ver sempre para onde a História vai e ir com ela. O importante não é o detalhe, é o todo". Também o antigo ditador aceitou voltar eleito pelo temor de que destruíssem o que restava de sua obra, como a legislação trabalhista e a siderurgia.

Sob o prisma dramático, funciona com muita força a passagem dessa quase condição de objeto a sujeito trágico da História. Porque, finda a reunião ministerial, quando Beijo (Benjamin Vargas) lhe comunica que o general Zenóbio disse aos outros generais que ele não voltaria mais ao Governo, não sendo para valer a licença, Getúlio replica: "Não, o fim quem decide sou eu. Prometi licenciar-me, mas disse as condições: que a ordem constitucional fosse mantida". Como os generais só aceitassem sua deposição, Getúlio viu-se desobrigado de qualquer compromisso. E, matando-se, legou ao povo a carta-testamento de inequívoca grandeza trágica, assim concluída: "Serenamente dou o primeiro passo no caminho da eternidade, e saio da vida para entrar na História".

Dias Gomes e Ferreira Gullar usam muitas vezes a redondilha, de grande sabor popular. E a circunstância de que há uma trama se desenrolando, na escola de samba, quando os episódicos da vida de Getúlio Vargas já são passado, permite a utilização de um saboroso anacronismo. Veja-se o exemplo do diálogo em que Getúlio pede ao Embaixador que explique o caso da República Dominicana. E o Embaixador responde: "Ora, Sr. Presidente, / esse fato ainda não houve. / Só aconteceu depois. / Vai ser em 65 / e estamos em 52. / O senhor ainda não morreu. / É justo que não se fale / do que ainda não se deu. / Esse argumento não vale". E, em outro momento, Simpatia sugere ao autor que pule uma parte do enredo – a parte do Galeão –, que assim acaba mais cedo. E o Autor fala para a platéia: "Passemos por cima então / do IPM da linhadura. / Melhor, pois a gente evita / complicações com a Censura..."

Passados muitos anos, verifica-se que o recurso do enredo da Escola de samba para contar a História não teve nova utilização, ao contrário do que se poderia supor. Nossos autores não quiseram repetir uma fórmula, sob pena de que sugerissem estarem incorrendo em plágio. Se é legítimo esse raciocínio, cabe ponderar também que esse feliz achado vale como estímulo para que os dramaturgos busquem novas e originais soluções.

(1976)

Campeões do Mundo

Ao estrear, no dia 4 de novembro de 1980, no Teatro Villa-Lobos do Rio de Janeiro, *Campeões do Mundo*, de Dias Gomes, adquiria uma importância histórica fundamental: era a primeira peça a fazer um balanço da política brasileira, de 1964 a 1979, com inteira liberdade, não precisando recorrer a metáforas e a alusões para iludir a Censura. As duas datas que enquadram o "mural dramático" não foram escolhidas por acaso. Em 1º de abril de 1964 foi desferido o golpe que instalou, no Brasil, a ditadura militar. E em 1979 iniciou-se o processo de abertura que restabeleceria, paulatinamente, a normalidade democrática, ainda que ela se mostre, até hoje, tão insatisfatória e decepcionante.

Abarcando uma década e meia de episódios, o texto optou pelas grandes linhas, pelo desenho panorâmico, que relega a segundo plano o pormenor psicológico, em benefício da narrativa épica. No levantamento que fez do período, o autor privilegiou os fatos que fizeram manchetes, trazendo para o palco sua carga teatral, ciente de que "o que importa é a essência do gesto e não o gesto em si". Acontecimentos palpitantes, que ainda perduram na memória nacional, foram na ocasião a guerrilha urbana, com o seqüestro do embaixador norte-americano Charles Burke Elbrick e a libertação de presos políticos, e o terceiro campeonato mundial de futebol, vencido pelo Brasil. Além de outras liberdades estéticas, que subtraem a obra da mera reprodução jornalística ou histórica do sucedido, Dias Gomes uniu num só dia o seqüestro, ocorrido em setembro de 1969, e a vitória sobre o time italiano, que se deu em junho de 1970, com proveito evidente da ironia dramática.

Em função da maior eficácia dos procedimentos ficcionais, o mural não observa cronologia linear, mobilizando fatos de 1964, 1968,

1969, 1970 e 1979. Passados diversos e presente alternam-se por imposição da narrativa, preocupada sempre com a melhor dosagem dos efeitos. A uma cena de massa ou pública, sucede uma de reflexão ou particular, para que se equilibre o conjunto. A maior concentração dos episódios se dá nos anos de 1968 a 1970, preparados por 1964 e cujas conseqüências últimas se darão em 1979. Os momentos culminantes giram à volta do Ato Institucional n. 5, de 13 de dezembro de 1968, que liquidou de vez os resíduos de liberdade remanescentes do golpe de 1964.

Campeões do Mundo promove uma apresentação objetiva das diversas causas em jogo, sem falsear nenhum argumento. Arrolam-se as razões de um e outro lado, mas o autor não assume a postura de juiz. O espectador que tire as conclusões, com base nos múltiplos dados que lhe oferecem no palco. Talvez nem haja muita virtude moral nessa isenção, que tem inequívoca validade artística: a História praticamente condenou por unanimidade a ditadura e não custa conceder a palavra a seus poucos paladinos.

Na escolha das personagens, o dramaturgo preferiu as representativas de posições-chave. Parece que ele realizou um verdadeiro inventário das facções em que se dividiu a luta brasileira, antes de fixá-la no palco. Mais uma vez, ele deu vazão a seu gosto pelos protótipos, evitando os comportamentos não generalizáveis, ao menos para determinado grupo humano. Essa inclinação já está presente em *O Pagador de Promessas,* seu primeiro êxito verdadeiro, que o situou na primeira linha da dramaturgia nacional, na temporada de 1960. Sabe-se que essa linha é, ficcionalmente, perigosa, pelo risco de se converterem as personagens em clichês, destituídos de carne é osso.

Sendo importante, em *Campeões do Mundo*, o painel e não o pormenor, essa opção não compromete o resultado ficcional. As personagens não se maturam em lenta e determinante gestação: surgem em alguns instantes decisivos, que as definem em sínteses convincentes. Os comportamentos não pecam por artificialidade: são os únicos admissíveis, naquela circunstância. Às vezes, apenas, teria sido melhor não invocar nenhum fundamento do que apresentar uma justificativa apressada e frágil, como a do torturador que diz ter sua ideologia e o que faz é por convicção, e sua discordância dos terroristas está no método de quererem salvar o Brasil...

Na busca das personagens exemplares, Dias Gomes arrola Tânia Müller, estudante que sai das passeatas para o terrorismo, e seu pai, o industrial Frederico Müller, testa-de-ferro de multinacionais, que arrecada dinheiro, para financiar os órgãos de repressão e tortura. Do aparelho que seqüestra o embaixador fazem parte, além de Tânia, apenas três homens: Ribamar, Velho e Carlão. E sua inclusão no rol de personagens também não é fortuita, exemplificando os diferentes motivos que levaram parte da esquerda a aderir à luta armada.

Ribamar é o publicitário bem-sucedido, que não se satisfaz com o sistema, muito revelador em sua profissão. Ao despedir-se do gerente da agência, que supunha da parte de Riba apenas um golpe para melhoria salarial, ele diz não saber o que vai dar um sentido à sua vida, mas sabe o que não dá. A opção o deixará contente consigo mesmo, ainda que ele se arrebente. Carlão vem do operariado, que não aceitou mais o Partido Comunista e a tutela da União Soviética, depois que seus exércitos invadiram a Tchecoslováquia. A origem o faz desconfiar de Riba, presa de dúvidas éticas diante da eventual necessidade de sacrificar o embaixador norte-americano. Nervoso e inseguro, ele agride Riba e chega quase a precipitar os acontecimentos, atirando no embaixador, quando teme ter sido descoberto o aparelho. O radicalismo não lhe permitiu uma nova chance, com a abertura: Carlão é um daqueles que foram mortos na caça repressora.

Idêntico é o destino do Velho, personagem calcada nos antigos militantes do Partido Comunista, que se cansaram da teoria e se decidiram pela luta armada. Temeroso de perder a vida em debates e reuniões, enquanto a direita se mantém sempre no poder, ele prefere a saída desesperada, embora ela corte todos os vínculos com a existência normal. Ele parece a contrapartida, por exemplo, da personagem Manguary Pistolão, o militante anônimo da peça *Rasga Coração*, de Oduvaldo Vianna Filho, que persiste nos velhos métodos, crente na marcha inexorável da História, apesar de todos os recuos e decepções.

A postura diplomática inerente ao Embaixador permitiu que ele não ultrapassasse os limites convencionais da situação de seqüestrado. Dias Gomes pintou-o com dignidade e não recorreu a problemas pessoais, que teriam facilitado seu aprisionamento. O Embaixador não declina de sua elegância quando, ameaçado de morte, tem um arroubo sincero, e, já liberto, se pronuncia na televisão sobre os seqüestradores. Talvez possam ser tomados como ingênuos seus argumentos a propósito da preferência dos Estados Unidos pelos governos democráticos: as ditaduras são instáveis e não favorecem os negócios, bons para ambas as partes.

Frederico Müller seria o capitalista consciente, que sabe ter ganho em outras oportunidades, sem levar nenhuma vantagem. Dessa vez, ele não deixará escapar o seu quinhão, à custa de quaisquer métodos. Ao saber que a filha Tânia não é mais virgem, ele menciona o remédio de uma operação. Explica-se o esquematismo de Frederico Müller, pela opção geral do texto.

As demais personagens – Glória Müller (mãe de Tânia), Elza (mulher do Velho), Dirigente, Inquiridor, Médico, TV-Repórter, Gerente, Homem e Torturador – são necessárias para que se complete o mural, e a maioria nem recebeu nome identificador. Elas preenchem uma função, exigida em determinado momento, e desaparecem, como não podia deixar de ser. O autor trouxe-as, com habilidade, para o entrecho, dispensando-as quando não faziam mais falta para os protagonistas.

Campeões do Mundo não deixa de discutir, nos acontecimentos que evoca, a validade ou não da ação terrorista. Mais uma vez, Dias Gomes, com inteligência, não tira conclusões, e se limita a expor os pontos de vista conflitantes. O Dirigente partidário contesta o Velho, afirmando que "A teoria do foco revolucionário é romântica, suicida e antileninista". Riba, fazendo com Tânia um retrospecto, pergunta-se "se nós adiantamos ou atrasamos o processo". Quando o Velho informa à mulher que vai haver outro seqüestro, para libertar companheiros, ela replica: "Um novo seqüestro. E depois mais prisões, mais torturas, mais assassinatos. E até quando? E tudo isso leva a quê? A nada! Ou quem sabe até não estamos fazendo o jogo do inimigo, dando justificativa para a escalada da violência? Será que não estamos fazendo justamente o que eles querem?"

Uma crítica se explicita na cena em que Tânia, em 1969, se despede de casa. Ao pedido da mãe para que prometa não participar mais das arruaças estudantis, ela retruca: "Passeatas... Acabou-se o tempo das passeatas, mãe. Fecharam as praças, fecharam as ruas, fecharam os palcos, todos os espaços. Também não existem mais estudantes, nem professores, nem artistas. Foi tudo abolido por um deus chamado Segurança Nacional. Não sei se é o mesmo que estava com vocês na Marcha da Família" (marcha que se realizou, supostamente em defesa da família cristã contra o "perigo comunista", e que serviu de suporte civil ao golpe militar).

Entrecortada pelas voltas ao passado, a história do seqüestro do embaixador tem uma seqüência cronológica, fornecendo o fio central da peça. Dias Gomes sabe desenvolver os episódios com mestria, dentro da técnica do suspense e do relaxamento. Há uma tensão permanente no tempo em que o embaixador está prisioneiro, alimentada pelo ruído característico de helicópteros próximos e de sirenes de carros policiais. Com a vitória no campeonato, vizinhos, em comemoração, invadem o aparelho revolucionário. E dois indivíduos, evidentemente da Polícia, batem à porta, travestidos como marinheiros que oferecem contrabando. Só a televisão traz notícias do mundo exterior, relativas ao cumprimento paulatino das exigências feitas pelos seqüestradores. Um clima de bom policial sustenta a continuidade da trama.

A peça só poderia acabar, para manter-se coesa a ação, num tempo muito próximo da cena inicial, em que Riba volta do exílio. Nela, Tânia está no aeroporto, a esperá-lo, junto com o grupo de manifestantes. Os dois únicos remanescentes do grupo de seqüestro, eles têm um encontro de aproximação, que se estende pelo desenrolar do texto. E ficam com eles as palavras finais.

Quatro anos de psicanálise e a perplexidade, Tânia ainda diz a Riba que terá uma reunião dali a meia hora, e o convida: os companheiros gostariam dele. Riba não aceita participar naquele dia, mas quem sabe, na próxima? E conclui: "Naquele tempo, pelo menos, nós éramos os campeões do mundo..." Seria o desencanto a imagem final do texto? Ou se deve pensar que, enquanto se ouve, em fundo, o hino "Pra frente Brasil", Tânia persiste, indo para um reunião política?

Um amplo espelho inscreve a platéia na realidade do país e a projeta para uma construção futura, que infelizmente não deu sinais visíveis de melhoria para o povo, até os nossos dias. De qualquer forma, *Campeões do Mundo* rompeu a prática da necessidade de recorrer a metáforas, que já se tornava cansativa, para burlar a Censura, e passou a ser uma referência obrigatória na evolução da dramaturgia brasileira.

(1980)

Meu Reino por um Cavalo:
Desnudando a Crise da Maturidade

A primeira virtude de *Meu Reino por um Cavalo*, peça de Dias Gomes, é a coragem que mostra o autor de desnudar-se, problematizando a crise da maturidade, sem aquele gosto de justificativa que não passa de forma enviesada de narcisismo. Sentem-se, desde o início, superadas as armadilhas da autopiedade, para o homem enfrentar o jogo duro consigo mesmo.

O título remete, evidentemente, à famosa última cena de *A Tragédia do Rei Ricardo III*, drama histórico de Shakespeare. Perdida a montaria, combatendo a pé no campo de batalha, Ricardo III, na tentativa de salvar-se, oferece seu reino em troca de um cavalo. A ironia da citação não poderia ser mais feliz: vendo-se no mato sem cachorro da crise existencial, o protagonista, dramaturgo Otávio Santarrita (*alterego* de Dias Gomes?), está pronto para abdicar de tudo em função de qualquer saída.

Um autor que sempre se pautou pela postura racionalista não se importa de qualificar o texto de "comédia caótica". Não se veja no adjetivo uma adesão tardia ao irracionalismo, a desmentir a trajetória coerente da vida inteira. A peça privilegia apenas a perplexidade, a dúvida que os indivíduos conscientes nunca afastaram como companheira. Alguém que já criou *O Pagador de Promessas* e outras obras de mérito não se rotularia entre os seguidores de palavras de ordem inflexíveis.

Não passam despercebidas diversas situações incômodas, que o autor trata com louvável honestidade. Em determinada altura do entrecho, Otávio Santarrita vai a um Analista e diz: "De início, admito a minha derrota: um marxista, um materialista histórico, rendido a uma terapia individualista e reacionária. Que diria o Partido, o Comitê Central?" Na mesma réplica, ele acrescenta: "Não quero magoar ninguém, nem minha mulher, nem meus filhos. Não suporto a idéia de magoar alguém, porque careço de ser amado por todos. Saber que alguém não me ama, doutor, me deixa arrasado".

Vozes do Pai e da Mãe dizem: "Esse menino não devia ter nascido" e "Expulso da escola pela prática de atos obscenos! Meu Deus!", para Otávio esclarecer, sem apelo à "psicanálise ao alcance de todos": "Eu sou aquele que não era esperado. O anti-Messias. Já passei dos cinqüenta, doutor. Mais de meio século tentando provar, dia a dia, que merecia ter nascido, merecia sim, merecia. Por isso, preciso tirar nota dez em tudo. Tenho que ser aprovado com distinção e louvor, não me permito um nove. Não sei se é por aí que devemos ir... Estou tateando... Quem sou eu, afinal?"

O empenho do autor em ficar acima de possíveis mesquinharias leva-o a pôr na boca de Selma, mulher do protagonista, o seguinte juízo: "Nossos talentos têm vôo curto, fôlego limitado. Acho que é uma conseqüência do subdesenvolvimento, Gente do Terceiro Mundo. No máximo, encontramos pessoas que passaram de raspão pela genialidade. Glauber Rocha, Nelson Rodrigues.... Um por cento de gênio, noventa e nove de idiotice. E temos que nos contentar com isso". Apesar da restrição, o reconhecimento da genialidade de Nelson, quando ele e Dias Gomes até polemizaram... E isso depois que Selma, sem querer magoar Otávio, diz que ele sabe não ser um gênio...

Outro bonito momento de *Meu Reino* surge quase no final, quando Vianna (Oduvaldo Vianna Filho, o Vianinha) aparece para "dar uma força" ao protagonista. Paulinho (Paulo Pontes) e Leon (Hirzman) estão também preocupados com os descaminhos do amigo. Respondendo ao pedido de conselho de Otávio como sair da crise, Vianna fala: "Mergulhando de cabeça na confusão. De repente as coisas ficam claras como água em pote de barro. Não desespere. Vá fundo que você chega lá". Vianinha completa o raciocínio: "Duvide sempre. Não acredite em nada sem duvidar um pouco. As pessoas que têm certeza de tudo nunca são confiáveis". O apelo ao autor de *Rasga Coração* para figurar no rol de personagens, ainda que num flagrante, significa não apenas o companheirismo ideológico, mas também a continuidade de uma tradição dramatúrgica e a permanência de certos problemas fundamentais.

Fica evidente, na fatura, que o autor se deixou conduzir por uma flexibilidade inédita em sua obra. É curioso que a ação transcorra em quatro planos – o da realidade, o da ficção, o da memória e o da alucinação –, numa prática inaugurada, em nossa dramaturgia, por Nelson Rodrigues. Sem que se aponte influência de *Vestido de Noiva* sobre *Meu Reino*, lembra-se que a estréia de 1943 se passava explicitamente nos planos da realidade, da memória e da alucinação, e o da ficção, em

Dias Gomes, também pode ser equiparado ao elemento ficcional introduzido no delírio rodrigueano. Uma rubrica menciona que a "aparente desordem dramatúrgica é proposital e decorrente da confusão mental do protagonista". De fato, não há desordem estrutural e as cenas soltas se justificam pelos flagrantes que a mente registra, sem desenvolvê-los até o desfecho. Apesar dessa razão teórica, o dramaturgo poderia ter trabalhado melhor vários episódios, como o do Assaltante. Admite-se que Otávio receba o hóspede inesperado com os chavões da nossa análise política: "Fique tranqüilo, saiba que está assaltando pessoas que têm uma visão social da questão da violência urbana, do assalto. Sabemos que vocês são apenas conseqüência de uma ordem social injusta. Quer um cafezinho?" Até aí, tudo bem. A continuação da cena é que escorrega na inverossimilhança, quando o Assaltante, depois de dizer que pode estuprar Selma com requintes de perversidade, ouve de Otávio: "Pára com isso, já disse. E some daqui", e resolve libertar a vítima e sair amuado.

Outra cena insatisfatória, em que o autor incide em fácil caricatura, se liga à presença do Imortal. Mesmo que a situação ocorra em clima alucinatório, pois em simples visita à casa do protagonista ele usa o fardão acadêmico, chapéu de bico e espada, o conteúdo do diálogo, já quase no fim da peça, quebra a seriedade da crise dramatizada. Não interessa, nesse ponto do conflito, que entre em jogo uma possível disputa de vaga na Academia, que se brinque com a sexualidade de Proust ou Gide, e que o Imortal se entregue à libidinagem com Selma, para Otávio cravar-lhe a espada no peito. Teria Dias Gomes querido introduzir na história um interregno cômico, antes das réplicas finais? Carnavalização um tanto sem propósito... Também a rapidez com a qual Selma decide varar a noite com o Produtor, alegando que vive agora um casamento aberto, não condiz com a psicologia da personagem.

Em compensação, a técnica de episódios isolados, que dispensam o desenvolvimento psicológico tradicional, leva a soluções dramatúrgicas felizes. Evitando melodramaticidade e explicações inúteis, Dias Gomes trata em diálogos sintéticos o problema conjugal de Otávio e Selma, ou os limites do relacionamento dele com a amante Solange, atriz de sua peças. Até o encontro de Selma e Solange, no camarim, sempre tão perigoso, está resolvido com elogiável discrição.

No quadro familiar, não faltam os conflitos de gerações, em geral exacerbados quando o pai se confia a um trabalho por demais absorvente, confundível com a afirmação egoísta. A filha Soninha, de 14 anos, está grávida, não sabe quem é o pai da criança e também não faz diferença, porque não passa pela sua cabeça o casamento. E o filho Tavinho chegou a ser preso, porque guiava drogado. A relação de pai e filho, pelas implicações ideológicas, evoca a que Vianinha traçou em *Rasga Coração*, inclusive pelas incompatibilidades irremediáveis. Tavinho replica a Otávio: "Alienação é o grande barato do pós-moderno. Pára com essa babaquice de querer retratar o mundo, conscientizar pessoas, teatro social, esse troço. Isso é papo dos anos sessenta, quando vocês pensavam que iam mudar tudo". A fala de Otávio: "Sabe que às vezes custo a acreditar que você seja meu filho?" equivale, certamente, àquela em que Manguari rompe com Luca.

Dias Gomes, ao retratar essas situações-limite, não se peja de enfrentar os grandes lugares-comuns da ficção contemporânea. Se não há, nesse texto, o achado exemplar de *O Pagador de Promessas*, ele se mostra um pouco mais confessional, abrindo o flanco a uma sondagem em sua intimidade. Esta fala de Otávio pode ser perfeitamente subscrita pelo dramaturgo: "Engajamento não é sectarismo político, maniqueísmo ideológico, realismo socialista, essas bobagens. Nunca embarquei nessa. Mesmo quando militava no Partido, sempre preservei a minha liberdade de criação. Nunca submeti uma peça minha à apreciação de qualquer Comitê. Sempre fui um indisciplinado e me orgulho disso. E hoje sou um livre-atirador".

Ao lado de afirmações dessa natureza, o autor apresenta, quase sub-repticiamente, problemas de outra ordem, que estão na raiz do fenômeno artístico. Selma sacode Otávio, ao dizer: "Você está em crise porque teme fracassar. É o medo do fracasso que está levando você a essa paranóia". E vem a observação embaraçosa: "E agora você está apavorado porque descobriu que não é capaz de fazer nada melhor do que já fez".

Um dramaturgo como Dias Gomes, capaz de admitir esse raciocínio, prova que está vivo e que ainda pode enriquecer muito o teatro brasileiro.

(1989)

13. Domingos Oliveira

Do Fundo do Lago Escuro **ou** Assunto de Família

Domingos Oliveira não esconde que *Assunto de Família (Do Fundo do Lago Escuro)* seja uma peça sobre a sua infância. Antes de lançar-se à máquina de escrever, releu *Longa Jornada Noite Adentro*, de O'Neill, a mais pungente e admirável autobiografia da História do Teatro. Ele fez bem em enfrentar o difícil tema e em escolher o grande modelo: resultou uma das mais sensíveis e reveladoras obras do nosso repertório moderno.

Nessa busca do tempo perdido, Domingos utilizou todos os recursos à sua disposição. A reconstrução da memória deu um toque de inconfundível verdade ao diálogo. Nada é postiço, fabricado ou dispensável. Está-se diante de um mundo fechado, um núcleo que se basta na sua unidade. E, no entanto, essa família retrata toda uma realidade brasileira – econômica, social, psicológica, sexual e política.

A nostalgia não envolve os episódios em atmosfera poética esgarçada. Cabe afirmar, ao contrário, que o autor prefere a dureza, o jogo dramático rude, o desmascaramento da aparência exterior, senão bonita, ao menos ordenada. Enquanto a família robustece seu ardor cívico ouvindo os inflamados discursos de Carlos Lacerda, nos idos dos anos cinqüenta, pouco antes do suicídio de Getúlio Vargas, seus valores internos desabam e se sente que desaparece um mundo.

Domingos não chega a mostrar-se impiedoso, porque seu feitio não admite o ressentimento. *Assunto de Família* é, antes, um exercício de desnudamento. Deve ter-lhe doído recriar tantos fantasmas, mas o texto não permanece na confissão pessoal, nem vê a realidade a partir do próprio umbigo. A soma de experiências vividas dá às histórias um sabor de verdade. E se abre para o depoimento sobre uma época, for-

Domingos Oliveira. Foto: Sílvio Pozatto, Arquivo pessoal.

DO FUNDO DO LADO ESCURO OU ASSUNTO DE FAMÍLIA

necendo uma visão clara de uma parcela expressiva do Brasil, a partir do retrato de uma família carioca abastada.

A permanência da casa em Botafogo como cenário, quando os edifícios de apartamentos já dominavam a paisagem do Rio, situa financeiramente a família, sustentada pela locação de imóveis deixados por seu chefe, morto há quatro anos. Aliás, significativamente a peça se passa no dia em que se comemora o aniversário do falecimento, com a ida ao cemitério. Quem herdou o poder foi a viúva, d. Mocinha, que gere a casa de acordo com seus princípios, submetendo toda a família à sua vontade superior.

O dramaturgo, dentro de estrita verossimilhança, concentra a ação num só dia, em três atos, e se supõe a continuidade natural do tempo. Os intervalos, assim (no espetáculo há apenas um), se destinam ao repouso do espectador, sem servir para separar os acontecimentos. Os móveis da ação têm tanta credibilidade que os episódios escorrem, bem concebidos e encadeados.

Assunto de Família reúne dois protagonistas: o menino Rodrigo e sua avó materna d. Mocinha – ao menos como foco preferido pelo autor. Rodrigo procura a cadela Kitti (que se saberá ter morrido, enquanto a família foi ao cemitério), tem uma aula particular, dialoga com todos, recebe a visita do primo Ricardo.

D. Mocinha é autoritária, cultua a memória do marido (mesmo sabendo de suas aventuras extraconjugais), mostra um profundo conhecimento dos homens, joga cartas para distrair-se e cumpre deliciada o ritual de ouvir as catilinárias de Lacerda contra o regime Vargas. Vinda de um passado de fartura, ela nem percebe que os aluguéis recolhidos são insuficientes para as despesas até o final do mês, embora a argúcia a faça descobrir um abuso de confiança do genro e procurador Henrique, pai de Rodrigo.

Conceição, mãe de Rodrigo, submete-se à autoridade de d. Mocinha e ocupa o pequeno espaço que lhe resta com exigências severas aos empregados. Henrique, descoberta a venda não autorizada de dois imóveis no Andaraí, refugia-se em aparente dignidade e acaba por ceder à proposta de conciliação, que salvaria o orgulho ferido.

Participam ainda desse álbum de família Orlando, filho de d. Mocinha, o típico malogrado que se afoga em bebida e retira por antecipação o que lhe caberia da herança; Ricardo, filho problemático de Orlando, marcado pela separação dos pais; Pinheiro, quase um agregado da família, presença obrigatória no jogo doméstico; Adalgisa, a simpática professora particular de Rodrigo; e dois empregados – o jardineiro Manoel e a arrumadeira Iracema, envolvidos entre si e com os meninos.

A peça poderia, de um certo ângulo, ser vista como um quadro de decadência familiar, mais um decantado requiém da classe burguesa, o que a aproxima de Tchecov de *Três Irmãs* e de *O Jardim das Cerejeiras*. De outro lado, Domingos pontua a fraqueza moral de Henrique com outras marcas da decadência de costumes.

Não é mera coincidência que, naqueles anos, diante do temor que tem Conceição de engravidar, Henrique a sodomize. E os últimos diálogos se travam entre Ricardo e Rodrigo: sugere-se claramente que o primeiro leva o segundo ao galpão com o objetivo também de sodomizá-lo, como já havia proposto. Esse o pano de fundo que aguarda a voz de Lacerda, no pronunciamento das nove horas da noite.

A partir de dados tão amargos, *Assunto de Família* se afasta de qualquer possível parentesco tcheckoviano. A "reconciliação" do casal adulto, sob o olhar complacente da matriarca, fortalece o vínculo familiar, mesmo se debaixo de um acordo hipócrita. A cena com os meninos revela um quadro constrangedor, quando a tradição apregoada da família é de um machismo triunfante. Nada disso tem importância: sob a tutela lacerdista, d. Mocinha e os seus ultrapassarão o mar de lama que existia à volta do antigo ditador, e sabe-se que outras lutas políticas vão delinear-se no horizonte.

A decadência, no caso, não implica o desaparecimento de uma classe, como ocorre na dramaturgia de Tchecov. Sem proselitismo e sem ideologia expressa de nenhum tipo, Domingos Oliveira mostra que a falta de escrúpulos talvez contribua para o enriquecimento familiar. Afinal, Henrique vendeu os imóveis do Andaraí e adquiriu terrenos no então longínquo Leblon. Se ele conseguisse regularizar os títulos de propriedade, sem dúvida teria feito um ótimo negócio... O texto, sem desejá-lo, é irônico e cruel.

Com o título *Do Fundo do Lago Escuro*, a peça foi considerada o Melhor Texto de Comédia do IX Concurso de Dramaturgia – Prêmio Serviço Nacional de Teatro/1977. No programa do espetáculo, o próprio autor discute o problema, afirmando: "O texto tinha ganho o prêmio de melhor comédia, embora fosse obviamente um drama. Isto se deveu, segundo informações internas, ao fato de não poder dar o prêmio de drama a uma peça que não fosse diretamente 'política' etc. enfim, esta besteira conhecida de todos. Quando comecei a ler a peça, porém, comecei a verificar que realmente aquilo era engraçado. Eu estava muito emocionado e quanto mais me emocionava, por algum caminho estranho, mais engraçadas ficavam certas frases da peça".

O gênero dependerá, certamente, da linha atribuída pelo encenador ao espetáculo. Voltando a Tchecov: ele considerava comédias suas peças, enquanto Stanislavski as montava como dramas, no Teatro de Arte de Moscou. Fernanda Montenegro lembra que *Assunto de Família* "é uma comédia, no sentido clássico". E acrescenta que é tênue o limite entre os gêneros, e assim se poderia classificá-la como comédia dramática ou drama cômico: "O processo da vida burguesa é um processo

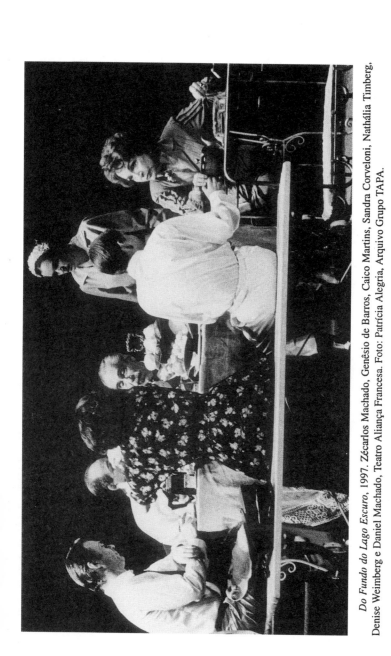

Do Fundo do Lago Escuro, 1997. Zécarlos Machado, Genésio de Barros, Caico Martins, Sandra Corveloni, Nathália Timberg, Denise Weimberg e Daniel Machado, Teatro Aliança Francesa. Foto: Patrícia Alegria, Arquivo Grupo TAPA.

tragicômico. É trágico para quem o vive, e cômico para quem o assiste".

A tônica do gênero não é fundamental para definir o texto. Importa observar que Domingos Oliveira soube estruturá-lo com mão firme, dando à sucessão de acontecimentos o caráter de inexorabilidade. Ficcionista poderoso, ele fixa com rigor um microcosmo. Que remete ao macrocosmo da vida do Brasil. Uma das obras que melhor desvendam o caráter das nossas classes dirigentes.

(1980)

14. Oduvaldo Vianna Filho

Rasga Coração

Rasga Coração, a peça cujo fim Oduvaldo Vianna Filho ditou no leito de morte, é seu testamento espiritual – amarga reflexão sobre as últimas décadas do País e balanço existencial e político de três gerações de uma família. A intimidade com o teatro proporcionou-lhe uma estrutura flexível, em que presente e passado se alternam e *flashes* essenciais substituem a técnica das longas narrativas. A obra-prima que o talento de Vianinha sempre anunciou é um dos documentos fundamentais da dramaturgia brasileira de todos os tempos.

Só a sensibilidade delicada do autor se daria bem com essas figuras que não modificaram o rumo da História nem foram protagonistas de ações decisivas. Vianinha se compraz em revelar o cotidiano que prossegue, não obstante as mutações havidas de 1930 para cá. Se Maguari Pistolão (Custódio Manhães Jr.) pode ser considerado a personagem principal da peça, define-o bem o filho Luca (Luiz Carlos): herói popular anônimo. Maguari sacrificou-se a vida inteira em função de ideais políticos de esquerda e nem o filho forma a seu lado. São importantes no texto o mergulho humano, a sinceridade irrespondível com que se fazem as colocações e o desencanto lúcido subjacente aos movimentos.

Os diálogos, penetrantes, aprofundam progressivamente as personagens. Maguari diz à mulher ter queimado a vida na solidariedade. O filho o olha como se ele não passasse de um masoquista: "...uma pessoa que pensa nos outros, porque tem medo de si mesmo, medo de viver". Por isso Maguari pondera e se questiona: "Infelizmente a experiência sabe muito... ou será que a experiência se acostuma de tanto fracasso e não percebe mais as frestas, as portas repentinas. Será possível, meu Deus, que a experiência seja só uma maneira de deixar de perceber a vida?"

Rasga Coração, 1980. Sônia Guedes e Raul Cortez, Teatro Sérgio Cardoso. Foto: Ruth Amorim Toledo, Arquivo Multimeios/Divisão de Pesquisas-IDART.

Por caminhos diferentes apresenta-se o mesmo conflito de gerações. Vianinha utiliza até episódios exemplificativos semelhantes. 666 (Custódio Manhães) surpreende o filho Maguari em casa, com uma mulher, e o repreende. Maguari tem idêntico procedimento com o filho Luca. Repete-se, por questões diversas, a expulsão dos filhos de casa: 666 porque Maguari não trilha o rumo por ele traçado, e Maguari porque Luca o contesta nos mais íntimos brios. Na cena decisiva em que se defrontam, Maguari diz a Luca: "Você é um covardezinho que quer fazer do medo de viver um espetáculo de coragem!" Ao que o filho replica: "Você é que pensa que é revolucionário, é a doce imagem que você faz de você, pai, mas você é um funcionário público, você trabalha para o governo. Para o governo! Anda de ônibus 415 com o dinheiro trocado pra não brigar com o cobrador e de noite fica na janela, vendo uma senhora de peruca tirar a roupa e ficar nua!"

O processo de Luca se alimenta dos valores que subiram ao primeiro plano da década de sessenta. "Experiência é desistir de ser feliz?" – pergunta ele. Partidário da ação direta, Luca acha que esquerda e direita se perdem na mesma violência. "Não tenho nada para aprender nas universidades de vocês, nada!... lá vocês querem dominar a vida, eu quero que a vida me domine, vocês querem ter o orgulho de saber tudo, eu quero a humildade de não saber, quero que a vida aconteça em mim... não é revolução política, é revolução de tudo, é outro ser!" Para Luca, a história política do Brasil é a história da calça arriada. Tentarem cortar-lhe o cabelo, no colégio, valeu como símbolo de que desejaram cortar-lhe a vida. Luca não aceita a destruição da natureza, provocada pelo que se chamou a nossa civilização, e assume personalidade de *hippie*. Vianinha não condena nem exalta: limita-se, como agudo observador, a levantar as razões de cada um.

No amplo painel que mostra, *Rasga Coração* fixa, sem fazer considerações teóricas, mas apenas retratando as psicologias, o comportamento de duas gerações femininas. Nena, mulher de Maguari, é a esposa submissa, obrigada a fazer cinco abortos, porque o marido só pensava em política e não podia ter filho. Milena, a colega de Luca, lidera a invasão do colégio e acha que "a única coisa que faz barulho nesta terra é o intestino". Fúria, paixão é o que reivindica essa líder, que não se intitula feminista.

Os grandes acontecimentos históricos balizam a ação. Ouve-se que Getúlio traiu a Revolução de 30. Castro Cott e 666 aderem ao integralismo. Camargo Velho e Maguari permanecem fiéis à luta popular, apesar do golpe de 1937 e das sucessivas vitórias da direita no País. Tem um sentido eminentemente irônico e melancólico Vianinha ter deixado como réplica final da peça esta fala de Camargo Velho, no passado: "...agora com o fim da guerra contra a Alemanha, há grandes perspectivas de ascensão do movimento democrático... esse vai ser o nosso ano, companheiro!... as perspectivas são todas favoráveis a nós!"

O dramaturgo faz uma admirável reconstituição, que de maneira nenhuma padece dos males da arqueologia. É de se ver a pesquisa da linguagem, correta nos pormenores. 666 refere-se ao filho Maguari como futurista, madraço, regalão. Surge, em certo momento, a palavra sesquipedal. E a pesquisa da música acompanha o mesmo rigor. Chiquinha Gonzaga, as valsas *Lover* e *Fascinação*, Carmem Miranda, Gardel, etc., etc. A certa altura, as personagens "dançam a desesperada elegância do tango".

Contrapondo-se aos que se enrijecem na direita e aos que se derrotam na esquerda, Lorde Bundinha é a figura do boêmio tradicional, que não se vexa de desejar seduzir Nena, a mulher do amigo Maguari, em cujos braços acaba morrendo, vítima de tuberculose. É a morte de Lorde, aliás, que repõe Maguari no caminho da luta política ("o que me botou na vida de novo"), depois que a prisão o abateu e ele chegou a tomar morfina.

Camargo Moço herda as idéias do pai e de Maguari, e parece representar uma nova mentalidade, mais objetiva e crítica. Ele diz a Luca: "... porque se a gente veio discutir história, Custódio Manhães (Maguari) faz parte da história desta terra que não está nos livros e tenho muito orgulho de saber que estou sentado ao lado do filho dele". Embora tendo assimilado a dúvida como parte do seu pensamento, Camargo Moço rebate Luca, afirmando que Maguari deixou a marca da sua presença. Desfila uma série de imagens de real beleza, para concluir que Maguari é sem dúvida um revolucionário.

Vianinha não é o dramaturgo que usou o teatro para fazer política. Dramaturgo dos maiores, ele não poderia omitir a política entre as suas grandes preocupações. O lirismo, a tristeza envolvem a sua fecunda passagem terrena. Daí terem um admirável sentido simbólico os versos de Catulo da Paixão Cearense para o xote de Anacleto de Medeiros (inicialmente denominado *Iara* e, depois dos versos de Catulo, *Rasga Coração*, e que Vicente Celestino e mais tarde Paulo Tapajós gravaram), com os quais o Coro fecha a peça: "Se tu queres ver a imensidão do céu e mar/refletindo a prismatização da luz solar/Rasga o coração, vem te debruçar/sobre a vastidão do meu penar".

(1979)

Papa Highirte

Em *Papa Highirte*, Oduvaldo Vianna Filho enfrenta o tema das costumeiras ditaduras nas republiquetas latino-americanas. Essas ditaduras apresentam características tão semelhantes e ridículas (se não fossem sinistras), que se prestariam mais ao gênero da farsa. Vianinha, porém, não se deixa seduzir pela caricatura e pela facilidade. A peça promove uma séria indagação sobre os mecanismos do poder em países dependentes. E leva às últimas conseqüências a exploração dramática do protagonista e de seus interlocutores.

Um risco a ameaçar Vianinha era o de incidir no lugar-comum dos ditadores, sobretudo os latino-americanos, que dominam nações de opereta. Ele teve a admirável sabedoria de não cair nesse erro, sem abandonar os traços largos, definidores dessas personalidades especiais. *Papa Highirte* não é uma criatura pintada com a psicologia que mais se baseia na estatística sociológica, mas serve, de qualquer maneira, como protótipo dos ditadores da América Latina.

O acerto do texto está em fixá-lo como herói negativo. Highirte não surge em cena no exercício do arbítrio e da discricionariedade. O público não o verá autorizando a tortura ou sendo complacente com ela. A peça mostra o protagonista já no ocaso da vida, aos 62 anos de idade e quase três de exílio, quando pesam o abatimento e a melancolia.

O quadro psicológico de Highirte se compõe com um carinho de legítimo ficcionista. O ditador vive protegido por um guarda-costas, embebeda-se com o pulque, típico de Alhambra, dança a chula, como exímio bailarino, mantém Graziela, que trabalha numa boate (mas, pela idade, consente em dividi-la com um jovem), fala por telefone com a filha distante, atento à família, e trama inutilmente a volta para a terra natal. Empenha-se Highirte em falar que é bom, quase como se fosse também uma vítima da violência, instalada à sua revelia. Ele diz ter querido a autoridade e não o arbítrio, o combate ao extremismo, mas sem extremismo. Essa imagem, de quem se justifica e tenta desculpar-se, acaba por ser tragada pela informação trazida ao público de que, na verdade, aos seus defeitos somou-se a fraqueza e Highirte nem conseguiu coibir os abusos. Um homem menor, no cômputo final.

Embora preciso, claro e lúcido, o perfil psicológico de Highirte não é o que importa. Ele se inscreve num macrocosmo revelador, feito dos diálogos com Perez y Mejia e o diplomata estrangeiro, que se exprime em inglês e manipula os cordéis desses pequenos países. Mejia, que havia exigido de Highirte a censura prévia e o fechamento do jornal *Clarin* ("admitir eleições é admitir que podemos estar errados"), é agora paladino da democracia e acha que o antigo ditador desgastou irremediavelmente a sua imagem. Ele articulará novo golpe para não ser mais o segundo homem, mas o beneficiário principal da própria força.

No outro campo situa-se Mariz, a quem Vianinha atribui uma complexidade bem maior do que a dos simples justiceiros. Mariz não concordava com a posição política de Manito, que foi torturado até a morte. Para ele, Manito queria ser herói, enquanto seu propósito era o de fazer a revolução. Mas, preso, Mariz não resistiu fisicamente e delatou os companheiros. O nojo que sentiu de si mesmo e o ódio pelos torturadores ditaram seus últimos movimentos: mudou-se para Zacapa, inventou uma falsa identidade e conseguiu os meios para aproximar-se de Highirte, em Alhambra, como seu motorista. Daí a assassiná-lo o passo não era grande. Romanticamente, figurava no projeto de Mariz o de matar-se em seguida, o que o desfecho teve o bom gosto de deixar em suspenso.

Graziela, que introduziu Mariz no serviço de Highirte, distingue-se pela humanidade simples. Aproximou-se do jovem porque ele era garçom na boate em que ela trabalha. Em sua boca, adquire uma sinceridade patética a confissão a Mariz: "Você é tão desamparado, isso é ruim, me liga muito... Me sinto Virgem Maria". O amor pelo rapaz não lhe permite dispensar a proteção de Highirte: "Eu gosto de você, mas... sabe? Eu preciso ter sempre uma escora, um... Uma coisa que me dê garantia assim..." Mariz revela mais de uma vez a Graziela o intento de matar Highirte, mas ela não o denuncia nem toma providência para evitar que o crime se consume: uma quase fatalidade no seu destino de cartas marcadas.

A ambiguidade no temperamento de Highirte vale para evitar o primarismo do quadro humano e político. O ex-ditador reúne traços menos óbvios: ao invés de afastar Mariz, em quem não vê um amigo, faz confidências que levam Graziela a contar ao amante: "... Papa me disse que gosta de você porque acha que você não gosta dele..." Abrindo-se para Mariz, Papa Highirte afirma que "o pior é quando você não tem mais lugar dentro de você, sabe?" E vem a confissão aparentemente esdrúxula, que não deixa de ser sincera: "Mariz, no fundo sou um socialista..."

No plano individual, Mariz contesta Highirte: não cumpriam as leis da justiça, havia prisões ilegais e os *habeas corpus* não eram respeitados, um homem foi assassinado para não ir a julgamento, ninguém foi punido por torturar e se os torturadores foram transferidos para as fronteiras, "a punição é a cadeia, senhor, comum". No plano social, vê-se uma correlação maior de forças, a decidir os caminhos de pequenos países, como Alhambra. Em certo momento, Highirte interessou aos desígnios do embaixador estrangeiro e do país que ele representava. Depois, sua impopularidade tornou-se perigosa e foi melhor apoiar o novo simulacro de poder, no qual o antigo braço forte da ditadura se converteu em "campeão da democracia". Premiada no concurso do Serviço Nacional de Teatro, em 1968, quando os horizontes se fecharam de forma assustadora no Brasil, a peça analisa com argúcia o processo político e encerra uma incrível visão premonitória a propósito dos regimes discricionários.

Vianinha proclamou, mais de uma vez, a sua recusa da vanguarda, para ele sinônimo de arte importada e passível de crítica por fechar-se em formalismo. Entende-se que essa posição fosse menos a de um intelectual estreito que a de um militante engajado em nunca perder de vista o conteúdo ideológico. Porque, como se sabe, há vanguarda e vanguarda, e no teatro Maiakóvski e Brecht, entre outros, representaram a vanguarda formal e política. Vianinha, por algumas declarações e atitudes – como a da recusa de assistir no Stúdio São Pedro à excelente montagem de sua peça *A Longa Noite de Cristal*, que teria traído o realismo em benefício de uma discutível postura vanguardista –, poderia confundir-se, para observadores superficiais, com um mero acadêmico, sem criatividade própria. Basta ver a liberdade formal utilizada em *Papa Highirte* para concluir que ele foi um dramaturgo moderno, sensível aos mais avançados meios expressivos de seu tempo.

A ação progride com absoluta nitidez, mas sem desenvolvimento linear. Passado e presente misturam-se, a cada momento, para o espectador ter diante de si o conflito dramático e não a exposição dos episódios. A dosagem das informações obedece sempre a um tão feliz equilíbrio que o suspense se alimenta num crescendo, até o desfecho. O diálogo é sintético, sem perder o gosto da precisa elaboração literária.

Papa Highirte já é obra da maturidade, consagrando um dos talentos mais legítimos da dramaturgia brasileira.

(1979)

15. Lauro César Muniz

O Santo Milagroso

Quando, entre nós, é tão freqüente um jovem desconhecer tudo que o precedeu, anima sentir que Lauro César Muniz, em *O Santo Milagroso*, procura integrar-se na tradição da comédia brasileira, adaptando-a aos reclamos da atualidade. O texto não se propõe inovações em nenhum campo: explora com verve sempre renovada os qüiproquós conhecidos, daí partindo para a sátira dos costumes interioranos e a amável irreverência no tratamento de problemas sacros. Ele atinge o espectador, sobretudo, por ter sabido deflagrar o mecanismo do riso, que não claudica uma só vez em todo o espetáculo.

Para realizar essa proeza, o autor limitou-se, aparentemente, a colher o fluxo da vida numa cidade qualquer do Interior, como já haviam feito Martins Pena, Macedo ou França Júnior. Sua aproximação é a da simpatia, não deformando os modelos, para que se ajustem às linhas de um retrato preconcebido. Como se move no território da farsa, precisaria simplificar certas exigências psicológicas, e não poderia prescindir do aparato do gênero, já catalogado em seus predecessores. O gosto humano do criador pelas suas criaturas anima o quadro, que de outra forma pareceria mero entretenimento lúdico. Não há entrada e saída que desmintam uma afirmação espontânea de vida.

A história de *O Santo Milagroso* nasce das relações entre um padre católico e um pastor protestante. A incomunicabilidade das religiões e a disputa de um mesmo rebanho os destinavam, quando muito, a uma cortesia distante, senão mesmo a um pé-de-guerra permanente. As conquistas num campo representavam inevitável perda, em outro. O autor apresentou essa situação de fato, mas obteve os seus efeitos de ficcionista da ambigüidade existente no cotidiano de ambos: homens de preparo diverso da maioria dos fiéis, precisam de um diálogo que, num lugarejo, apenas um pode dar ao outro. A necessidade de comunicação teria de satisfazer-se, para o brio mútuo, através de um inocente jogo de xadrez, passatempo das horas monótonas. A busca de um entendimento, que deveria permanecer secreto para a população, tece o fio da trama, fazendo as circunstâncias que os dois prelados, mais tarde, se unam em torno da mentira que se instaura, e se solidarizem contra todos, pelo humano instinto de se preservarem. Lauro César Muniz foi hábil ao dar credibilidade e rendimento cômico a esse núcleo de conflito.

Demonstrar o processo de composição da peça tem o risco de apresentá-la como bem aprendida aula de Dramaturgia, a que o autor, por sinal, não se furtou, na Escola de Arte Dramática de São Paulo. Os andaimes, porém, permanecem escondidos, e se tornam apreensíveis num esforço posterior de racionalização, que não interrompe o prazer imediato da platéia. Pode-se inferir, até, que Lauro César Muniz fez a paródia de um auto religioso, pela incidência de símbolos hauridos no cristianismo. A ação de *O Santo Milagroso* passa-se de Quinta-Feira Santa ao Sábado de Aleluia, valendo-se, para a comédia de enganos, da cobertura das imagens por manto roxo. Padre José e o pastor Camilo travam o primeiro diálogo enquanto pescam nas margens opostas de um rio, símbolo de sua missão eclesiástica. E, por coincidência, significando a disputa e a união involuntária, dois anzóis trazem um mesmo peixe. Dito, sacristão da igreja católica e verdadeiro filho adotivo do padre, e Terezinha, irmã do pastor, mordem a maçã bíblica, desencadeadora de todas as peripécias terrenas. E foi para evitar esse passo que o pastor se transfundiu em "santo milagroso", procurando prestígio sobrenatural para anatematizar o "pecado" dos dois sexos, providência inócua tanto no Éden primitivo como nessa longínqua repetição da queda paradisíaca. Podia o pastor Camilo simular a voz da santidade, porque o protestantismo não acompanha a hagiografia católica, e se evitou assim a imputação de gratuito sacrilégio.

Lembrando procedimento estabelecido na comédia clássica, em que as relações dos amos têm réplica nas dos criados, o diálogo entre Terezinha e Dito se desenvolve paralelamente ao do padre José com o pastor Camilo. O entendimento, no plano religioso, se completa na conjunção das criaturas de crenças diversas, trazendo para a comédia mais um fator de simpatia – a liberalidade brasileira, que recusa as discriminações de qualquer espécie. E se deve assinalar ainda que foi transposto o possível preconceito contra a origem modesta do sacristão, embora Terezinha já começasse a franquia daquele limite de idade em que as escolhas são menos rigorosas.

Ao escutar do santo a proibição para o matrimônio, Dito esquiva-se a novo abandono amoroso com Terezinha. Contudo, a candidata ao permanente celibato, tocada na sua ingenuidade, sugere ao irmão um conúbio que não houve. E sabemos que, entre nós, quaisquer impedimentos ruem, ante a afoiteza consumada da carne. Agora, é o próprio pastor quem se empenha em realizar novo milagre, impondo como decreto do santo a celebração do matrimônio. Falhando a imagem, há sempre o delegado, mas é vantajoso, de todas as maneiras, permanecer sob a aura de São Francisco de Assis. Esses milagres, entretanto, pertenciam à esfera privada, e para que a comédia transpusesse os umbrais da cidade convinha uma demonstração pública do poder do santo.

Na ampliação do raio da peça para o âmbito da coletividade o dramaturgo revelou, mais uma vez, seu talento de fabulador. Os antecedentes foram expostos, com graça, na primeira conversa entre padre José e o pastor Camilo. Um afogado morreu, porque não permitiram ao protestante, perito em salvamento, aproximar-se dele: na última hora, deve-se afastar a presença do diabo. E o padre não conhecia os dotes do rival eclesiástico, deixando por isso de solicitá-los. Depois, como Juca pescasse, no caminho da igreja para a casa do pastor, padre José, desejando chegar até ela, precisava iludir a importuna testemunha: aconselhou-lhe o perigoso recanto, em que o outro cristão outrora caíra nas águas. Preparou-se dessa forma a cena, para que Juca retornasse ao palco, já quase morto. O pastor, escondido na sacristia, a fim de exigir das alturas o casamento de Terezinha e Dito, pôde agora operar, longe da vista de todos, o "milagre" da salvação. Consolidava-se o prestígio da imagem santa.

Os demais ingredientes da comédia se uniram para enriquecer o propósito de sátira. Dentro desse quadro, Lauro César Muniz pintou costumes brasileiros, os quais emergem da sucessão dos episódios. Aos poucos, delineia-se a realidade interiorana, nas suas personagens mais típicas. Não faltaria ao ambiente, de início, o coronel, figura obrigatória da província. O bispo, de hábitos austeros, insurgira-se contra ele, levando-o a enriquecer, com o séquito partidário, as hostes protestantes. Mas há, em perspectiva, o casamento do filho do coronel, e a festa católica tem comumente um brilho inigualável. A consumação do "milagre" trouxe o pretexto decisivo para a volta do coronel ao antigo aprisco. Ainda assim, nos políticos, tudo serve à promoção pessoal, e o coronel quer tirar dos eventos vantagens eleitorais. Confessa-se com o padre, informando que desviou dinheiro público e, para alcançar perdão antecipado, adianta que, se eleito, nomearia o filho. Estamos em face de ancestrais costumes do País... E não pode haver propaganda mais sugestiva do que o aproveitamento da emoção popular com os milagres, numa faixa que ostenta os dizeres: "Coronel Francisco saúda São Francisco"... É certo que essa crítica, reproduzida também em outros tipos, não atinge profundidade, e incide mesmo no lugar-comum do gênero, resolvendo-se em caricatura. Mas a farsa, em geral, não permite sondagens psicológicas muito elaboradas, e acaba sempre nesses traços sumários. Deve-se aceitá-la, com as suas limitações de pesquisas, ou repeli-la, quando a sensibilidade requintada não se satisfaz com as linhas grosseiras que apresenta. Se a irreverência, vinda do despudor no trato de intimidades religiosas, descende de alguns postulados do *Auto da Compadecida*, o emprego de silhuetas se aparenta à técnica de *O Pagador de Promessas*. Os tipos do Mascate e do Jornalista, e até mesmo o do tonitruante Bispo, sugerem derivações de personagens da peça de Dias Gomes. O Mascate visa ao lucro fácil, com a exploração na venda de medalhas do santo milagroso. O Jornalista, nessa caricatura tão em voga, se dispõe a metamorfosear com sensacionalismo o acontecimento, a fim de obter a majoração da tiragem (não recua ele, também, ante a possibilidade de um pacto escuso com o Mascate, dividindo os dois os lucros com a venda de fotografias do santo...). O Bispo, que pareceria o restaurador da verdade, acaba também por entrar no jogo, por motivos fáceis e bastante humanos. Em meio à bulha contínua, criada pelos protagonistas, deslizam no cenário o judeu Simão e o japonês Takawa, carregando um órgão e depois um manequim, alheios à rivalidade entre católicos e protestantes, como adeptos que são de credos diferentes.

Além dos recursos invocados, alimentam a trama diversos outros elementos que pertencem ao repertório tradicional da farsa. É por isso que, às vezes, o público parece sentir-se diante de uma peça de Martins Pena. Logo no começo, as sacolas do padre e do pastor, idênticas, são trocadas, ensejando um novo diálogo entre as partes tão distantes. Cria-se um mal-estar na visita do coronel ao padre, porque Dito, imerso na faina sentimental, se esquecera de transmitir um recado ao padre. O disfarce aparece com a necessidade de esconder-se o pastor, e do nicho improvisado o ministro protestante toma conhecimento de observações que, de outra forma, lhe continuariam defesas. O Jornalista se introduz, também, na sacristia, para surpreender um flagrante, e recebe do Bispo o manequim, que se destinava a preencher o lugar vazio com a saída do pastor. O trem que traria a imagem verdadeira se atrasa, e a burla seria fatalmente descoberta. O interesse do público se aguça, porque ele é cúmplice de todos os movimentos, ao passo que a maioria das personagens ignora as meadas da história.

Não tem importância, como crítica religiosa, a verificação segundo a qual a igreja vivia à míngua, sem concluir-se desde 1931, enquanto a "contabilidade do milagre" registra lucro sem precedentes. A peça é honesta, para afirmar que o dinheiro extraordinário seria aplicado em escola e outros fins sociais. Nem cabe vituperar a reviravolta do Bispo. Ao ver a confusão do "milagre", ele pensou em transferir o padre, provocador da quebra no pacífico apascentar do rebanho. Padre José, quando o Bispo deu com a presença do pastor, teve a diligência de dizer-lhe

O Santo Milagroso, 1963. Jorge Chaia e Stênio Garcia. Arquivo Lauro César Muniz.

que o pároco adversário ali estava para fazer reclamações. Bastou a mentira inocente para o Bispo assegurar a permanência do padre na diocese, hipotecando-lhe inteira solidariedade. Todas essas reações explicam-se por inatacáveis impulsos humanos. O que é passível de indagação religiosa mais profunda é o próprio desfecho, propiciado pelo pastor, de novo responsável por um passo decisivo da trama. Como não chegara a imagem, o jeito era "ver" o santo, no andor vazio. Se o próprio pastor protestante enxergava o autor dos milagres, como negar a evidência? O padre acompanha-o no logro. As outras personagens, por motivos diversos, participam da fraude. Ao Coronel interessava acoimar o Bispo de pecado, e por isso o inimigo seria a única pessoa de quem o santo se ocultava.

Com o seu poder, o político determina que todos os partidários vejam. O Jornalista enxerga o santo, porque o ludíbrio interessa ao seu jornal. Temeroso do isolamento em meio à multidão mistificada, o Bispo adere também ao embuste. Resulta desse fenômeno de sugestão coletiva e de burla voluntária o símbolo segundo o qual todas as crenças sobrenaturais têm como objeto o vazio, em cujo preenchimento cada um satisfaz a própria conveniência.

Com simpatia e honestidade, padre José deseja, a certa altura, romper o círculo do engano, denunciando-o publicamente. Fala que "deve haver um meio de dar tudo ao povo dentro da verdade!" Uma escorregadela demagógica impele o pastor a afirmar que a verdade levaria o povo a fazer a revolução. Explode o padre em sinceridade: "O santo é o pastor!" Mas o pastor, inteligente e matreiro, não permite o desmascaramento da mentira. Numa saída bem brasileira, que parece resumir a modéstia e a gentileza altruísta do nosso povo, contesta: "O santo é o padre!" E vem a conclusão lógica: "Os dois são santos!" Confraternizam-se as religiões e, sobre a sátira, paira o conselho do Bispo, próximo da receita de felicidade, dada em *O Pássaro Azul*. Na peça de Maeterlinck, o presente fraterno da rolinha traz a felicidade e, quando ela escapa, resta a sabedoria de pedir ao público que a encontre. Afiança o Bispo: "Todos os que quiserem ver o santo devem saber perdoar mesmo os inimigos mais baixos e traiçoeiros". Terá a graça do consolo espiritual quem se despregar das misérias terrenas. E essa mensagem, ligada à chuva de rosas sobre o andor vazio, é recebida como um bálsamo pela platéia cheia de atribulações.

(1963)

A Infidelidade ao Alcance de Todos

O êxito de um espetáculo se explica mais facilmente por meio de uma indagação sociológica do que artística. *A Infidelidade ao Alcance de Todos*, que está comemorando um ano no cartaz do Teatro Brasileiro de Comédia, sugeriria uma pesquisa esclarecedora, útil para orientar empresários e intérpretes. É evidente que o próprio título da peça de Lauro César Muniz já constitui um chamariz, pela generalidade que ele empresta ao fenômeno do adultério. A presença de Procópio Ferreira no elenco, além de outros nomes popularizados pela televisão, representa outro fator de apelo ao público. E existe a nosso ver, sobretudo, um interesse do texto, que, sem ser ambicioso ou profundo, reúne com habilidade e espírito uma série de elementos de eficácia cômica.

A Infidelidade compõe-se de seis quadros, escolhidos com o propósito de fixar "o momento crítico do encontro dos três célebres personagens" em grupos sociais diferentes: a classe média, a alta sociedade, o proletariado, a gente de província, os intelectuais e os artistas. São denominadores comuns das várias histórias a circunstância de que dois homens estão sempre às voltas com a mulher (e não duas mulheres com o mesmo homem) e o arranjo final das partes, sem uma só morte. A solução pareceria bem pouco brasileira, mas fugir dela signìfica entrar no domínio do drama, o que não foi intenção do autor.

Duas perguntas tornam-se inevitáveis: esse tratamento consegue manter a verossimilhança, em ambientes tão diversos? E a repetição do tema não leva à monotonia? Uma primeira virtude do comediógrafo se mostra, desde logo, na autenticidade que ele imprimiu às várias situações, salvo, a nosso ver, à de "A nova religião", que se passa entre grã-finos. E o colorido das diferentes tramas, sustentadas por uma cor-

A Infidelidade ao Alcance de Todos, 1966. Procópio Ferreira. Arquivo Lauro César Muniz.

reta observação psicológica, desperta sempre a curiosidade para o caso seguinte.

"Pai ou responsável" coloca frente a frente dois intelectuais de esquerda, após os acontecimentos de 1964. Antonieta não sabe se o pai da criança que terá é Durvalino, de quem se separou há dois meses, ou Carlos, com quem iniciou um romance há três. Qual dos dois assumirá os ônus da paternidade? Com ironia, o autor caçoa dos *slogans* partidários e confraterniza ex-marido e amante na responsabilidade pelo evento – rindo, talvez, das idéias políticas superficiais em face do imperativo da subsistência. De imediato, um trabalhará na imprensa, começando por entrevistar um general, e o outro traduzirá o livro *Como Venci na Vida*, de Henri Ford. Aflora no episódio, de maneira quase imperceptível, o tema brechtiano segundo o qual o filho pertence a quem cuida dele (*O Círculo de Giz Caucasiano*), mas sob o prisma do rídiculo daqueles intelectuais que se alimentam de frases feitas.

A favela é o cenário de "A troca" e a perspectiva do autor transparece ao defini-la como "agrupamento de barracos de madeira para turista fotografar" – ironia amarga, vazada em forma de diversão. Carlos volta para o morro com liberdade condicional, e Antonieta está vivendo com Durvalino, operário que recebe salário mínimo. As agruras são tantas que Durvalino, ao invés de liquidar o rival, prefere assumir os riscos da vida de contrabandista e presenteia a ele a mulher e o próprio emprego. Essa a condenação do galã... Mostra o quadro a impraticabilidade da convivência numa estrutura adversa, tema que Brecht desenvolveu, com outras implicações, em *A Alma Boa de Setsuan*.

"O romance da dona de casa" fixa um ambiente da classe média, com sua constelação típica de valores. A lembrança da avó inibe Antonieta, na hora de entregar-se a Carlos. O casaco, penhor amoroso, foi por ele adquirido com reserva de domínio, e a amante acabará de pagar as prestações. Durvalino, o marido, não passa de um corretor medíocre, que precisa receber as férias em dinheiro, para o equilíbrio orçamentário, enquanto o amante vai gozá-las em Poços de Caldas. Alertado pela mulher, Durvalino rompe a relação prosaica mantida com o emprego e decide viajar, numa fuga poética, alentadora do casamento. A confissão foi mentira da esposa ou o marido quer iludir-se, evitando a verdade? Quando Carlos chega, Durvalino diz que não pode atendê-lo – negócio de corretagem só no escritório central... Fecha-se o quadro com um divertido e convincente clima de ambigüidade.

O propósito demasiado satírico, sem um esforço de sondagem no íntimo dos protagonistas, compromete irremediavelmente "A nova religião". Vê-se que o autor pretendeu apresentar uma alta sociedade "alienada", com uma liberdade nas relações que traz o mais frenético amoralismo. Carlos Alberto, amante de Antonieta, era ajudado no próprio matrimônio por um rapazinho, pródigo em presentes à mulher. Mas o jovem se apaixonou por uma estudante de filosofia marxista, humilhando uma senhora da sociedade... Ao surpreender o casal em sua cama, Durvalino chama Carlos Alberto de Alfa Beta Centurião, emissário do Astral, e os dois fazem uma viagem ao além. Está claro que a brincadeira escorrega para a chanchada, perdendo-se no *sketch* qualquer laivo de comicidade autêntica.

Como observação psicológica exata, "A dama, o artista e o burguês" apresenta de início a cena em que o pintor tem a iniciativa de contar ao marido que ama a mulher dele. O quadro, a seguir, toma outro rumo, que se aproxima do anedótico, mas não deixa de ser divertido. Antonieta abandonará o abastado Durvalino, pela promessa romântica da vida com o artista. Ela é a primeira, porém, a reconhecer as exigências prosaicas do cotidiano, e arranja para Carlos um emprego de decorador, com tempo integral. A perspectiva dessa escravização faz Carlos devolver Antonieta a Durvalino, que se conforma com a situação inevitável: ele tem consciência de que apenas o dinheiro manteve a fidelidade da mulher durante quase cinco anos... Durvalino é um retrato da abdicação imposta pela vida: antigo ator, interpretou Mefistóteles, e agora, como burguês, lê 007.

Em "O tocador de tuba", o autor volta ao ambiente de província, que já dominava tão bem em *O Santo Milagroso*. Seu veio de comediógrafo de costumes, na linha que vem de Martins Pena, encontrou nessa história excelente veículo para a caracterizacão de tipos e a comicidade dos diálogos. O sr. Carlão (os nomes aparecem sempre com variantes expressivas), candidato a prefeito, precisa justificar a virilidade perdida nos chifres de um touro com a pretensa conquista de Antonieta, a mulher mais bonita do lugar, e ainda assim casada com um maníaco por tuba, lambedor de selos no correio. No Interior, a dúvida a respeito de um problema dessa natureza fortalece perigosamente a oposição, e era preciso ludibriá-la. Por certo, a mulher não poderá trair Durvalino com o fazendeiro Carlão, mas cabe ao marido fazer uma pergunta pirandelliana: "O que vale mais: o que o povo pensa de mim, ou a verdade?" Em troca da imagem desfavorável que oferecerá aos outros, Durvalino, tranqüilizado por não correr perigo real, terá uma orquestra de tubas e aproveitará nela os descendentes, porque pode tê-los. A verdade íntima, embora de aparência cínica, triunfa sobre a mentira dos outros.

A Infidelidade aprende com argúcia muitas das questões do nosso cotidiano. Uma simples indagação caçoa do dogmatismo político: "A chupeta não é um objeto alienador para o nenê?" O suspense da irradiação de um jogo de futebol separa dois contendores em luta. Os americanos estão convencendo o industrial a vender-lhes a fábrica, e ele não terá outra saída a não ser a de aceitar a proposta, sob pena de liquidar-se na concorrência. Sem emprestar demasiada importância a problemas que deslocariam o centro de interesse dos episódios, esses verdadeiros *gags* enriquecem continuamente as tramas.

Há um estranho denominador comum nas histórias: os maridos não acreditam que o objeto do assédio seja a mulher. Comodismo brasileiro? Autoconfiança excessiva? Fuga inconsciente da realidade? E, numa indisfarçável misoginia, que é aliás um traço dos comediógrafos, todas as mulheres se definem pela leviandade, pelo jogo fútil, pela aventura inconseqüente. A caipira de "O tocador de tuba" chega a querer seduzir Carlão, provocando-o com um maiô. Só a Antonieta de "A troca" nunca havia esquecido Carlos, e vive com Durvalino pelo condicionamento da miséria.

Um prológo e um epílogo servem de comentário espirituoso sobre a infidelidade, desde a cena inicial de *vaudeville* ao encerramento facultativo (que a nosso ver deveria ser obrigatório nos espetáculos): os maridos disparam o revólver contra os adúlteros, sob um letreiro com os dizeres "Mensagem do autor"...

O texto revela um comediógrafo em pleno domínio artesanal, capaz de tirar os mais diferentes efeitos dos diálogos. Não temos no Brasil, muitos escritores que manipulam como ele os segredos do palco. Falta-lhe, agora, aliar à boa carpintaria um propósito artístico maior.

(1967)

Sinal de Vida

As primeiras peças de Lauro César Muniz o definiam como um novo Martins Pena, voltado para os costumes da cidade e do interior, extraindo uma graça amável de todas as situações. Ao lado da comicidade espontânea, valia no teatro do autor paulista a observação dos tipos, que ainda não almejavam a postura dos grandes caracteres. Assim podiam englobar-se textos diversos: *Este Ovo É um Galo*, de 1959; *O Santo Milagroso*, de 1963; e *A Morte do Imortal* e *A Infidelidade ao Alcance de Todos*, ambos de 1966. Quase cabe traçar o itinerário de um interiorano que aos poucos mergulha nos problemas da metrópole. E esses problemas solidarizam-se com a meditação política, tema de *O Líder*, pertencente à I Feira Paulista de Opinião, de 1968, e da malograda *A Comédia Atômica*, de 1969. Lauro silenciou dez anos, no palco, até lançar em 1979, em São Paulo, *Sinal de Vida*.

A primeira versão da peça, muito alterada na atual, é de 1972. Ele não ficou mudo, porém, todo esse tempo: suas sucessivas telenovelas, de um êxito considerado exigente, o têm mantido em contato com o público.

Seria fácil afirmar que Lauro retorna ao teatro mais ambicioso e maduro. A comédia de costumes, embora de rica tradição na literatura dramática brasileira, teria um alcance menor e não se proporia uma sondagem em profundidade no indivíduo. Não vou enveredar por esse raciocínio, porque Lauro e/ou outros autores estão capacitados para escrever excelentes comédias de costumes, que todos teremos o prazer de saudar como acontecimentos.

Creio ser mais justo admitir que Lauro, intelectual consciente e solidário com o momento histórico em que atua, sempre refletiu sobre a realidade à volta, e essa reflexão conduziria a *Sinal de Vida*. Não se

Lauro César Muniz. Arquivo pessoal.

deve esquecer que Lauro, a par da atividade artística, depois de ter-se formado em Dramaturgia na Escola de Arte Dramática de São Paulo (onde foi aluno de Augusto Boal), lecionou a disciplina, durante algum tempo, na Escola de Comunicações e Artes da Universidade de São Paulo, o que exigiu um aparelhamento cultural e um esforço de teorização.

Simplificadamente, é lícito dizer que o nosso drama político das últimas décadas carecia de subjetividade. Inflado de ardor crítico e reivindicatório, ele dispensava quase sempre a inquietação interior da personagem. Acontece que a História não se escreveu, nos últimos anos, como se sonhava, e a perplexidade em face do mundo adverso levou à introspecção, à autocrítica, à pergunta honesta sobre o rumo de tudo.

Sinal de Vida funde bem vivência pessoal e meditação política. O quadro histórico e social não surge abstrato e o protagonista está inscrito numa realidade viva, em que os fatos mais candentes do cotidiano do país se misturam às reações das personagens. Sem preocupar-se com o inventário dos diversos comportamentos, Lauro reuniu algumas opções existenciais mais características dos inícios da década de setenta.

Como pólo centralizador, cotejam-se Marcelo e Verônica, os mesmos protagonistas de *À Flor da Pele*, de Consuelo de Castro. Se a peça estreada em 1969 apresentava uma perspectiva feminina, a atual está centrada nas razões do homem. Ele pertence ao que se convencionou chamar esquerda ortodoxa, enquanto a jovem abraçou o terrorismo. Em *À Flor da Pele*, Verônica se mata. A Verônica de *Sinal de Vida* tornou-se uma das militantes da extrema esquerda que enfrentaram o aparato estatal, e não se sabe que destino ela teve. A peça termina Marcelo perguntando onde está Verônica, à semelhança de tantas famílias que desejam saber onde se encontram os desaparecidos pelo arbítrio do regime.

O toque de engajamento na realidade política em nada dilui o quadro psicológico. Marcelo se relaciona, no presente e no passado, com três outras mulheres: a esposa que condena seu empenho social, a modelo que não se satisfaz com suas fraquezas humanas, e a *hippie* com quem ele rompe, sem esquecer o egoísmo e uma certa crueldade. Esses diálogos, travados no clima da "luta de cérebros" strindberguiana, traduzem em sua pungente neurose a melhor qualidade da peça.

Lauro chegou à maturidade artística, dominando como poucos o diálogo e a noção de tempo. As cenas transferem-se do presente ao passado com total flexibilidade e a platéia em nenhum momento se sente confundida. Equilibram-se bem os conflitos, numa sólida estrutura. *Sinal de Vida* representa um salto de qualidade na obra de Lauro César Muniz e o situa na primeira linha dos dramaturgos brasileiros.

(1980)

16. Bráulio Pedroso

O Fardão

Não é fácil escrever sobre escritores. Hoje em dia, importando apenas os elementos artísticos, sem que as peripécias biográficas sejam tomadas em conta, o escritor é um homem que se volta avaramente para a própria obra, e manipula a realidade e a experiência para o consumo dela. Há em muitos escritores um esforço consciente de mediocrização do cotidiano, para o emprego do tempo no trabalho criador. Eles se tornam, evidentemente, personagens de pouco interesse, a menos que se procure ir ao fundo de sua inquietação e angústia.

Bráulio Pedroso, em *O Fardão*, partiu do propósito de satirizar um "medalhão" da literatura. O cenário da peça oferece a primeira imagem ridícula de Rubem Clodoal: a parede da sala-escritório está decorada com fotografias suas de todas as idades e povoam a estante fileiras de volumes do único romance que escreveu, numa demonstração de encalhe, quando, estranhamente, se ouvirá depois que o livro renovou a ficção urbana brasileira. É visível a impiedade do autor com a sua criatura. Rubem aparece ao público na cegueira do egoísmo e da fatuidade, e não pode haver ideal menos significativo para um escritor autêntico do que o fardão acadêmico.

O retrato desfavorável de Rubem é tecido com numerosos pormenores. Juntam-se a mania de perseguição e o apelo oco aos temas eternos. Uma cosmonave pousa na lua, mas o importante seria a publicação de uma notícia sobre ele. A ida ao restaurante, com má vontade, assume um sentido porque é registrada por um cronista social. No trabalho, não custa agradar ao patrão. Bráulio Pedroso não se satisfaz em pintar as fraquezas de um escritor que perdeu a inspiração. Ele o espezinha, fazendo-o escrever cartas que endereça a si mesmo, e que a empregada põe no correio. Não bastasse o suspiro por uma vaga na

Academia, Rubem veste em casa o fardão, e a longa espera já obrigou o alfaiate a reformá-lo cinco vezes.

O delírio quase inverossímil na caçoada do escritor poderia definir *O Fardão* como texto menor, destituído de um objetivo pouco profundo. Esse aspecto deu à peça uma comicidade fácil, embora sempre eficaz no contato com o público. A vantagem foi que Bráulio Pedroso, inteligente e penetrante, não se contentou com a sátira. Basta observar debaixo do fardão para sentir que os dados subjacentes do escritor aos poucos humanizam a sua figura e lhe conferem um doloroso patetismo. Do riso se passa à pena, por uma invencível simpatia pela sua derrota e solidão.

Rubem Clodoal não é apenas o escritor que não tem mais o que escrever. Seu condicionamento se exprime no decorrer do entrecho, justificando em parte a esterilidade progressiva. A crônica diária seca a inspiração e, ademais, é preciso adiar os impulsos criadores, para garantir o dinheirinho do fim do mês. Na verdade o intelectual brasileiro, ao invés de ter no trabalho literário a sua profissão, se obriga, para assegurar apenas a sobrevivência, a um esforço sobre-humano e dispersivo, e as horas que seriam de lazer são as minguadas que sobram para a tarefa criadora. Só uma resistência monstruosa e uma vontade inabalável de construir alguma coisa permitem a lenta maturação da obra, e assim Rubem Clodoal não deixa de ser vítima do atraso do país.

A matéria de que é feito Rubem Clodoal se manifesta quase sempre em escapadas ilusórias. Uma conspiração, que teria referências políticas, é a responsável pelo seu ostracismo. A vida prosaica o leva a imaginar a presença de uma jovem admiradora, em quem descobre uma alma gêmea na contemplação da morte da delicadeza. Beatriz, essa leitora adolescente, lhe escreveria as cartas que nunca recebeu, compensando nos diálogos da subconsciência as frustrações e os desejos reprimidos, bem como exteriorizando a fantasia erótica do onanista. Mas Rubem Clodoal se aproxima da verdadeira consciência, a ponto de dizer, a certa altura, à mulher: "Tentei, Olga, tentei... Se eu juntasse todas as folhas que eu já amassei, eu teria escrito uma obra de 30 volumes... Quando nós nos casamos, eu acreditava que um dia eu conseguiria... E esse dia... Sabe, às vezes, eu penso que quando uma pessoa chega à conclusão do fracasso... o suicídio é um ato de dignidade". No final, Rubem ameaça adotar essa forma particular de dignidade, mas o desfibramento a que se reduziu nem lhe concede essa saída. Ao invés de lançar-se da janela do apartamento, fala para o público "É de gripe que eu vou morrer. Deitado numa cama". Pode-se rir desse desfecho, porque ele relaxa uma tensão que, mantida, seria insuportável. A esperada e definitiva acomodação do escritor, porém, encerra a trajetória de alguém que, melancolicamente, capitulou um pouco todos os dias.

Com a excelente personagem de Olga, Bráulio Pedroso acrescenta uma nova dimensão à peça. Ela tem uma visão realista do marido e da vida que arrasta a seu lado. Participa do jogo, com uma condescendência irônica e desencantada. Alimenta, de certa forma, a mediocridade de Clodoal, arquivando tudo que diz respeito a ele. Bastaria, contudo, um pequeno incidente de rua para eclodir a insatisfação há tantos anos sufocada. Um galanteador desperta o romantismo e o desejo sexual que o marido se incumbira de esvaziar com o tempo. Como adolescente convocada de novo para a vida, Olga se entrega totalmente à aventura. Seu orgulho teve a duração de cinco encontros. Nelson, cuja silhueta se desenha com nitidez sem que venha à cena, já instalara outra conquista em seu apartamento. Olga conservara desse episódio aparentemente prosaico e banal o filho que a reação positiva de Gallimainini anuncia. Essa, também, a afirmação de vida do texto.

A estrutura de *O Fardão* nasce do propósito de desvendar paulatinamente as várias facetas do protagonista. O primeiro ato faz a apresentação linear, por assim dizer superficial, do escritor. No segundo ato, revela-se o seu íntimo, nos diálogos com Beatriz e o presidente da Academia de Letras, projeções do subconsciente. O terceiro ato propõe o conflito sério na realidade, quando Olga lhe comunica a gravidez. Nesses vários planos, completa-se a imagem de Rubem Clodoal, que sem a perspectiva de diferentes níveis se truncaria para o público.

A técnica alia as incertezas do quase estreante ao domínio de um autor de inequívoca vocação para o palco (Bráulio Pedroso já havia apresentado, em leitura dramática, no Teatro Particular de Cacilda Becker e Walmor Chagas, a peça *A Conspiração*, que ele pretende retomar). O recurso dos diálogos imaginários, por exemplo, parece uma solução simplista para uma necessidade de esclarecimento da personagem, que seria melhor servida dentro da técnica do realismo. Deveria o dramaturgo, apenas, elaborar melhor a trama, enriquecendo-a de outros episódios. Bráulio Pedroso surge com invejável maturidade no terceiro ato, quando há um ajuste perfeito entre o processo teatral e o estudo psicológico.

Olga deseja contar a Rubem seu problema, enquanto ele, incapaz de vê-la a não ser como objeto, explode uma vez mais as suas ilusões acadêmicas. A cena atinge um admirável mal-estar quando Rubem se dirige grotescamente a Olga: "Há 25 anos que eu não te ofereço uma flor". Ao receber depois o envelope no qual se encontra o resultado da reação de Gallimainini, Rubem ainda pergunta se é uma carta que um leitor lhe mandou. A quebra de ilusão atinge, nesse ato, tanto Rubem como Olga e a própria empregadinha. Não existe o apaixonado que espera Rita o dia inteiro: ela mesma se aperta e se beija, numa tentativa inútil de evasão.

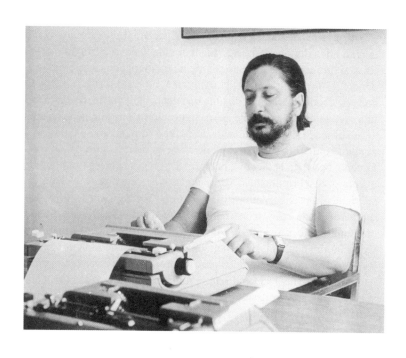

Bráulio Pedroso, 1978. Arquivo Multimeios/Divisão de Pesquisas-IDART.

O diálogo é sempre do melhor rendimento cênico. O autor tem a intuição do efeito imprevisto e cômico, o corte incisivo da fala. Achados excelentes espalham-se por toda a peça, com humor fino e sagaz. Alguns exemplos bastam para ilustrar a qualidade da síntese literária. Alegando que os desocupados não lhe têm respeito, Rubem diz à mulher: "Você acha que alguém perguntaria: – Como é, Manuel? Você vai ou não vai para Pasárgada?" Olga observa: "Olho um *tailleur* numa vitrina e acabo comprando sabonete na farmácia. Parece que eu vivo de prêmios de consolação". Ao telefone, com Nelson, usa um vocabulário delicioso: "Seu levado", "seu capetinha", "poucochinho", "eu não sou mais barra limpa?" – naquele anacronismo da pessoa madura que tenta à força atualizar-se. Informado de que cinco acadêmicos apanharam a gripe russa, Rubem exclama: "Ah, que estes russos servem para alguma coisa!" E depois: "A gripe russa tem o fatalismo de Dostoiévski". Com maldade, Rubem pergunta a Olga se o rapazola não se declarou com a frase convencional: "Sou cego sem os teus olhos..." Com uma crueza entre cômica e pungente, ela responde que Nélson só mencionou um atributo físico seu, usando a menos romântica das palavras.

Fica patente em *O Fardão* que Bráulio Pedroso ingressa no teatro profissional numa faixa própria, que define a sua originalidade. Se o texto aproveita a agilidade do diálogo, que é regra geral nas nossas melhores peças, desde *Vestido de Noiva*, o tema e as personagens se afastam das obras marcantes da nova dramaturgia brasileira. Não cabe filiar *O Fardão* a nenhuma tendência vitoriosa da literatura teatral moderna, daqui ou de fora.

Não quer dizer isso que Bráulio Pedroso esteja à margem das forças dominantes do nosso palco. Muitos diálogos e situações revelam familiaridade com os problemas sociais e as comédias de costumes. Certos jogos de palavras e a análise do casal se aparentam ao teatro de Ionesco. No campo psicológico, ele se movimenta sem dificuldade. A proposta algo modesta, de início, deixa entrever em *O Fardão* o ficcionista capaz das mais difíceis sondagens. É possível que o autor tenha limitado propositadamente a mira para tornar-se mais acessível e merecer a confiança dos empreendimentos profissionais. A obra, de qualquer forma, parte para diversificar as linhas a que estamos habituados. Ninguém duvidará: eis um dramaturgo que tem tudo para enriquecer o nosso teatro.

(1966)

Isso Devia Ser Proibido
(de parceria com Walmor Chagas)

A atriz comenta, em *Isso Devia Ser Proibido*, o texto que o ator e marido está escrevendo: "nessa sua peça tem de tudo: Teatro do absurdo, musical, teatro naturalista, político. Você não está escrevendo uma peça, você está dando um cursinho intensivo de teatro em três atos". Ao que o ator atalha: "Em dois. As peças modernas só têm dois atos". E, no caso, também duas personagens. Se não houver só duas pessoas na platéia, o espetáculo cumprirá sua missão, empurrando as vidas deles um pouco mais para a frente e abrindo perspectivas para *Hamlet*, *Electra* e *Fedra*.

Nessa forma brincalhona de avaliar o próprio trabalho, Walmor Chagas e Bráulio Pedroso (o nome do ator vem em primeiro lugar, porque ele se pôs como personagem e não o dramaturgo) quiseram despistar crítica e público a respeito de suas intenções, podendo sempre redarguir, a qualquer juízo menos favorável, que não pretenderam ir além do divertimento, da pausa para ganhar fôlego e folga financeira, se ela viesse.

Um texto, afinal, destinado a dar continuidade à carreira de Cacilda Becker e Walmor Chagas, no momento sem elenco estável e sem numerário para as montagens dispendiosas, e ao exercício dramatúrgico de Bráulio Pedroso, depois da estréia de *O Fardão*.

Preferimos recusar a armadilha proposta pelos autores, para atribuir a *Isso Devia Ser Proibido* um valor muito maior do que a peça aparenta. De vários pontos de vista: como solução cênica para a permanência de apenas dois intérpretes no palco; sondagem psicológica da vida de dois atores e, extensivamente, de duas criaturas; e documento sobre a realidade do teatro brasileiro.

O erro maior em que se pode incidir, a respeito do texto, é o de tomá-lo pelas posições que assume e defende, com as quais não precisamos concordar. Mesmo que não aceitemos os seus postulados (e esse é o nosso caso), devemos admitir que se trata de uma visão muito lúcida e espirituosa a propósito de problemas que povoam o nosso cotidiano, sobretudo o cotidiano teatral.

Como atores, Cacilda e Walmor se colocam na perspectiva do que se chamaria a geração do TBC, e Bráulio, ao adotá-la, não fez mais do que se identificar inteligentemente ao objeto narrado, sob pena de incorrer em falhas psicológicas e históricas. Essa geração, que forneceu os astros da casa dos quarenta anos (o TBC completará vinte anos em 1968), vê à sua volta numerosos jovens que modificam nossa realidade cênica, na vertigem típica dos países em rápido desenvolvimento. Em face de tanta celeuma e do apelo real dos novos elencos para o público (suas platéias estão cheias, enquanto *Ivanov*, a peça de Tchecov ficticiamente representada pelo casal, deu enorme prejuízo), só há uma verificação: estão superados. E o Ator reconhece, sem escamotear os dados da questão, que ele e a Atriz se acham ultrapassados – não correspondem mais ao que se espera do teatro. Não importa que essa conclusão venha temperada pela caricatura dos grupos jovens – os atores não sabem falar e andar em cena, e o *show* político se reduziria a um grito de "Liberdade" e à musiquinha de agrado fácil.

A crise que se exprime no texto tem raízes mais fundas, nascidas da própria perplexidade em face de um processo social em andamento, quando não se acredita em nada. O desencanto, o ceticismo, o vazio marcam a personalidade dos protagonistas, e a partir desse ângulo todos os movimentos perdem sentido. Quando não se tem uma motivação ética, a simples sobrevivência ou a vida estética são o sucedâneo normal do tédio, essa terrível doença do homem moderno, que não aceitou as ilusões individualistas ou coletivistas. Com uma agudeza que supõe um pensamento sutil e requintado, distante das palavras de ordem primárias, os autores esterilizam tanto as ingênuas opções políticas como as promessas sentimentais de felicidade. Ficamos sinceramente admirados da audácia dos autores ao desmistificar uma pretensa participação: esconder em casa pessoas que se acreditavam alvo da polícia serviu para tranqüilizar a consciência e, se elas fossem procuradas, havia a desculpa de que preparavam um espetáculo. Quanto ao matrimônio, o casal que se estiola ao fim de dez anos de vida em comum tem a coragem de reconhecer: "... deixamos de ser marido e mulher. Viramos um empreendimento artístico e comercial".

Se as personagens se considerassem heróis e representantes de uma pureza artística perdida com a contaminação política dos jovens, *Isso Devia Ser Proibido* mereceria um simples repúdio. Como a peça ironiza tudo e sobretudo o casal, deve ser encarada como uma confis-

Isso Devia Ser Proibido, 1967. Cacilda Becker e Walmor Chagas, Teatro Cacilda Becker. Foto: Derly Marques, Arquivo Multimeios/Divisão de Pesquisas-IDART.

são surpreendente, um *strip-tease* inesperado e revelador, que de súbito acrescenta um elemento civilizado e reflexivo, de *sophisticated comedy*, às nossas deblaterações reivindicatórias. Num contexto amplo, que transcende os empenhos pessoais, *Isso Devia Ser Proibido* cabe ser saudada como obra que diversifica inteligentemente a dramaturgia brasileira e dá a medida de um estádio em que há matéria teatral para ser examinada no próprio palco.

O texto investiga as personagens em várias situações. A primeira cena, na residência do casal, depois de uma representação de *Ivanov*, põe em jogo o desgaste do matrimônio, através da deficitária contabilidade do sexo. Insinua-se a ligação entre o Ator e Martinha, uma atriz do elenco, a qual se explicará, no correr da história, como artifício dramático para complicar o enredo. A sobrevivência do teatro estaria vinculada ao *show* político, porque "temos que pensar em peças simples, de poucos atores, de nenhum cenário e que possa ser paga por meia dúzia de espectadores". Outra forma de sobrevivência seria a corrupção (não a política, mas a da telenovela, como esclarece o diálogo), e se informa que o Ator apareceu a última vez no vídeo num papel de cego e manco.

Ivanov não trouxe êxito financeiro, mas Sardou não é o caminho: "Precisamos encontrar uma peça que seja, ao mesmo tempo, um êxito artístico e comercial" – fórmula mágica e que, na prática, freqüentemente se mostra vazia. Vem Brecht, satirizando-se tanto a teoria do "distanciamento" como o próprio estilo do Ator, que parece um Leopoldo Fróes a dizer Castro Alves. Na gostosa caricatura do teatro épico, a Tebas de sete portas contrastaria com um cartaz dos candangos de Brasília e a desencantada Bizâncio, com a imagem das favelas cariocas... "Peça social agora já cansou" é o veredicto de quem discute o assunto "distanciado", sem convicção efetiva, buscando apenas a moda ou o dinheiro.

A intimidade do casal tenta aprofundar-se com a memória e a introspecção caótica do subconsciente, numa cena que se filiaria ao teatro do absurdo. A entrevista de televisão mostra a exterioridade e o obrigatório convencionalismo das confissões públicas, inclusive com o elogio da Atriz à colega Martinha, que o repórter sugere ser a causa do iminente desquite.

As cenas de camarim, antes da representação e depois dela, na despedida do espetáculo que seria também a despedida do casal, fornecem outros dados das personagens, vistas por último no comentário frívolo sobre uma festa e num tango dançado com melancolia. Os artistas, embora enfeite das reuniões sociais, são estranhos ao meio e podem brincar ora com a perfídia das alusões à operação plástica da Atriz, ora com os elogios de uma grã-fina ao Ator (em papéis interpretados por Paulo Autran), além de outros motivos sugeridos pela frivolidade satisfeita ou neurótica do ambiente. A Atriz ainda se julga romântica, primitiva e possessiva porque ama, e o Ator tenta encher a disponibilidade com uma aventura viva e emocionante, certo de que não a trai: "A gente só trai aquilo em que acredita. E eu não acredito mais..." Tudo está a escorrer por entre os dedos, o que leva à idéia do título: além de comercial, funcionando para efeito publicitário, ele protesta contra o desgaste, a erosão dos sentimentos dos protagonistas. A capitulação final se aparenta ao cansaço reconciliador de *Quem Tem Medo de Virginia Woolf*? ou ao reencontro desiludido e amargo das solidões de *A Noite* de Antonioni.

Temerosos da façanha de satisfazer ao público apenas com dois intérpretes, os autores lançaram mão de todos os recursos para evitar a monotonia do espetáculo. Esse procedimento nos autoriza a pensar que as debilidades da peça decorrem do medo, porque se apelou para tudo, com o objetivo de distrair o espectador. É possível que a cena de reminiscência viesse da necessidade de apoiar as personagens no passado, mas o substrato do presente é tão irônico e realista que a evocação amorosa se torna convencional e quase subliterária. Da cena que os próprios autores classificaram de "teatro do absurdo" nem se fale: de um simbolismo fácil, justapõe-se ao texto sem se dissolver nele, excrescência explicável provavelmente pela indecisão de Bráulio Pedroso entre a corporeidade do teatro e o hermetismo de sua obra anterior de ficcionista.

O "teatro dentro do teatro" aparece na peça em vários níveis. Os Atores interpretam cenas de *Ivanov* muito apropriadas ao seu problema conjugal, e, além de reforçarem a atmosfera desagregadora do texto, fundamentam a observação psicológica segundo a qual os intérpretes têm a irreprimível tendência de confundir suas vidas privadas com as personagens que encarnam. Enquanto transcorrem os episódios, o Ator, com a colaboração de um escritor, está compondo a peça que será encenada pelo casal. Embora sem representar novidade, a mistura da obra em elaboração e seu desempenho, e a coicindência do término próximo do trabalho escrito e do baixar do pano revelam um domínio artesanal inegável, e mantém o clima de jogo em que a narrativa se desenrola.

Os *slides* do cogumelo atômico e da criança vietnamita carregada por um soldado, que pareceriam mero entretenimento demagógico, servem para os autores caçoar de sua relação com o teatro épico. Cinema, canções no estilo de cabaré literário (com letras felizes), uma dança – ampliam os instrumentos expressivos do espetáculo, na tarefa de valorizar o desempenho.

Ninguém pretende impor a sua verdade, em *Isso Devia Ser Proibido*. Ao contrário, a peça afirma apenas a fatalidade da vocação artística, em meio à queda de todos os mitos. O Ator reconhece, depois de desligar-se sentimentalmente da Atriz, que sempre se comove, ao vê-la representar. E ela, em contrapartida, aceita interpretar a Rainha-Mãe, para que ele seja Hamlet. Acima de todas as desilusões, o texto exprime a presença de um sortilégio nostálgico do teatro. Tendo sobrado apenas o palco, eles estão condenados um ao outro. A plataforma estética defendida pelos Atores não corresponde ao compromisso em que gostaríamos de vê-los empenhados. Para eles, o importante é ter pela frente *Hamlet*, *Electra* e *Fedra*. Os clássicos não são a solução das companhias brasileiras, mas representam uma das exigências de um palco amadurecido. Esses Atores, distantes do ardor combativo que os levou a renovar os métodos de desempenho, e não identificados à luta dos jovens, estão em vias também de se tornar clássicos, embora no espetáculo se concedam o luxo de provar que se encontram bastante vivos. Não sejam malévolos: esse é um progresso do nosso teatro.

(1967)

17. Plínio Marcos

Navalha na Carne: **Documento Dramático**

Plínio Marcos irrompe na dramaturgia brasileira com uma verdade e uma violência que de súbito deslocam os valores sobre os quais repousavam nossas experiências realistas. *Dois Perdidos numa Noite Suja* já provocara esse impacto, desnudando o comportamento de dois indivíduos que se dilaceram numa strindberguiana "luta de cérebros", até a destruição. *Navalha na Carne* retoma o mesmo procedimento de sondagem psicológica e ruptura brusca de um abscesso, para que a catarse traga o alívio final.

Com a autenticidade do levantamento que Plínio Marcos faz das situações sociais e dos caracteres em jogo, as figuras do submundo pintadas pela nossa ficção se tornam de repente românticas, líricas, próximas do róseo. Nunca um escritor nacional se preocupou tanto em investigar sem lentes embelezadoras a realidade, mostrando-a ao público na crueza de matéria bruta. A primeira impressão que se tem é a do documento – a fatia de vida cortada ainda quente do cenário original, o flagrante íntimo surpreendido de um buraco de fechadura.

O ato único de *Navalha na Carne* reúne apenas três personagens: uma prostituta, o *cáften* e o empregado homossexual do hotel de quinta classe. Neusa Suely, voltando ao quarto, encontra Wado na cama, a ler uma revista em quadrinhos. Ele nem havia saído: sem dinheiro, que fazer lá fora? Antes de revelar a Suely o motivo do mau humor, Wado exercita o seu sadismo, e ela acredita numa intriga da vadia do 102. Garantindo Suely que deixou no criado-mudo o dinheiro, ocorre a suspeita de furto, e só Veludo seria o responsável por ele. Interrogatório nos mais persuasivos métodos policiais, e Veludo acaba confessando que tirou a quantia destinada a Wado: a metade fora para o resistente rapaz do bar e a outra metade para a maconha. A entrega do cigarro de erva a Wado será o princípio da reconciliação, com a promessa de que o dinheiro seria devolvido. Veludo quer apenas uma baforada e se inicia uma cena ambígua entre os dois, cortada por uma explosão de Suely, que expulsa do quarto o homossessual. Ele deixara escapar o xingatório de "galinha velha", que Wado retoma depois para feri-la e humilhá-la. Com sadismo implacável, Wado menciona as pelancas de Suely e tira-lhe a maquiagem do rosto, para esfregar nele o espelho denunciador dos cinqüenta anos (ela diz não ter mais de trinta, gastos e envelhecidos naquela vida triste). Ao reconhecer, arriada, a própria miséria, Suely tenta uma saída pela verdade: se não tem beleza para assegurar a correspondência de Wado, que ele cumpra o papel de quem recebe dinheiro feminino. Prostituta, Suely inverte a situação, tornando consciente o jogo prostituído de Wado. E apóia o desejo de tê-lo à força na navalha. Ao ver-se acuado, o homem de fala macia tenta uma nova sedução e Suely se rende, desfazendo-se da arma. Seguro, Wado acaba por sair tranqüilamente. Quando se apagam as luzes, Suely tira a pelinha da mortadela no sanduíche, companheiro único da solidão.

Demo-nos o trabalho de resumir a sucessão de episódios para que os leitores saibam realmente o que se passa no texto, sem iludi-los com implicações inverídicas ou com atenuantes descabidas. Acrescente-se a esse esquema, revelador na sua crueza, uma linguagem fiel ao meio, com o inventário dos palavrões conhecidos, e se completará a fisionomia de *Navalha na Carne*. Quais as ilações a tirar?

Uma primeira virtude da peça é a sua concentração, a ausência de delongas inúteis e de artifícios de qualquer natureza. A economia verbal, representada pelo mínimo de palavras que as personagens balbuciam ou vomitam, intensifica a relação dramática, num ritmo bem equilibrado de clímax e relaxamento. A procura da exatidão vocabular resvala às vezes para o pitoresco, mas não o condenamos, porque permite um desafogo cômico, em meio ao mal-estar sufocante. O público é contundentemente desafiado pela interpelação implícita nos diálogos, participando à força de uma realidade exposta sem véus. Outro mérito dessa narrativa franca é que ela não prescinde da sutileza, dos subentendidos e das alusões. As personagens se dizem tudo o que têm a dizer, com uma dureza proposital, que dispensaria a extrapolação. Mas há ainda uma carga subjetiva em seus atos e suas palavras que o autor manipula com visível mestria. Cite-se a mistura de prazer masoquista e de afirmação de honra que há na recusa de Veludo fumar o cigarro que Wado quer impingir-lhe. Veja-se, principalmente, a ambigüidade que salta da aparente repulsa de Wado pelo homossexual – uma atração disfarçada pela surra que pretende aplicar-lhe, negando-lhe de início o cigarro. E acompanhe-se o desmascaramento que Suely faz da cena, investindo contra o amante. Com o mesmo vigor antiilusionista que é a

Navalha na Carne, 1967. Tônia Carreiro, Emiliano Queiroz e **Nelson Xavier**.
Foto: Carlos, Arquivo Multimeios/Divisão de Pesquisas-IDART.

marca de uma parte ponderável da melhor ficção contemporânea, Plínio Marcos realiza obra de arte verdadeira.

As personagens são talhadas com espírito de síntese, o que fortalece seus traços essenciais. Marginalizadas no submundo em que vivem, por assim dizer rastejam os seus sentimentos, e não é à toa que freqüentemente estão jogadas ao solo. A matéria primordial que as distingue é a tristeza, caracterizada em variadas formas. Veludo e Wado, além de prisioneiros do vício, alimentam-se de uma melancólica ilusão: o primeiro obrigado a roubar o dinheiro com que tentaria obter o afeto de um rapaz, e o segundo, querendo parecer condescendente, porque arranjaria mulheres mais bonitas do que Suely, mas na verdade tirando o sustento da canseira dela. Nem a desforra do sarro deixado pelo mundo, com o encontro agradável de Wado, Suely consegue, e daí seu sentimento de que são seres reduzidos à imanência: "Às vezes chego a pensar: poxa, será que eu sou gente? Será que eu, você, o Veludo somos gente? (Triste) – Chego até a duvidar! Duvido que gente de verdade viva assim, aporrinhando o outro, um se servindo do outro". A condição de objeto, de criaturas exiladas no mundo (no submundo), que Suely intui, implica uma bonita nostalgia de transcendência, que engrandece a personagem e a recupera para uma ética superior. Aliás, a insubmissão a desvios, ressaltada no texto, já caracterizara a moralidade congênita de Suely, não obstante o trabalho a que se dedica.

Por isso parecem-nos infelizes os *consideranda* do Departamento de Polícia Federal, ao proibir a encenação total ou parcial de *Navalha na Carne* em todo o País (Portaria de 14 de junho, publicada no Diário Oficial da União do dia 19). Pode-se ler no documento: compete à "censura federal a seleção de espetáculos públicos, visando a preservar a sociedade de influências lesivas ao consenso comum, tendentes a aviltar os padrões de valores morais e culturais coletivamente aceitos"; os "aspectos ofensivos ao decoro público inseridos em função de entretenimento popular tornam a representação antiestética e conseqüentemente comprometem-lhe o mérito artístico; há uma "profusão de seqüências obscenas, termos torpes, anomalias e morbidez explorados na peça [...], a qual é desprovida de mensagem construtiva, positiva, e de sanções a impulsos ilegítimos, o que a torna inadequada a platéia de qualquer nível etário".

Permitimo-nos julgar que essas considerações foram feitas com base no que *Navalha na Carne* tem de mais aparente e superficial. Desde que se admita ser a peça uma obra de arte autêntica, está claro que não teve o intuito de chocar gratuitamente o público. Pode-se até concluir que, denunciando uma realidade, que precisa ser corrigida, ela acabaria por resguardar a sociedade de males que a solapam. O tratamento artístico de uma situação nunca é antiestético, mas analisa em profundidade um fenômeno social. A linguagem, se fosse amenizada, falsearia a caracterização psicológica e o ambiente. A piedade que as criaturas provocam no autor e nos espectadores traz uma mensagem construtiva, de amor e compreensão pelos seres marginalizados, que devem ser trazidos para o sadio convívio humano. O horror que a protagonista sente de tudo, repelindo com náusea os impulsos equívocos do homem que a explora, já representa uma sanção moral contra o meio em que vive. Ademais, cabe-nos discordar da exigência de mensagem construtiva e positiva. Ela se confunde, em geral, com as palavras de ordem, no campo da arte, dos regimes totalitários.

Os limites de *Navalha na Carne* decorrem das próprias intenções do autor, cujo objetivo foi o de documentar uma realidade. A peça se inscreve, assim, dentro das fronteiras do realismo, ou de um neo-realismo, quando a literatura moderna procura abrir-se numa expressão mais ampla. O texto ainda se prende à idéia da ficção como forma de conhecimento e acreditamos que, nesse território, o ensaio pode ser muito mais eloqüente e conclusivo do que o teatro. Mas, sobretudo na dramaturgia brasileira, que experimenta numerosos caminhos, ela se impõe como estádio salutar para quebra de tabus e preparo do terreno em função de vôos mais altos. É uma inútil hipocrisia querer interditar para um público adulto a visão dessa realidade.

(1967)

Abajur Lilás: **pela Liberação**

Plínio Marcos é o autor de pelo menos duas obras-primas – *Dois Perdidos numa Noite Suja* e *Navalha na Carne* – que modificaram as coordenadas de nossa dramaturgia atual. Pode-se prever que *Abajur Lilás* venha juntar-se a elas como um marco do teatro brasileiro moderno.

Os valores de *Abajur Lilás* ligam-se, em princípio, aos de seus outros bons textos: a observação viva e inteligente da realidade, a linguagem autêntica das criaturas retratadas, o diálogo vibrante, a escolha dos episódios representativos, a honesta indignação ante os erros sociais. Pelos padrões de uma ética absoluta, Plínio Marcos se definiria como verdadeiro moralista.

Admito, perfeitamente, que essa afirmação provoque estranheza. Nossos ouvidos costumam assustar-se diante de um palavrão. No caso de Plínio, porém, o palavrão não está eivado de gratuidade. Ele é absolutamente necessário para que as cenas não pareçam falsas. As personagens por ele fixadas expressam-se dessa forma, no cotidiano. Como alterar essa característica? Plínio se mostraria mau dramaturgo se não captasse a maneira integral de suas personagens.

Em *Abajur Lilás*, essas personagens são o dono de um "mocó" (apartamento que serve à exploração do lenocínio), seu ajudante de ordens e três prostitutas. Não é segredo para ninguém que situações como essa existem na vida real. Não há temas privilegiados ou condenados para a literatura. Tudo depende do tratamento artístico. Como artista, Plínio imprime dignidade a todos os problemas que examina. *Abajur Lilás* deve ser encarada no plano da arte.

A peça tem uma trama que se basta numa leitura ao nível dos acontecimentos. À maneira dos clássicos, Plínio urdiu uma história simples e direta. Cada uma das prostitutas, sem ser abstração, encarna uma forma de comportamento. Dilma, por ser mãe, acomoda-se ante os problemas: "Eu só tou com meu filho. O resto não conta. Eu quero que tudo se dane". Leninha, fraca, ante a ameaça do castigo corporal, mente que foi Clélia quem destruiu os objetos no quarto. Célia, a revoltada, paga por uma culpa que não tem, sendo alvo da fúria homicida de Oswaldo, o truculento ajudante de ordens de Giro, proprietário do "mocó".

Numa leitura ao nível do simbólico, os fatos aparentemente corriqueiros ganham nova dimensão. Plínio desmonta uma estrutura de arbítrio, em que certos indivíduos, de que Oswaldo é um símbolo, praticam ações condenáveis, para imputá-las a outros. O apoio de Giro na força irracional de Oswaldo gera injustiças irremediáveis. Compromete-se a legitimidade do poder.

As prostitutas, na singeleza com que exemplificam posturas em face da realidade, ganham um significado de arquétipos. Pode-se vê-las como simples criaturas humanas, levadas por circunstâncias adversas a trilhar um caminho infeliz, e ao mesmo tempo como encarnações de comportamentos fundamentais. Sob esse ângulo, *Abajur Lilás* contém uma riqueza que o lado aparente da trama não deixa transparecer, à primeira vista.

A história da literatura recomenda grande cautela no exame das obras, sob o prisma ético. É preciso reconhecer que certos livros escandalizariam, em dado momento, deixando de fazê-lo, mais tarde, com a natural evolução dos costumes. Hoje em dia, tem-se dificuldade de acreditar que a Censura inglesa proibiu *Ulisses*, de James Joyce, que a crítica, sem exceção, considera a obra-prima da literatura moderna.

Abajur Lilás não apresenta os motivos que provocaram as reservas iniciais a *Ulisses*. A peça não mostra uma situação que já não tivesse um paralelo em *Dois Perdidos* ou em *Navalha*. O que não escandalizou há quase uma década não vai ferir hoje nenhum ouvido. Moralmente, *Abajur Lilás* não merece ser reprovada.

Tenho a esperança, assim, de que as autoridades superiores reabram a questão, ponderando os argumentos a favor da montagem da peça. Um gesto nesse sentido será a prova palpável de que a distensão beneficiará o teatro, para que ele se afirme como arte livre e adulta.

(1975)

Dois Perdidos Numa Noite Suja

Em 1966, *Dois Perdidos Numa Noite Suja* estreava, em espaço alternativo (o desaparecido Ponto de Encontro, na avenida São Luís), e logo a crítica registrou que surgia uma contribuição nova ao teatro brasileiro. Plínio Marcos, o autor, incorporava os marginais à galeria das nossas personagens, com uma desconhecida contundência no diálogo. *Navalha na Carne*, *Abajur Lilás* e *Barrela* (escrita ainda na década de 50 e interditada pela Censura, em mais um de seus atos estúpidos) só vieram confirmar que o público se encontrava em face de uma dramaturgia autêntica, vigorosa e radical, nascida para pôr em xeque as convicções dos bem-pensantes.

Duas décadas depois do lançamento, a peça não dá sinais de que envelheceu. Plínio não explica o fenômeno, certo de que estava a revolucionar o palco. Não preparou um manifesto, à semelhança de Gonçalves de Magalhães, que proclamava seu pioneirismo romântico, ao entregar à platéia *Antônio José ou O Poeta e a Inquisição*. *Dois Perdidos*, ao contrário, foi escrita inconscientemente. Na verdade, o dramaturgo confessa que se inspirou numa história de Alberto Moravia, "O Terror de Roma", incluída na coletânea *Contos Romanos*. Partiu da idéia do ficcionista, com o objetivo de realizar um texto que lhe permitisse excursionar pelo Interior. Na difícil situação em que se encontrava, criou em termos de pouquíssimo cenário e apenas duas personagens. A descoberta da obra e o êxito inesperado em São Paulo decidiram diferentemente o seu destino.

Se Plínio admite, honestamente, a fonte moraviana de *Dois Perdidos*, sabe que se valeu de sua primitiva experiência no circo. Paco e Tonho revivem a dupla do *clown* e Toni, na técnica de puxar as falas, impedindo que a tensão caia. E, além das mudanças das peripécias e do recheio da história, uma circunstância altera fundamentalmente a focalização artística, no novo veículo: enquanto, no conto, há um narrador, sob cuja perspectiva se desenrola a trama, a peça dá peso semelhante aos dois protagonistas (o narrador converte-se em Tonho e Lorusso se transforma em Paco). A passagem de Roma para o submundo brasileiro traz violência maior à linguagem.

Racionalizando, hoje em dia, sua criação, Plínio acredita que tenha introduzido nela aspectos sociais, que não perderam a atualidade. Basicamente, está em jogo o problema da migração: os conflitos se aguçam, quando alguém se desvincula de sua cultura. *As Vinhas da Ira* e *Rocco e Seus Irmãos* já exploraram o tema. Segundo Plínio, *Dois Perdidos* contém um elemento novo – a consciência de que não existe apenas uma cultura. De fato, há a erudita, a de massa, a populuresca e a popular. Cada homem fala em nome de sua própria cultura, não se entendendo com as demais.

Tonho e Paco têm, respectivamente, os rudimentos da erudita e da popular. Como as palavras deixaram de ser veículo da emoção para ser um código de comunicação, só funcionam se os interlocutores estiverem no mesmo nível cultural. Para Plínio, a tentativa no sistema capitalista, baseado na propriedade privada dos bens sociais, é sempre no sentido de massificar e não de respeitar as individualidades, tornando-se cada vez mais difícil a comunicação com o próximo. As pessoas usam as mesmas palavras e não se entendem. Por isso *Dois Perdidos* se mantém atualíssima.

Atores de grande mérito malograram ao interpretar a peça, no dizer de Plínio, porque são porta-vozes de uma cultura diferente. Viveram Paco sem entendê-lo, como se ele fosse mongolóide, e não alguém que tem outra visão do mundo. Essa incomunicabilidade, transposta para o terreno político, leva à conclusão de que não sabemos lidar com o nosso povo. *Dois Perdidos* continua válida porque ninguém cuidou do problema da migração e não se cogita de levar a sério a individualidade das pessoas.

Plínio esclarece uma dúvida crítica, freqüentemente levantada: *Zoo Story*, de Edward Albee, embora vários anos anterior, não foi seu modelo. O texto norte-americano põe em cena duas personagens e uma agride todo o tempo a outra, até que o agredido mate o agressor, como ocorre em *Dois Perdidos*, embora por motivos diversos. O autor brasileiro não conhecia Albee, porque só lê português e *Zoo Story* não estava editada em nossa língua. *Dois Perdidos* já existia quando se encenou entre nós *História do Zoológico*.

A vinculação é mesmo a "O Terror de Roma", ainda que o conto tenha fornecido somente algumas sugestões, que se diluem no conjunto dos efeitos dramáticos. O narrador moraviano, que alugava uma cama de campanha, junto com Lorusso, no porão de um edifício, habitado também pelo porteiro e seus dois filhos, vivia com extrema dificuldade, e suspirava por um par de sapatos novos. O escritor italiano empresta verdadeira obsessão metafísica ao anseio por esses sapatos: sem eles, achava o protagonista que não poderia mais continuar vivendo e pensava até em se matar. Lorusso usava um bonito par, grande para ele, e tinha também uma vontade – a de adquirir um pífaro, que sabia tocar. Fixava-se nos sapatos e no pífaro a frustração de ambos.

Sem os meios para satisfazer seus desejos, os marginais romanos decidem aplicar um golpe num casal qualquer que se isolasse, em Vila Borghese, para amar longe das vistas alheias. Surgem diferenças no comportamento dos assaltantes fortuitos. O narrador objetivava apenas conseguir os sapatos, enquanto Lorusso, caracterizado como sanguinário, pretendia desfrutar a mulher e, diante da objeção do companheiro, se dispunha e dar cabo do homem. Se proclamado o "terror de Roma", ganharia uma estátua semelhante às que ornavam o parque.

Dividido o espólio, depois que Lorusso interpreta mal um gesto do narrador e dá com o cabo da chave inglesa na cabeça do assaltado, aparentemente estão resolvidos os problemas: cabem a um os sapatos e a outro a carteira, a caneta e o relógio da vítima. Entretanto, os sapatos são pequenos e foi inútil o assalto. O narrador calça no escuro os de Lorusso, de tamanho perfeito para ele, querendo deixar em troca os seus e fugir, e, ao ser descoberto, não evita a briga. Um filho do porteiro chama a polícia, os assaltantes são detidos, o narrador fica sabendo que Lorusso já havia sido preso antes e conclui o conto: "Depois olhei meus pés, vi que estava com os sapatos de Lorusso e pensei que, no final das contas, tinha conseguido aquilo que queria". Solução irônica, vista por Plínio, justamente, como um tanto piegas.

Ao transpor a história para o submundo das grandes cidades brasileiras, Plínio Marcos assim caracteriza o cenário: "Um quarto de hospedaria de última categoria, onde se vêem duas camas bem velhas, caixotes improvisando cadeiras, roupas espalhadas, etc. Nas paredes estão colados recortes, fotografias de times de futebol e de mulheres nuas". Entra-se pela ambientação, em aberto realismo, que dará a tônica de todos os diálogos.

A possível aspiração metafísica por sapatos novos, no conto, se transforma em necessidade bem concreta de Tonho. Ele sabe que, sem apresentação condigna, não conseguirá um trabalho razoável, devendo continuar a viver de biscate no mercado, como o companheiro de espelunca. Já havia tentado, de forma infrutífera, sair da situação de pária. E Paco, que não domina a gaita, deseja reaver uma flauta, com a qual ganharia melhor dinheiro, tocando nos bares, à maneira de antes.

A primeira virtude da peça é a de dar sólida consistência aos diálogos. Tonho entra no quarto, disposto a dormir, e Paco sadicamente o impede, com o som desafinado da gaita. Tonho é consciente de seu deslocamento. Preferiria permanecer no interior, mas na sua "cidade não tem emprego. Quem quer ser alguma coisa na vida tem que sair de lá", mesmo se cursou, como ele, o ginásio. Desenha-se naturalmente, o quadro social em que se inscreve a trama.

Para dar tensão ao conflito, Plínio cria uma narrativa paralela, que atua no relacionamento dos dois. Paco menciona que Negrão está disposto a desforrar-se de Tonho, sem que se precise o motivo. Nesse clima de sadismo irracional, Paco chega a conjeturar que Negrão pegou bronca de Tonho por ter descarregado um caminhão de peixe, tirando seu trabalho, embora naquela hora ele nem estivesse no mercado, Tonho se desvencilharia de Negrão ou seria por ele explorado, pela inferioridade física. No acirramento dos ânimos, Tonho acaba ouvindo de Paco seu apelido no mercado – "Boneca do Negrão".

O assalto a um casal de namorados, como forma de vencer o beco sem saída em que se encontram, é laboriosamente preparado por Plínio. Por felicidade, ele não injeta teoria sociológica na ficção. Mas está implícito que, na sociedade injusta em que se digladiam, Tonho e Paco não têm perspectiva normal. Quando se recusa ao indivíduo o mínimo de dignidade para a sobrevivência, está-se obviamente impelindo-o para o crime. Sob esse prisma, *Dois Perdidos* fixa, em microcosmo, aquilo a que os donos do poder estão condenando o Brasil inteiro. E a peça já enxergava essa verdade há duas décadas.

A ação progride em quadros, sucedendo-se quatro, até o fim do primeiro ato. Ao baixar pela primeira vez o pano, os protagonistas saem de cena, para praticar o assalto. E o segundo ato é forçosamente menor, resolvendo-se num único quadro, na volta ao quarto de hospedaria, depois de cumprido o intento. É a hora da partilha dos despojos.

Ao invés da simples divisão feita no conto, o dramaturgo aproveita o pretexto para completar o desenho das psicologias. Paco propõe: "Metade da grana pra cada um. Relógio, isqueiro, caneta e carteira, pra mim. Pulseira, anel, broche e cinta pra você. Topa?" Tonho replica: "O brinco pra você, o sapato pra mim". Contesta Paco: "Não! Um brinco pra você, outro pra mim. Um pé de sapato pra você, outro pra mim". Está evidente que Paco deseja exasperar Tonho. E aponta, como única saída, fazerem novo assalto.

Encurralado pelo antagonista, Tonho passa a comandar a situação, pela força do revólver que empunha. Na mitologia machista brasileira, revidando o epíteto de "Boneca do Negrão", ele obriga Paco a pôr o brinco na orelha e depois a rebolar. Na vertigem que não mais estanca, encosta o revólver na cara de Paco e fuzila. O delírio leva-o a encerrar a peça: "Até danço de alegria! Eu sou mau! Eu sou Tonho Maluco, o Perigoso! Mau pacas!" Não é necessário que ele diga ter-se encerrado seu sonho de realização na cidade, deslocado do ambiente de que proveio.

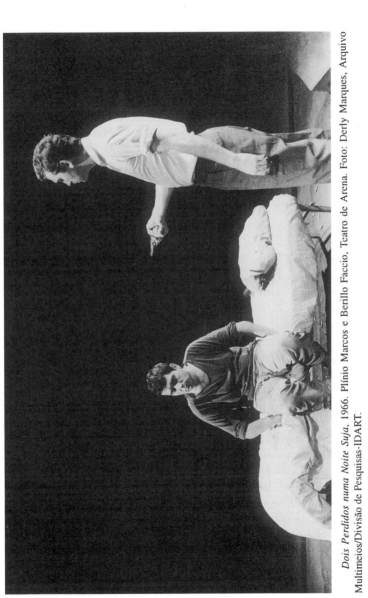

Dois Perdidos numa Noite Suja, 1966. Plínio Marcos e Berillo Faccio, Teatro de Arena. Foto: Derly Marques, Arquivo Multimeios/Divisão de Pesquisas-IDART.

Tanto na estréia como hoje, *Dois Perdidos* impressiona pela autenticidade, pela ausência de concessão de qualquer tipo. Os protagonistas se engalfinham numa luta sem tréguas, deixando de lado considerações de conveniência. São dois indivíduos numa situação-limite, para os quais não tem sentido blefar. Por isso eles vão às últimas conseqüências, até a perda total. No desfecho, Paco está morto e Tonho fechou em definitivo todas as portas.

A linguagem, para exprimir o clima de verdade, não poderia recorrer a falsas delicadezas. Daí a crueza, a frase cortante, a sabedoria popular, a recusa da literatura. Plínio, aliás, cita a propósito a grande atriz Cacilda Becker, que foi sua amiga. Caricaturando, ela se espantava de que ele tivesse escrito uma peça, conhecendo apenas vinte palavras.

Barrela, o primeiro texto, deu a tônica de sua dramaturgia. Trabalhando no circo-teatro, Plínio partiu de um caso verdadeiro. Usou na peça a linguagem dos presidiários, despreocupado de escrever um diálogo autêntico, realista. O propósito de ser fiel ao meio retratado chamou a atenção para o seu diálogo, hoje estudado nos cursos de Lingüística. O domínio da carpintaria cênica vinha da experiência profissional. Embora não gostasse de ser ator e não quisesse afirmar-se no desempenho, Plínio tinha dez anos de palco, ao se aventurar como dramaturgo.

Dois Perdidos, *Navalha na Carne*, *Abajur Lilás* e *Barrela* (a obra inaugural, embora encenada muitos anos mais tarde) são os momentos privilegiados de um teatro em que se multiplicam as criações pessoais. Há neles muitas características comuns, ainda que *Navalha* se beneficie de um diálogo rico de ambigüidade e *Abajur* extrapole de uma situação realista para se tornar uma alegoria sobre o Brasil vilipendiado pela ditadura. A aventura de Plínio, contudo, não se contém nesse universo. Hoje ele trabalha o uso mágico da palavra, instrumento destinado a impulsionar as energias. Em *Balada de um Palhaço*, sua mais recente criação, Plínio fez metateatro, emprestando à palavra feliz carga poética. Muito se pode esperar de sua permanente inquietação.

Dois Perdidos, num exame psicológico e social, define-se como o vômito dos deserdados da vida, que se sufocaram pelas condições injustas. Sinto dificuldade de admitir outra leitura, embora ciente de que, por exemplo, os corruptos atribuem seu mau caráter a todo o mundo, os homossexuais estendem seu gosto aos outros homens e os religiosos enxergam o signo da divindade em qualquer manifestação. Não posso omitir, porém, que há outra maneira de se encarar a peça.

Na edição de *Madame Blavatsky*, incluiu-se uma entrevista concedida por Plínio, na qual ele conta: "Uma vez, lá pelo ano de 1967, o Nelson Xavier e o Emiliano Queiroz foram apresentar essa peça (*Dois Perdidos*) em Recife. D. Helder Câmara foi assistir, mais no intuito de proteger os atores que estavam sendo ameaçados de morte pelos repressores da ditadura. Depois do espetáculo, ele fez questão de declarar para a imprensa que a peça, devido à sua religiosidade, valia por vários sermões e até missas".

O dramaturgo acrescenta um depoimento do padre Êdmio Vale, professor de Psicologia da Religião na Pontifícia Universidade Católica de São Paulo, dado à revista *Psicologia Moderna*: "Peça de tema profundamente religioso, mesmo que não tenha sido essa a intenção do autor. Porque profundamente religioso não é só o que acontece dentro dos templos, dos rituais sagrados, mas é o que se dá dentro do coração do homem, na sua experiência de morte e ressurreição, de esperança e de frustração, de encontro e desencontro. Assim, a peça de Plínio Marcos *Dois Perdidos Numa Noite Suja* é uma parábola essencialmente cristã, bíblica".

De um ponto de vista exclusivamente dramático, *Dois Perdidos* proporcionou numerosa e expressiva descendência de textos de duas personagens, nos últimos anos da década de 60. Seu denominador-comum era a quebra de todos os tabus – honesto grito de revolta de uma geração inconformada. Privilegiou-se a explosão individual, em lugar da análise esquemática dos jogos de força políticos. Plínio Marcos, à sua revelia, foi erigido em novo mestre da dramaturgia brasileira.

E cabe lembrar, para conclusão, um dado estatístico interessante. As peças nacionais mais representadas são, pela ordem, *As Mãos de Eurídice*, de Pedro Bloch, e *Deus Lhe Pague*, de Joracy Camargo. Não é a hora de tentar uma explicação para o fenômeno, tendo eu o direito de achá-las bastante fracas. O terceiro lugar, nessa lista, segundo informações de Plínio Marcos, pertence a *Dois Perdidos Numa Noite Suja*, felizmente um texto de muita qualidade.

(1987)

A Mancha Roxa

Com *A Mancha Roxa*, Plínio Marcos retoma a violência de seus textos mais característicos e expressivos – *Barrela*, *Dois Perdidos Numa Noite Suja*, *Navalha na Carne* e *Abajur Lilás* –, de cuja linha só se afastou, obtendo igual rendimento artístico, a metalinguagem lírica da produção anterior, *Balada para um Palhaço*. Não é o caso de saudar a volta do dramaturgo ao seu estilo mais autêntico, porque a vertente mística pode produzir ainda muitos frutos. Valoriza-se antes de mais nada, na nova peça, a indignação verdadeira, a linguagem crua, absolutamente adequada ao conflito, o caráter de denúncia não panfletária, que precisa ser ouvida por todos.

Trazer hoje em dia para o palco o tema da Aids sugere, a princípio, oportunismo dramatúrgico, a receber o castigo do esquecimento, quando a doença for debelada e sair da moda. Longe de Plínio o propósito de fazer exploração sensacionalista do problema. A questão por assim dizer o tocou porque, além de estar ligada à perda de tantos amigos nossos, muito queridos, envolve, no ângulo por ele escolhido, o jogo do poder, a pequenez do indivíduo ante a força opressora da sociedade e do Estado.

A idéia de *A Mancha Roxa*, aliás, nasceu de um episódio fortuito: profissionais de uma agência de publicidade procuraram Plínio, para que ele gravasse um teipe sobre a Aids, destinado especialmente às prisões. O Juiz Corregedor dos Presídios informou-se a respeito dos autores conhecidos entre os detentos, para que a mensagem tivesse eficácia, chegando à conclusão de que Plínio era o nome mais popular. Tão meritória pareceu a iniciativa ao dramaturgo que ele nem cobrou pelo trabalho. Quanto à mensagem, apenas havia divergência. Não queriam que Plínio implicasse a responsabilidade do Estado pela disseminação da Aids nas celas. Acreditando, certamente com razão, que o Estado tem que zelar pela integridade do indivíduo, a partir do momento em que ele é afastado, por efeito de sentença, do convívio social, o autor não aceitava censura ao texto publicitário. Prevaleceu o seu ponto de vista e o êxito coroou o empreendimento – o teipe recebeu até um prêmio internacional.

Mas o mergulho forçoso na situação mexeu com a sensibilidade do artista. A angústia tomou conta dele, durante as duas semanas do impasse criado pelo teor que deveria ter a mensagem. Sabe-se que prisioneiros mataram colegas, ao suspeitar que eram portadores da moléstia. Um, na promiscuidade do ambiente, chegou a infectar dezenove. Por outro lado, registra-se a solidariedade de presas, que não permitiram o afastamento de um casal de lésbicas doentes. *A Mancha Roxa* nasceu do clima vivido pelo autor, ao ser convocado para colaborar na conscientização de um universo tão trágico.

O cenário é a cela especial de um presídio feminino, onde estão encarceradas seis mulheres. Por que especial? Têm direito a ela as condenadas de nível superior, embora motivos de outra natureza, como revelará o diálogo, propiciem também o privilégio. Na cena inicial, enquanto Santa lê a Bíblia, a presidiária apelidada Doutora aplica uma dose de droga nas colegas. Ao amarrar a borracha no braço de uma delas, Isa, vê uma mancha roxa. Revela-se, assim, o sintoma da Aids.

A descoberta da doença, de fácil transmissão, cria de imediato uma atmosfera tensa, para não dizer o pânico. Todas sabem que o mal passa pelo sangue, pelo esperma e pelas fezes, e ali a agulha da seringa é a mesma para as sessões de "pico". Numa primeira reação, Tita diz que, se Isa lhe transmitir a moléstia, a matará. As relações e os conflitos vêm à tona. É Santa, diferente em muita coisa das demais mulheres, quem leva o problema para o mundo exterior, chamando por socorro. A algazarra faz a carcereira, que responde pelo sugestivo nome de Grelão, tentar impor sua autoridade. Esse o pretexto para que novos choques se introduzam.

Santa tenta subornar a carcereira, a fim de sair dali, prometendo-lhe uma quantia mensal extraordinária. Quando o acordo vai consumar-se, interpõe-se Tita, que exige a permanência de Santa na cela. Se a carcereira usar a força, Tita jogará nela o sangue que derramar de Isa. Afastada a autoridade, as presidiárias têm um momento de reflexão, até que a Professora vê uma mancha roxa na canela de Tita. Começa, então, o exame geral, para concluírem que todas estão contaminadas.

Entende-se que a consciência plena da situação seja verbalizada pela Professora, que por sinal lecionava História. Depois de narrar o passado, que explica sua presença ali, a Professora fala: "Eu matei um cara, me prenderam, me julgaram, me socaram aqui dentro. Mas eu estava limpa, com saúde. Limpinha. Eu, aqui dentro, estou sob tutela do Estado. O Estado é responsável por mim. Pela Isa. Pela Linda. Pela Tita. Por você, Doutor. Pela Santa. Se eu fiquei com a roxa, eles têm que me tratar". Por isso ela decide "berrar. Exigir. Cobrar. Perturbar. Mostrar a injustiça que fazem com a gente".

A revolta da Professora transcende, aos poucos, a quase passividade do protesto, para transformar-se em ação. O ressentimento pela indiferença da sociedade se abre em revide. Se as colocaram ali, "por crimes que nos forçaram a praticar", elas darão o troco, empestando o mundo. "Cada roxa faz mil. Cada uma, mil."

Ouvem-se gritos fora da cena, anunciando que há roxas em outras celas. As presidiárias encerram a peça, com falas de torpe sedução, como a oferecer-se ao público para um ato sexual que o contaminará irremediavelmente.

Em pinceladas sintéticas, o autor levanta o perfil de todas as personagens. A primeira a caracterizar-se é Santa (provavelmente o nome é um apelido dado no presídio). Ela lê a Bíblia, mas os trechos murmurados não foram pegos ao acaso. Ao mencionar os escribas e os fariseus, Jesus observa que eles dizem e não praticam. Está aí uma primeira crítica à hipocrisia da sociedade, cuja ação não corresponde às belas palavras sempre enunciadas. Numa segunda leitura da Bíblia, Santa encontra uma citação ainda mais próxima do tema desenvolvido na peça: "Nada há fora do homem que, entrando nele, o possa contaminar; mas o que sai dele, isso sim, é o que contamina o homem. [...] Porque do interior do coração do homem é que saem os maus pensamentos, os adultérios, as prostituições, os homicídios, os furtos, a avareza, as maldades, o engano, a dissolução, a inveja, a blasfêmia, a soberba, a loucura. Todos esses males procedem de dentro e contaminam o homem." Sem querer atribuir à Aids um caráter de castigo sobrenatural, Plínio propõe, ao lado da questão social e política em que desemboca o texto, uma dimensão religiosa, de que não se acha ausente a dúvida a respeito dos costumes. Compreende-se, por isso, que a certa altura, Santa se exprima num monólogo, dizendo não ser depravada e não transar sexo, nem droga ou bebida, e que essa doença "é coisa do diabo". Advogada, matou o marido, por ciúmes, enquanto ele dormia, mas se arrependeu. No tão brasileiro sincretismo, ela acredita que encarnará de novo com ele, como "mãe, filha, esposa... na mesma família". E assim ele a perdoará.

Isa, a primeira em que se descobre a mancha roxa, fez psicologia, razão pela qual não ficou em cela comum. Dependente da droga, alia a fragilidade à passividade no relacionamento com Linda, que masculinamente a domina. Isa está presa porque "era mula de traficante, levava o bagulho pros bacanas a troco de uma dose". Já Linda matou uma lésbica igual a ela e só tem o privilégio da cela especial por determinação da carcereira. As duas ilustram, na peça, o lesbianismo desenfreado, ao que se sabe comum nos presídios.

Doutor, na qualidade de enfermeira, aplica a dose nas colegas. Foi condenada porque "roubava droga no hospital pra dar pra uma cadelinha chegada no pico" (cadelinha, no vocabulário manipulado pelo autor, é a lésbica que desempenha o papel feminino na relação). Cabe-lhe uma certa autoridade, expressa por sinal no nome de Doutor, pela importante função que desempenha no meio. A figura de Tita se mostra mais contraditória, pela situação ambígua em que foi colocada. Também ela não teria direito à cela especial, por não ser formada. A carcereira, porém, não esconde por que a favoreceu: Tita foi sua cadelinha, além de ter prestado outros "serviços". Batedora de carteira, suadeira, Tita provavelmente se submeteu a Grelão, para usufruir das vantagens. O ressentimento com certeza a fortaleceu para revoltar-se contra o arbítrio da antagonista. Se a carcereira não recuasse, Tita daria uma navalhada em Isa, fazendo seu sangue esguichar. Embora, ao entrar na prisão, por interesse aceitasse o domínio da autoridade, ela se define como mulher de homem. E a firmeza de decisão está amparada, ainda, na posse da arma.

Na pintura de Grelão, Plínio denuncia todo o arbírio, para não dizer o procedimento corrupto, da engrenagem penitenciária. A carcereira, figura masculinizada, desfruta as novas detentas, bem como as entrega à sodomização dos guardas. Aceitando o suborno, estava disposta a colocar Santa numa cela individual, para preservá-la da contaminação da doença. O autor não tem com ela nenhuma contemplação. Investida de poder funcional, exerce-o sem o menor escrúpulo, numa metáfora candente a respeito da grande maioria dos poderosos deste país.

A Professora personifica um drama experimentado pela juventude que se perdeu no embate com a ditadura. Foi participante, ingressou no movimento de periferia. Casou com um companheiro, que era movido pelo mesmo ideal. Ele, contudo, não teve energia para enfrentar com lucidez a situação. Não conservou o emprego, "porque não podia dar aula pressionado pelo sistema". O álcool costuma ser a fuga nessas circunstâncias. O marido passou a roubar seu dinheiro para beber e, evidentemente, desmoronou-se o vínculo conjugal. A Professora afirma que "não podia lutar contra a tirania, instigar a massa pra luta de libertação coletiva, se no plano particular..." Até que arrumou um amante e, cedendo a seus argumentos, colaborou no assassínio do marido. A trama foi desvendada e ela veio parar no presídio. Essas histórias não podem ser nunca muito originais – o repertório que leva à prisão não difere muito.

Onde Plínio consegue efeito perturbador é na precisão da linguagem, que não se atenua para deixar de ferir os ouvidos delicados. Quase embrulha o estômago a descrição de certas práticas a que são submetidas algumas detentas. A impiedade objetiva do dramaturgo, não desejando suavizar nada para o espetáculo, produz, em determinadas cenas, incontornável mal-estar. Esse, provavelmente, o maior mérito do texto, ligado, além do fato de ter como cenário um presídio, à contundência de *Barrela*, primeira obra dramatúrgica de Plínio Marcos.

Não são muitos os reparos a serem feitos a *A Mancha Roxa*. O espetáculo dispensa o canto da Professora, previsto em quatro ocasiões, o que é sem dúvida acertado, porque os versos não são da melhor qualidade (quebrar, por esse recurso, o realismo do diálogo, não parece convincente, e prejudica a fluência dos episódios). Às vezes, introduzem-se repetições, inúteis porque uma réplica já deixou tudo muito claro (parece forçada, por exemplo, a volta freqüente das três maneiras pelas quais se contrai a Aids). Plínio ganharia, também, em elaborar mais o pretexto para Linda narrar sua história. Fica visível a muleta, quando ela diz: "Já te contei meu caso. Mas conto de novo". Por último, o monólogo da Professora sobre o seu crime vem quase no final, quando as informações a respeito das personagens já deveriam ter sido transmitidas, para que a ação alcançasse a essa altura pleno dinamismo. Não se trata da pausa, que valoriza o golpe derradeiro: o longo monólogo interrompe o desfecho que já se impunha, e suas revelações poderiam perfeitamente estar distribuídas ao longo da peça.

A explicitação da mensagem admite mais controvertido debate. A tendência é a de considerá-la óbvia, portanto prejudicial à ambição artística. Pondere-se, entretanto, que o feitio de Plínio não supõe sutilezas, avessas a seu vocabulário cru. Um pequeno policiamento limparia as falas de lugares-comuns, a exemplo de "O Estado é culpado", "O Estado é surdo. Os promotores, os juízes, os políticos são todos surdos. O Governador é surdo" ou "A indiferença total da sociedade é degradante". Tais escorregadelas contradizem a cortante dramaticidade da maioria das falas.

Como encarar a decisão das presas de contaminar o mundo, em verdadeiro ato de guerra? Teria Plínio sucumbido ao irracionalismo? É preciso entender o refrão "Pra cada uma, mil..." como a resposta desesperada ao beco sem saída imposto pelo absurdo sistema carcerário, despreparado para resolver os menores problemas, quanto mais o risco de uma doença que assume proporções epidêmicas.

E a situação-limite exposta pela peça se transforma na metáfora de um quadro social assustador. O poder abusou de tal forma dos oprimidos, nas últimas décadas, que não surpreenderá ninguém se as multidões se rebelarem, num movimento semelhante ao da Revolução Francesa, com dois séculos de atraso. A violência instaurada nos grandes centros sugere o prenúncio de um grande estouro, de que todos seremos vítimas. Ouça-se o claro aviso de *A Mancha Roxa*.

Se o texto se presta a polêmicas, elas acompanham o espetáculo. O diretor e dramaturgo Léo Lama, filho de Plínio Marcos, a duras penas reuniu o elenco. Cerca de setenta atrizes não quiseram participar do desempenho. Não cabe, por nenhum motivo, cobrar-lhes a recusa. As personagens se colocam em posições tão difíceis, para a sensibilidade coletiva, que uma atriz tem o direito de não sentir-se bem na pele de qualquer delas. Não que se tema a confusão entre papel e intérprete, tão comum nos veículos de comunicação de massas. É que alguns desafios mexem com os nervos das pessoas. Deve-se louvar, em princípio, as sete atrizes jovens que tiveram a coragem de chegar à estréia.

No teatro, prevalece o impacto global, positivo ou negativo, e *A Mancha Roxa* tem a virtude de situar de novo Plínio Marcos em seus verdadeiros e melhores domínios.

(1989)

18. José Vicente

O Assalto

O Assalto é uma peça que põe em causa a existência, com o ardor, a paixão, a ira e o ressentimento de um jovem de 23 anos. José Vicente jogou-se inteiro nesse questionamento de suas raízes e de seu lugar na terra, indo ao fundo da miséria e da possível grandeza humana, pela coragem de desnudar-se e enfrentar a própria condição. Essa estréia logo o situa como um dos expoentes da nova dramaturgia brasileira, que se propõe um caminho difícil e ambicioso.

Entrelaçam-se no entrecho numerosos planos, porque *O Assalto* não se contenta com um tema ou uma visão parcial da realidade. A captura global do indivíduo leva o autor a realizar um amálgama de toda a sua experiência, exposta com uma crueza e um gosto masoquista que não podem deixar indiferente o público. O existencial e o social se interpenetram e mesmo a sugestão do início de personificar a revolta no chefe se explica: racionalizar em demasia os problemas é tarefa do ensaio e não da ficção, e o impulso criador vive muito mais das franjas obscuras do nosso íntimo. E a peça se abre, no final, para que o protagonista diga que "o banco é uma mentira" – símbolo de toda uma engrenagem que pode ser contestada nas suas bases.

José Vicente valeu-se, para compor *O Assalto*, de apenas duas personagens, que põem em confronto duas posturas humanas fundamentais. O bancário Vítor personifica a transcendência, enquanto o varredor Hugo a imanência. O primeiro, intelectual, neurótico, desvitalizado ("covarde como eu, conversador e ranheta"), esgotará as suas potencialidades na loucura. E o segundo, simples, sobrevivendo sem consciência dentro de um jogo que ele nunca procurou explicar, encara o mundo como uma duração natural, por possuir aquilo que o autor considera "os sinais espontâneos da Presença erótica da vida".

Em suma, José Vicente vestiu com roupagem moderna a velha divisão entre espírito e matéria, mente e carne, idealidade a animalidade. A solução que ele não conseguiu encontrar para essa dicotomia se exprime, no palco, no desfecho do conflito. Vítor é uma natureza demissionária, que se havia exonerado naquela tarde do banco, da mesma forma que abandonará a tentativa de diálogo para a loucura de hospício. Hugo, depois de abalada a sua indiferença pelo "assalto" de Vítor, reage com as armas da ordem, acionando o alarma que apontará a marginalidade do outro. Entre esses polos, colocou-se a busca de comunicação, a procura, tão característica da literatura contemporânea, de se romper o círculo solitário do indivíduo.

Não se discute que a atração de Vítor por Hugo seja homossexual. Esse homossexualismo, porém, não se aceitou, e se tortura numa luta sadomasoquista de permanente interesse psicológico. Vítor põe em prática todo o arsenal da sedução, que vai da curiosidade e do fascínio pelo outro (aumentando embora os lances para a sua compra) até o insulto e a crítica humilhante. Chega a dizer que imaginava Hugo como um Jesus Cristo, seguido por ele. Exaltado pela idéia de fusão amorosa, que é também um conhecimento dos problemas de Hugo, Vítor fala: "Eu acho que eu conheço você melhor do que você mesmo. Eu sou mais você do que você mesmo e do que eu mesmo. Você é mais eu do que eu mesmo e do que você mesmo. [...] Eu sei mais o teu nome do que você mesmo, eu te sei melhor do que você mesmo, então é minha a tua profissão, é minha a tua sujeira". O ritual desencadeado, numa liturgia mórbida, culmina na posse física, sem que se apaziguem os demônios. A incomunicabilidade fundamental de Vítor conduz à reflexão: "Pode ter certeza que nunca mais na vida eu vou te seguir! Nesse minuto, você já morreu para mim. Eu tentei devorar você por dentro, mas a verdade é que você não é tão rico quanto eu pensava. O fascínio que você tinha era o mesmo. Tudo o que eu pensei tinha de mágico em você, quando eu te seguia, e te via de fora, era uma criação minha. Você não passa de um lixeiro, vulgar e insuportável como tem de ser um lixeiro". Vítor conclui afirmando que o amor de Hugo não lhe interessa mais. Frustrou-se a comunicação, que lhe era tão necessária. "Agora eu estou sozinho e você não significa mais nada. Eu nem te amo, nem te odeio. Nós dois estamos simplesmente separados, sem mais nada em comum". Em favor de Hugo, diga-se que o itinerário de Vítor seria inevitável, com ou sem a sua participação. Vítor é um desses seres cuja exigência de absoluto só encontra repouso na morte.

Adotando-se a perspectiva de Hugo, se verá que a sua apatia foi determinada por todo um condicionamento desfavorável. Sem o menor grito demagógico, José Vicente mostra a existência de objeto a que ele acabou obrigatoriamente por se submeter. O trabalho excessivo, que não se coaduna com a vida, a mulher igualmente gasta em tarefas alienadoras, o filho retardado e somente a união pela luta lado a lado, durante tantos anos – são as imagens colhidas de uma realidade comum, que o autor se limitou a registrar, na sua eloqüência natural. O que marca para o espectador a degradação de Hugo é a maneira como ele reage ao "assalto" de Vítor. A princípio, o bancário se define apenas como a presença que perturba a sua pressa de terminar a faxina do banco. Depois, anima-o a esperança de obter um ganho extraordinário para o magro orçamento ("...vamos resolver o nosso papo logo. [...] Sabe como é, meu problema é mulher, mas tendo grana, sabe como é... "). Hugo, sem ser vulgar, não tem sensibilidade para compreender a angústia de Vítor, mas, por sua vez, é um homem incomodado na sua rotina, arrancado do cumprimento normal do dever para um diálogo que só lhe pode perturbar a paz. Enquanto a aventura se mantém nos limites consentidos pelos códigos hipócritas da virilidade, Hugo acompanha a caminhada de Vítor. Ele só se volta claramente contra o bancário por causa de sua falta de medida, ao "assaltar" as gavetas como forma de pagamento de uma mocidade estiolada nos horários. A revolta de Vítor não se canaliza numa ação meditada e conseqüente: dispersa-se num protesto anárquico e individual, que o sacrifica inexoravelmente, já que viola as regras de qualquer jogo. E o faxineiro não tem outra saída senão a de fechar a fronteira, depois de ter sido permeável à aproximação do bancário. *O Assalto* encerra-se na incomunicabilidade.

O teatro europeu do absurdo pouca ressonância teve em nossa dramaturgia, talvez por serem muito diferentes os problemas de um país tropical. Já a aclimatação norte-americana dessa corrente apresenta mais pontos de contacto com o teatro brasileiro, por uma semelhante base e tendência realistas. Ainda se precisará fazer um estudo sobre o significado que tiveram, no Brasil, as montagens de *A Estória do Zoológico* e *Quem Tem Medo de Virgínia Woolf?*, de Edward Albee. Sob muitos aspectos, *O Assalto* aparenta-se a *The Zoo Story*. No texto de Albee, um indivíduo lê tranqüilamente um livro, no Central Park de Nova York, quando outro perturba o seu recolhimento, agredindo-o com a necessidade de comunicar-se. Jerry, o marginal, que narra a sua frustração ao querer contacto com um cachorro, espicaça Peter, o editor satisfeito consigo mesmo, abalando o seu otimismo conformista. Além da inclinação homossexual sugerida na peça norte-americana e realizada, na brasileira, mais um paralelo cabe fazer, entre ambas, no campo da composição dramática: Jerry e Vítor são criaturas que chegaram ao fim de seu processo interior e na verdade só conseguem monologar. Utilizam o interlocutor quase como pretexto para a projeção de sua incontrolável marginalidade. E não suportam mais o convívio. Sem dúvida, o desfecho de *O Assalto* convence mais que o de *A Estória do Zoológico*. Albee faz que Jerry dê a Peter a faca sobre a qual se jogará, num clima psicológico de auto-piedade, tão divulgado na dramaturgia norte-americana. José Vicente vai até o fim, na falta de autocomplacência com a qual encerra o conflito das duas personagens: Hugo, ao tocar a campainha do alarma, é o instrumento voluntário da perda definitiva de Vítor.

A própria conformação psicológica do bancário tinha de determinar, no texto, as freqüentes evasões nos monólogos. O diálogo subentende troca e aqui, apesar da aproximação momentânea, o substrato nunca deixa de ser a incomunicabilidade. Está correta, assim, em princípio, a estrutura monológica de *O Assalto*, alternando com as agressões cortantes das perguntas. O que se pode discutir, porém, é a forma de cada monólogo, em que José Vicente prejudica às vezes a dramaticidade e a fluência, em favor de um desabafo que não vence o lugar-comum. O monólogo sobre o chefe ou sobre o despertador ("A minha vida é essa maquininha!"), por exemplo, não encontram uma linguagem diferente para idéias bastante gastas. O autor não se preocupou, aí, em elaborar mais um sentimento que é do domínio público, tão difundido já foi na ficção. Essas restrições, por outro lado, não turvam o alto apreço que merece o senso literário de João Vicente, um dos mais apurados em nossa moderna dramaturgia. E há momentos em que se concretiza uma verdadeira inspiração poética.

O autor já havia revelado o seu talento em *Santidade*, peça que se conserva inédita. Sob o prisma puramente teatral, esse texto não está realizado, porque o diálogo deságua quase todo o tempo em conversa e confidência. Está presente nele, contudo, a intratabilidade do dramaturgo, que não se poupa na vocação de equacionar problemas incômodos e abrir véus reveladores. Tem aí uma autenticidade doentia a clareza com a qual um ex-seminarista narra ao irmão, que está para ordenar-se, seu modo de vida: subsiste a expensas do dono de uma loja de luxo, num clima de abjeção que é um desafio à nossa calma burguesa. José Vicente não envereda por esse caminho com o objetivo de escandalizar: simplesmente, traz para o teatro situações que dia-a-dia tomam corpo, no emaranhado desagregador das metrópoles. Vale-se de um forte cunho autobiográfico, sem o qual a imaturidade artística incide no risco de tornar-se artificial. Em tudo o que ele escreve, há uma dose maciça de sinceridade, que sustenta o entrecho e dá nervos às personagens. E, quanto ao aspecto da realização teatral, é extraordinário o progresso de *Santidade* para *O Assalto*. As lembranças, as digressões líricas se incorporam, na segunda peça, ao mecanismo dramático. O que permite afirmar que se trata de um autor em evolução, de quem se deve esperar uma obra importante. E que já está dando uma contribuição valiosa ao nosso palco.

(1969)

19. Leilah Assunção

Fala Baixo, senão Eu Grito

A dramaturgia brasileira tem explorado muitos caminhos: ingressando numa fase de produção adulta, aceita os mais diferentes desafios e se liberta do tema único e das posturas convencionais. Oswald de Andrade (só agora reconhecido) e Nelson Rodrigues estão na origem da quebra de tabus, desmascarando o bom comportamento fictício dos diálogos de salas de visita. Jorge Andrade, Ariano Suassuna, Gianfrancesco Guarnieri, Augusto Boal e outros enveredaram por preocupações diversas, que vão fornecendo ao público fatias de Brasil. Plínio Marcos surgiu, nesse quadro, com uma sinceridade nova, que penetrou outras zonas do indivíduo e teve um objetivo claro de denúncia. A partir de sua linguagem aberta, que despreza a literatura para adquirir uma verdadeira eficácia dramática, vários jovens tentam um teatro mais autêntico e só mostram compromissos com a sua própria experiência humana, alheios a programas de qualquer natureza. Já se beneficiaram dessa franqueza rude nomes como os de Antônio Bivar e José Vicente, afeitos a uma sondagem poética e incômoda em suas criaturas.

Com *Fala Baixo, senão Eu Grito*, Leilah Assunção conquista sua cidadania teatral num território fronteiro ao dos novos colegas, em vários aspectos com iguais características às deles, mas acrescentando-lhes uma inconfundível sensibilidade feminina, além de um conceito próprio de espetáculo. A peça inscreve-se no que se poderia chamar o "teatro novo" brasileiro, muito diferente do "cinema novo", e ao mesmo tempo o enriquece com uma personalidade estranha, cheia de vida interior e um susto imenso diante do mundo.

Para melhor atingir seus propósitos, a autora serve-se de uma situação-limite, em que dois desconhecidos se defrontam: Mariazinha

Mendonça Morais, mulher de meia-idade, sem atrativos, moradora de um pensionato, e um Homem, cujo nome não é revelado, aparentemente um ladrão no seu dia de folga, mas que assume na trama um papel desencadeador de acontecimentos e se reveste aos poucos de uma transcendência insuspeita tanto para ela como para si mesmo. É a busca de contato entre dois seres, a revelação profunda de suas naturezas, o encontro milagroso de duas solidões a matéria do texto, até que se rompam os condicionamentos e se promova o diálogo de homem e mulher, despidos de todo liame que não seja a verdade de um lançada para o outro. O recurso é o da iluminação poética das criaturas, de súbito violadas nas crenças preconceituosas e nos valores sociais meticulosamente impostos pelo instinto de defesa. A construção formal da vida, baseada numa soma de princípios que se aprendeu a adotar, desmorona-se num passe de mágica e se enfrenta a perigosa aventura da liberdade absoluta. Sacudida e estimulada pelo Homem, Mariazinha pela primeira vez encara as ilusões em que falsamente se protegeu e vai ao fundo de sua miséria. Em face das potencialidades que ela não soube ou não pôde desenvolver, frustrando a sua realização pessoal, perdem sentido as forças a que ainda se agarra, compromissos vizinhos do ridículo. Resta uma nudez desesperada, de quem não deseja mais prender-se a mitos vazios, mas não encontrou ainda com que se vestir. *Fala Baixo* surpreende exatamente o momento da redução a ruínas, descrevendo-a com uma meticulosidade entre sádica e afetuosa. Desse ponto de vista, trata-se da mais pungente pintura da condição feminina feita na dramaturgia brasileira, num retrato fiel que supera os limites da classe média, para ser o espelho de quase toda mulher.

A possibilidade de generalização não esbate os contornos concretos da personagem. Mariazinha está viva porque não prescinde de uma sólida estrutura psicológica, observada na realidade da moça comum de São Paulo. Funcionária, ela é pontual e nunca faltaria ao serviço, porque o desconto no ordenado prejudicaria a prestação do apartamento que paga há cinco anos – segurança para a velhice. Há o programa da Hebe aos domingos, a mensalidade do Mappin, os papelotes, as flores de todo tipo no quarto irreal, as reminiscências do mundo antigo (o baú, o relógio enorme, as cantigas de menina) e há, sobretudo, o respeito à convenção num mundo organizado e que – não se discute a justiça do fato – a segregou de uma experiência maior. Provavelmente essa existência continuaria imperturbável, submissa ao mandamento de um destino sem grandeza, se não surgisse a figura do Homem, presença talvez reclamada, por um último resquício de instinto.

Esse Homem exerce, assim, em primeiro lugar, um papel catalisador, a fim de propiciar a precipitação dos componentes de Mariazinha. Ele a instiga, levando-a pelo vigor encantatório do convite poético ao desnudamento progressivo. Criatura bem menos fincada na realidade que ela, pode ser considerado uma projeção externa dos desejos de Mariazinha, um desdobramento de seu monólogo interior, para que ela ponha em xeque suas convicções e empreenda a fuga onírica. As primeiras palavras do Homem são de uma agressividade destinada a chocar, levando Mariazinha ao mutismo. Mas, sob o pretexto de ser para ele feriado, convida-a para um passeio, como cúmplice. E seu objetivo é fazer que ela falte ao serviço naquele dia ("amanhã vai ser um Dia Branco"), símbolo de um rompimento com o cotidiano e recusa da mecanização da vida. Se Mariazinha atender ao apelo do anjo provocador, poderá perder a garantia pretendida de esfacelar-se no caos, mas terá saboreado o fruto proibido e entenderá a vida como uma oportunidade única e grandiosa. Enquanto desbravam a noite, os dois aprofundam o conhecimento das coisas e se dispõem a ir, livres e felizes, até o fim do mundo. Mas vem a manhã, com o seu fardo de exigências, e uma voz de mulher fala a Mariazinha que são sete horas e ela vai perder o ponto. Basta essa chamada à realidade para Mariazinha acordar do sortilégio, incidir nas defesas sedimentadas ao longo dos anos e espairecer as bruxas, aos gritos de socorro e ladrão. O Homem quis roubar-lhe a paz artificial dos mortos em vida.

Se a autora tivesse concluído a obra pela plenitude da aventura dos protagonistas, poder-se-ia pensar em romantismo. Um sopro interior afastaria as barreiras e os tornaria vivos no mundo do sonho. Mas *Fala baixo* guarda um permanente vínculo com a realidade e por isso o desfecho é o verdadeiro, na circunstância das personagens. Terminada a bonita viagem lírica, impera a ordem, o compromisso, a preservação que assegura o dia seguinte. O prosaico apelo à polícia encerra a entrega provisória à poesia.

A obtenção de um clima convincente para o desvendamento desse mundo de magia requer um processo dramático diverso do tradicional. Apresentação, desenvolvimento e desfecho – esquema rotineiro das peças em três atos – não funcionariam com o material arrolado pela autora. *Fala Baixo* é, sem dúvida, uma posse imaginária, e nesse sentido cresce continuamente em intensidade. Para que o espectador acompanhe o desenrolar da estória, sem sufocar-se, estão muito bem dosados a tensão e o relaxamento, até o paroxismo final. Essa técnica lembra a de Ionesco em *A Lição*, *Vítimas do Dever* e várias outras obras, sobretudo quando ele recorre à pulverização da palavra para conseguir um envolvimento sensorial. Em *Fala Baixo*, o Homem apela, a certa altura, para um "shoc-shoc" e "blem-blem" que vão compondo a atmosfera anti-realista, necessária à violação metafórica de Mariazinha. A cadência do som, ritmicamente repetido, instaura o ritual cênico.

A procura apaixonada dos desvãos não contradiz um certo ludismo no encaminhamento dos diálogos.O jogo teatral, além de ampliar o campo da pesquisa, enriquece extraordinariamente o espaço cênico.

Em primeiro lugar, repercutem no palco como área plástica, projetando-se, em imagem para o público, todas as oscilações íntimas dos protagonistas. A quebra dos valores de Mariazina corresponde a uma destruição de objetos do cenário – móveis, bibelôs, o relógio antigo, presenças da família. O diálogo exige sempre uma representação física, sem o que deixaria de ser teatro. E a intuição de que a dramaturgia é uma arte para ser incorporada ao espetáculo leva a autora, que não abdica das prerrogativas literárias, a compor uma obra que se completa no palco. Os dois papéis oferercem magnífica oportunidade a intérpretes sensíveis e lúcidos, que são espicaçados para utilizar uma gama infindável de recursos. Além do apelo ao canto e às evoluções coreográficas, a peça alterna drama, comédia, grotesco, poesia, violência, ternura, ironia, crueldade e compassivo devotamento ao ser humano. A encenação encontra matéria-prima, também, para enfeixar o particular e o geral, a experiência precisa e a universalidade, um caso recortado no cotidiano e o diagnóstico amplo de um mundo. Tudo isso faz da estréia de *Fala Baixo, senão Eu Grito* mais do que uma promessa: a peça é já a afirmação de um talento.

(1969)

20. Isabel Câmara

As Moças

"Sabe o que eu aprendi, sabe? Que a única coisa boa que eu tenho, a única coisa verdadeira, enorme, inteira, é o meu medo." Essa confissão, entre muitas outras, Tereza faz a Ana, na peça *As Moças*, de Isabel Câmara. Tereza afirma que nunca vai saber o que deseja, porque no fundo não quer nada, só gritar que a amem, que a odeiem, que a vejam – "porque eu existo, eu existo. Eu não sou um fantasma. Eu estou viva e eu quero viver". Não importa que, no fim dessa fala, ela se considere um nadinha, um nadinha de nada.

Essa caracterização de personagem é suficiente para introduzir o espectador no mundo de Isabel Câmara, mais uma jovem autora que estréia profissionalmente na temporada de 1969. Um mundo sofrido, de melancolia e solidão, cheio de delicadeza e de recato, embora se ouçam com freqüência palavras ásperas, destinadas a fustigar as defesas da sensibilidade. Quando Ana chama Tereza de "meu Proustizinho mineiro", já se sabe que Isabel vem de uma formação literária na província, carregando a sua memória como um fardo de que não consegue desvencilhar-se.

A motivação inicial de *As Moças* se encontra no prólogo. A autora não se pejou de reproduzir uma carta que lhe dirigiu sua tia Emília, vivendo em Araruna, no sertão da Paraíba. Nessa carta, datada de 1965, a tia conta que atingiu 74 janeiros, já preparou a mortalha e, depois de ter ganho um guarda-roupa de uma vizinha que se transferiu de cidade, pede que Isabel economize dinheiro para comprar-lhe um reloginho de pulso, o único desejo que acalenta na vida. Tereza vai dizer, quase no fim da peça, que tem medo dessa tia Emília, tão certa na sua convicção de que só queria um reloginho de pulso. A autora espanta-se com a simplicidade das pessoas que se encerram nesses dados objetivos, inveja-as, gostaria de ser também retilínea e segura. *As Moças* desnuda aos poucos a intimidade de uma criatura indefesa, que se recolhe nas suas frustrações e no seu susto. Quando muita gente se apressa para gritar convicções adquiridas à última hora, representa um ato de coragem – sobretudo no teatro – esse recolhimento, esse pudor, esse gosto da atmosfera poética e das coisas menores.

É impossível não pensar no Tchecov de *Três Irmãs* e *Tio Vânia*, transposto para a linguagem mais rude de agora. A formação de Isabel Câmara está marcada pelos autores que dissolveram a personalidade em partículas infinitas, ressaltando-lhe a ambigüidade e a recusa de rótulos definidores. O espectador talvez estranhe a ausência de palavras claras, que enfeixem as personagens em categorias apreensíveis, mas sentirá um evidente enriquecimento de sua experiência humana, pelo contato de naturezas não mistificadas. Acompanha-se com sofrimento e simpatia fraterna aquele triste itinerário do nada para o nada.

Isabel põe em confronto Tereza e Ana, a primeira, com trinta anos, sustentando-se de traduções e querendo ser escritora, e a segunda, com vinte e dois anos, modelo profissional e aspirante a atriz. Ambas já tentaram o suicídio e estão soltas na cidade grande, sentindo-se viver principalmente pela relação conflituosa que estabeleceram. Ana partilha há dois anos o pequeno apartamento de Tereza, que tem dificuldade em falar que dividam tambem as despesas. Tereza já admitiu que a presença de Ana trouxe um pouco de vida às suas velharias, mas não lhe agrada o desafio, a provocação da amiga. Para ferir Tereza, Ana trouxe Rodrigo para o seu quarto comum, e se amaram sem se importar que ela dormisse ou apenas fingisse dormir. Por que essa forma de agressão? O problema evidentemente pertence à esfera da psicanálise, e está tratado com a intuição de ficcionista e não o propósito de fazer diagnóstico. No decorrer do ato único, insinua-se um clima de entrega mútua, num sabor ambígüo que poderia sugerir a relação homossexual. Na verdade, o que se procura romper é a solidão, na ânsia de comunicar-se, e o mal se agrava, porque falta o amor, dando sentido a qualquer extravasamento. Estimulado pela bebida, o diálogo ultrapassa as barreiras convencionais, promovendo a sondagem interior, mas desemboca na esterilidade. Uma grande virtude de Isabel Câmara foi ter conseguido surpreender esse jogo psicológico de avanços e recuos, de entrega e recusa, sem abdicar um momento da sutileza e das sugestões veladas.

Tereza é a criatura mais consciente, reflexiva, em que a "fossa" nasce de uma série de dificuldades de relacionar-se com os outros. Num monólogo revelador, ela confessa que não tem onde cair morta e que inveja Ana, ser espontâneo despido de amarras morais. Tereza receia ter mau hálito e seu dinheiro não dá para nenhuma alegria. Escreve cartas, pelo pavor de encarar as pessoas. Já Ana, que não vê entraves, tem a inocência da irresponsabilidade, deixando-se existir, sem indagações que a empenhem. Tereza, que necessita tanto de amor, sofre daquela consciência paralisante: "A gente ama e no fundo só faz careta na frente do espelho". Talvez apenas a mantenha a esperança no outro pólo de seu cotidiano vazio, o que lhe permite afirmar: "Até o dia que aprender que você Ana e eu Tereza somos umas moças que ou existimos muito ou não existimos nada". Tereza não existe nada, na expectativa de uma plenitude de vida, em que ela a rigor não acredita.

A espontaneidade irrefletida de Ana não só contrasta com a reflexão torturada de Tereza, mas representa para ela o aceno de uma duração que se basta, fruindo o mero fato de existir. No jogo da verdade, Tereza pode ofender Ana, que havia expresso uma inclinação homossexual mais pronunciada: "Você não é mulher, nem homem, nem lésbica, nem nada. É esquisita, só". Mas Tereza não tarda em reconhecer o fascínio de Ana: "A única coisa maravilhosa que você tem é seu cabelo imundo, e sua cara vulgar, grosseira, bonita, é sua coragem que nunca serviu para nada". Ana apenas existe como existem tantos objetos, e tira seu encanto dessa imanência naturalmente sedutora, em que não se indagam os problemas que a levaram a tornar-se homossexual.

Se o teatro não se tivesse liberado de convenções, logo se afirmaria que *As Moças* não desenvolve uma ação e que por isso não chega a ser um texto que se destina ao palco. Sem dúvida, nenhuma das peças ultimamente encenadas abole, como a de Isabel Câmara, a preocupação com o entrecho, com os acontecimentos modificadores de uma realidade. Há, no diálogo, uma tensão crescente alimentada pela bebedeira, mas nada muda as duas personagens: elas vão repousar, no final, por cansaço, sem que as revelações mútuas alterem o comportamento de uma em face da outra. Elas poderiam travar, em qualquer tempo, um diálogo semelhante, porque sua natureza se encontra em grande parte estagnada, infensa aos dados exteriores que repercutem na conduta. Um manual de Dramaturgia condena esse procedimento dramático, mais próximo do conto ou da crônica. Esse, porém, é um preconceito, responsável em certa medida pelo convencionalismo da fatura habitual das peças. Desde que as personagens se sustentam de pé, no palco, por que exigir uma história ou mesmo um conflito? Não se pode negar a presença de uma ação interior, mesmo que ela se dissolva em nada.

A conversa (por que não chamá-la assim?) parte de uma base realista, embora a autora interrompa a seqüência natural do diálogo para introduzir perguntas e respostas, num estilo de reportagem. Mesmo esse recurso, que levanta dados e traz informações para o espectador, cabe ser caracterizado como um jogo inteligente de duas criaturas que se medem, para o bote que virá depois. Vitaliza-se o bate-papo, sempre ameaçado de desfazer-se no prosaísmo dos comentários, e se solicita o interesse do público, pela agilidade do pingue-pongue. O pudor de Isabel faz que ela interrompa sempre as confidências por uma caçoada antimelodramática, na melhor tradição da ironia drummondiana. *As Moças* ganha, com esses elementos, um teor literário que é muito raro entre os nossos dramaturgos.

Teatro difícil, exigindo da encenação e do público uma sensibilidade semelhante à da autora. Entre os dramaturgos que enfrentam agora o palco, pela primeira vez, Isabel Câmara é por certo quem se vale de um aprendizado literário mais apurado, embora não disponha daquela teatralidade natural e irrefreável. Não espantará a ninguém se Isabel, para a sua comunicação delicada e rigorosa, acabar preferindo outro gênero, já que o palco tende a contaminar-se com expressões mais impuras e exteriores. De qualquer forma, aqueles que reclamam da dramaturgia uma comunicação menos óbvia devem confraternizar-se com o universo em grande parte enigmático de Isabel Câmara.

Não se destina a peça ao êxito fácil nem os que gostam de situações claras terão satisfeito o seu desejo. Quando a psicanálise ao alcance de todos se veiculou principalmente num certo teatro e cinema de digestão imediata, *As Moças* repele as exegeses simplificadas e não esgota, até o fim, a sondagem proposta, porque sugere que há sempre novas zonas a explorar. Se o herói tradicional fica modificado pela ação dramática, Ana e Tereza terminam a peça no ponto de partida, porque na realidade as explosões não bastam para que, no dia seguinte, o mundo se transforme. Em nova bebedeira e nova confissão noturna, pode ser que as duas moças voltem a falar as mesmas coisas.

Sem nenhum caráter restritivo quanto ao significado da estréia, tem-se vontade de saudar mais, em *As Moças*, o aparecimento de uma escritora do que de uma dramaturga. Pode-se ter a certeza, a partir dessa prova, que a escritora Isabel Câmara, ao afeiçoar-se mais à linguagem própria do palco, acabará realizando um grande teatro.

(1969)

21. Consuelo de Castro

À Flor da Pele

Com *À Flor da Pele*, Consuelo de Castro surpreendeu um dos conflitos palpitantes de hoje: o confronto de duas maneiras de querer modificar a sociedade, a paciência de quem raciocina com o peso de milhares de anos de História e a pressa de quem só vê saída na supressão da História. Um radicalismo irracional, que é a perspectiva dominante na peça, teria forçosamente de conduzir as personagens à derrota.

Para que o problema fosse tratado na sua essência, sem as diluições das conversas de grupos, a autora concentrou a luta apenas nas figuras de Marcelo e Verônica. Ele, 38 anos, professor de Dramaturgia, casado, com uma filha de 13 anos, ganhando o sustento como autor de uma telenovela de êxito popular, e coagido a prolongá-la em virtude da aceitação registrada pelo Ibope. Ela, 22 anos, aluna e amante de Marcelo, desejando afirmar-se como atriz e dramaturga, vinda de família abastada e eventualmente tradicional. Os encontros se dão no apartamento que é o cenário único do espetáculo, onde uma bandeira contém os dizeres: "Seja realista: peça o impossível". Com um temperamento conciliador, essa situação poderia prolongar-se por muito tempo, até que o tédio se incumbisse de dissolvê-la. Verônica, entretanto, na inconsciência que é muitas vezes a forma de aguçar a consciência, rompe as regras do comportamento convencional, para exigir uma definição urgente. A ação inicia-se exatamente depois que ela tomou uma atitude que deveria empenhá-la, revelando para a mulher de Marcelo a verdade de seu caso amoroso.

A partir de um dado concreto novo, vão definir-se as psicologias. Marcelo procura um meio de "contornar" a crise, bem fiel ao seu temperamento acomodado, que encontrou uma harmonia ilusória entre os seus ideais revolucionários e as exigências imediatas do cotidiano. Ao investir contra ele, a autora tentou contestar a imagem difundida do Partidão e mesmo da política da União Soviética, tachada de revisionista, negando-lhes o espírito revolucionário que se perderia numa tática de conveniência pequeno-burguesa. Verônica, rebelde, neurótica, violenta, tem aquela sede de absoluto que está próxima do anarquismo, e sabe-se que sua escolha só tem dois pólos, a plenitude ou a autodestruição.

Uma intuição, admirável numa jovem, fez que ela observasse em Marcelo os elementos de sua crise interior, que independia da crise deflagrada por Verônica. No fundo, ele foi vítima da necessidade de sobrevivência, já que não era remunerado pela sua realização vocacional como professor e dramaturgo, obrigando-se por isso a desgastar o seu talento no subproduto da telenovela, que destila o contrário de suas convicções. Por isso Verônica pôde interpelá-lo: "E que é que você faz pelo proletariado? Você escreve novelas que, ao invés de incitar alguma revolta em alguém, pregam a humildade e a resignação..." E ela dá o veredicto impiedoso: "Há três anos que eu não vejo uma peça sua. [...] Você é apenas um pequeno-burguês acomodado e impotente. Nem intelectual de esquerda você é". Sente-se, na peça, que Verônica representa para Marcelo aquela presença de que ele necessita, para ainda acreditar-se vivo. Mas essa própria vitalidade é enganosa, porque ele não tem mais motivação e confiança para um salto sem rede protetora. Com o tempo, ele reduziu Verônica a objeto de fuga, a sortilégio sem compromisso efetivo, que o compensava momentaneamente de uma impotência profunda. Quando ela quis converter essa vida secreta em verdade pública, ele não conseguiu consumar ali também o ato sexual. Na aparência algo solta e alucinada, *À Flor da Pele* faz um processo objetivo de grande parte da intelectualidade brasileira.

Verônica não aceita os valores familiares e não encontra fora de casa os motivos que apazigüem a sua insatisfação. No campo doméstico, a conduta que ela adota é a do choque, despindo-se para um pretendente tolo, a fim de mostrar que está gorda e não pode comer os bombons que ele lhe presenteia, ou iniciando o incêndio de sua casa, para irritar o pai. E ela prefere que o pai tenha reagido com rigor, pois do contrário sentiria mais nojo dele ainda. É evidente que essa indisciplina permite a Marcelo tirar conclusões psicanalíticas fáceis: "Você odeia o teu pai. Não o capitalismo. Você tem rancores. Não ideologias. Você tem mágoas. Não consciência". Bem como é possível observar, no amor por Marcelo, a compensação da falha imagem paterna. Durante os três anos de ligação, Marcelo ajudou Verônica a "segurar as pontas". E agora ela ingressa na aventura definitiva. Já experimentou de tudo, entregou-se a muitos homens, não se realiza como autora, amortece a violência na bebedeira desenfreada, atordoa-se no barulho do iê-iê-iê para escapar da realidade. Se Marcelo não tivesse também falhado, querendo prendê-la a um compromisso menor, Verônica se salvaria da derrocada? Provavelmente não. Naturezas como a sua não aceitam a realidade e toda vez que um sonho se concretiza, se transforma em prosaísmo desprezível. Há, portanto, coerência no desfecho da personagem. Ela diz: "Não quero que ninguém me siga porque a minha violência é uma violência inútil. Há um lixo por se incendiar". Depois, mata-se, de maneira teatral, como uma menina mimada que deseja chamar a atenção dos outros. Até esse final, aparentemente melodramático, está correto na psicologia de Verônica.

Os méritos de *À Flor da Pele*, portanto, são visíveis. Embora Consuelo de Castro tivesse escrito *À Prova de Fogo* (peça proibida pela Censura), melhor do que o texto estreado, é quase inacreditável a mestria que demonstra em desenvolver uma história em três atos, com apenas duas personagens. A teatralidade do conflito, a segurança em manter a contínua atenção da platéia, o domínio da narrativa, o ritmo no desvendamento dos problemas e a linguagem objetiva, sem falsa literatura, mostram a escritora dotada espontaneamente para o palco. E ela não escamoteia, não obedece a linhas de conveniência, não torce suas criaturas e a verdade em função de uma idéia anterior à peça. As personagens vivem a liberdade total, naquele momento em que tiram as máscaras para enfrentar o seu mundo interior. Essa intransigência, essa integridade selvagem, esse rigor autêntico podem ser incômodos aos princípios estabelecidos de qualquer sistema, mas são reveladores para quem sabe que apenas com eles se constroem as grandes obras. Consuelo tem a intratabilidade dos artistas verdadeiros.

Talvez o anarquismo fundamental crie nela a nostalgia da ordem, e por isso a fatura de *À Flor da Pele* obedeceu aos padrões tradicionais de apresentação, desenvolvimento e desfecho de uma história. Entre as peças dos jovens dramaturgos, essa é, sem dúvida, a de composição mais convencional, não aproveitando nenhuma das conquistas veiculadas pela vanguarda. Percebe-se o esforço da autora para enquadrar a sua aventura alucinada nos limites de uma peça bem feita. Lembre-se, por outro lado, que ela escreveu *À Flor da Pele* em pouco tempo, por encomenda, a fim de atender à necessidade de inauguração do Teatro Paiol.

E por mais que ela tenha retrabalhado o texto, da primeira versão para o que se disse na estréia, ainda está patente a preferência por Verônica, em prejuízo de Marcelo. Em linhas gerais, mostra-se corretíssima a posição de Marcelo, o falido intelectual de esquerda. Mas um homem inteligente e de valor, como ele deve ser e é apresentado na peça, não tem o direito de desfilar tantos lugares-comuns, que soam falso no diálogo. Leiam-se algumas de suas frases feitas: "A consciência é a coisa mais importante que a gente tem"; "É teu pai. Você devia respeitá lo"; "Vocês liquidaram o texto de Shakespeare. Não respeitam nada mesmo, não é?"; "Fazer uma palhaçada daquelas com o texto de um imortal!"; "Só os bichos vivem sem usar a (aponta a cabeça) consciência... A razão!"; "Você não destrói a razão. Ela é imperecível"; e um discurso sobre a maravilha que é o homem, no qual Marcelo diz até que "a humanidade compôs a 9ª Sinfonia". Muitas dessas tiradas oratórias e ocas estão cortadas pela ironia de Verônica, objetando: "Lá vem regra!"; "Credo! Você está fazendo comício pra quem?"; "Como você pontifica"; civilização é "Liquidificador Walita, Apolo 11, Napalm, Chacrinha e Modess"; "Esta psicologia barata está cansando a minha beleza" etc. A autora identificou a ponderação à mediocridade política, amesquinhando às vezes Marcelo aos olhos de Verônica. A peça ganharia muito, se ela tivesse feito de Marcelo uma personagem à altura da antagonista. O desequilíbrio no tratamento das duas únicas criaturas acabou por refletir-se no próprio desempenho, pois não está bastante amparado o intérprete masculino.

Subjacente à peça transparece o "conflito de gerações", que lhe dá um apoio psicológico objetivo e natural. Sejam quais forem as idéias políticas, o homem maduro tende ao raciocínio e à acomodação, enquanto a jovem ainda não conseguiu conter os seus impulsos anárquicos e rebeldes. Mas essa idéia comum não empalidece o achado do problema ideológico proposto.

Com desenvoltura ainda maior, porque lidava com muitas personagens e uma situação mais rica e dramática, a autora já havia demonstrado em *À Prova de Fogo* a sua sensibilidade para os temas políticos. A ação passa-se numa Faculdade ocupada pelos estudantes, mas a lucidez com a qual Consuelo analisa os diferentes tipos humanos (denunciando muitas vezes o lastro de sentimentos menores que há na revolta) levou algumas pessoas a pensar até que ela adotara uma perspectiva reacionária: os universitários sairiam desmoralizados desse desnundamento impiedoso a que foram submetidos. Essa inteireza crítica é outra virtude de uma ficcionista mergulhada nas contradições de seu tempo, expondo-as com uma coragem e um despudor que anunciam as obras duradouras.

(1970)

22. Mário Prata

Fábrica de Chocolate

Não deve ter sido fácil para Mário Prata escrever *Fábrica de Chocolate*. Sugestões contraditórias chocam-se, na análise do problema da tortura sob o prisma do torturador, restando uma terrível perplexidade, como se se tratasse de um pesadelo em que não se deseja acreditar.

Numa coisa andou logo certo o dramaturgo: ele encarou a situação com a maior naturalidade, sem emprestar-lhe a violência suplementar do grotesco ou da caricatura. Tudo se passa em clima normal de cotidiano, o que aumenta a carga de crueldade. Houve, numa sessão de tortura, um acidente de trabalho, que é preciso corrigir a todo custo, para não comprometer a imagem do sistema. O menos inverossímil é transformar a morte em suicídio, depois de uni-lo a um novo assassínio, para que o quadro adquira outras características de veracidade.

Os episódios se sucedem com lógica implacável – dir-se-ia um quase rigor científico. A eficiência se desdobra nas mais variadas medidas, desde a utilização de tipos diferentes de máquinas para o comunicado à imprensa e a redação do laudo médico, até a lembrança de um pormenor anatômico dos suicidas. As providências se encadeiam com o objetivo de não deixar aberta nenhuma dúvida suspeita. Excetuado o erro de se fabricar um "material irrecuperável", tudo o mais se torna perfeito.

Mário Prata revela uma lucidez surpreendente, em todas as implicações de sua trama. Do psicológico ao social e ao político, *Fábrica de Chocolate* não deixa desguarnecida nenhuma frente. Ele evitou pintar monstros patológicos, às voltas com taras incontroláveis. Se foi lamentável o acidente, inclusive porque impediu o responsável de assistir à partida decisiva de futebol, a máquina repressora é acionada para restabelecer a ordem. Os funcionários exemplares dominam a

Mário Prata. Arquivo Multimeios/Divisão de Pesquisas-IDART.

ciência de oferecer uma versão oficial indiscutível, assegurando até a cumplicidade do industrial, de quem, aliás, se definem como os delegados práticos nas tarefas menos nobres. Denuncia-se a completa solidariedade dos vários segmentos da população opressora, quando o poder se sustenta pela força e pelo arbítrio.

O desenrolar inexorável da história se interrompe anti-ilusionisticamente, em alguns pontos, para que um ator, fora das vestes da personagem, forneça uma biografia sumária de outra personagem. O procedimento funciona para inocular informações que, de outra forma, demandariam maior tempo e outro gênero de estrutura dramática. E, no final, o operário da Fábrica de Chocolates Bem-Me-Quer é definido também como jornalista, estudante, advogado, militar – todos empenhados na obtenção de um aumento de salário e de um pouco de paz para o País.

O realismo escolhido pelo autor provoca reações inesperadas que talvez desconcertem o elenco. Por mais que seja dramático ou trágico o episódio, os diálogos provocam inevitáveis reações de riso. É o humor negro instalado no diálogo, a farsa macabra dos acontecimentos, exigindo o alívio da gargalhada. Sem essa reação, o espetáculo, talvez, se tornasse insuportável.

É muito agradável reconhecer essas qualidades em *Fábrica de Chocolate*. Mário Prata volta ao palco depois de oito anos de silêncio. Ele havia escrito *Cordão Umbilical* e *E Se a Gente Ganhar a Guerra?*, que tinham méritos evidentes, mas estavam longe de um resultado satisfatório. As falhas das duas obras eram, sobretudo, de fatura. *Fábrica de Chocolate* amadureceu formalmente e já atingiu um nível muito bom. Mário Prata figura, agora, na primeira linha da dramaturgia brasileira.

Temia-se que o abrandamento da Censura liberasse muitas peças frouxas e inexpressivas. Na verdade, diversos textos só se tornaram notórios graças a uma estúpida interdição. *Fábrica de Chocolate* se alinha entre as exceções que emprestam magnitude à abertura que está repondo o País na sua trajetória de grandeza histórica.

(1979)

23. Maria Adelaide Amaral

De Braços Abertos

Em suas primeiras peças, datadas dos anos 70, Maria Adelaide Amaral se mostrava uma crítica inteligente e espirituosa do sistema em que vivemos. Observadora ferina da realidade à volta, investia com as armas da análise o do humor contra os desvios provocados pela ausência de valores autênticos num mundo de competições, desejo de ascensão social a qualquer preço e arrivismo, aproveitando as brechas das injustiças de todo tipo.

Bodas de Papel, revelada em 1978 (o título alude a dois anos de uma união), iniciava uma trajetória de êxitos sucessivos de crítica e de público. Na trama, enquanto Tetê deseja comemorar no apartamento novo a data sentimental, Turco procura valer-se do pretexto da festa para fazer um grande negócio. Da divergência de intenções nascem os equívocos e a amargura inevitável. A autora desmonta com crueldade o universo menor dos executivos "vitoriosos", que venderam a alma em troca de um bem-estar provisório.

Em *A Resistência*, vinda a seguir, o microcosmo de uma redação de revista decadente espelha, com lucidez, o macrocosmo da angústia e das relações humanas. Anuncia-se que haverá cortes de pessoal, por medida de economia, em decorrência da majoração de salários. É admirável como se entrecruzam os problemas pessoais e o coletivo, motivado pela perspectiva de desemprego. A situação desencadeia o clima dramático, resolvido na dosagem certa pelo veículo da comédia. Fica implícito o julgamento da organização social, que se rege por leis econômicas, deixando em segundo plano os problemas humanos. O protagonista da história acaba por tornar-se, insensivelmente, o sentimento de insegurança, que gera as mais opostas reações, forjando fortes e fracos, inconformados e submissos, dignos e indignos.

Já *Ossos d'Ofício* se concentra no terceiro subsolo de um estabelecimento bancário, onde se localizam o arquivo morto e os empregados que, por diversos motivos, vivem a semiaposentadoria do "encosto". O simulacro existencial da situação, que tem, de qualquer forma, a cordialidade, o calor e a sabedoria do convívio brasileiro, é rompido pela chegada de um PHD em computação, para quem se torna constrangedora a papelada inútil que se acumulou, além da poeira e da vizinhança dos ratos. Está armado o conflito entre a eficiência e a rotina, a nova e a velha mentalidade, o rigor frio e a acomodação, mascarada em iniciativas sem verdadeiro alcance.

A autora não tem a ingenuidade de defender o *status quo* insatisfatório contra o progresso tecnológico. Sua postura é, em toda a linha, a humanista, que advoga o equilíbrio entre as conquistas científicas e o respeito ao homem. *Ossos d'Ofício* vale como apelo à tolerância, ao entendimento, à busca de soluções humanas para todos os conflitos. E sem dúvida o texto espraia-se para o terreno simbólico, acima do pequeno universo retratado. Era chegado, porém, o momento de Maria Adelaide Amaral saltar da observação estrita da realidade, a fim de alçar-se a vôos mais livres.

Esse momento, depois ainda da experiência do musical *Chiquinha Gonzaga*, teatralização da vida de uma grande compositora popular brasileira, chegou, na verdade, com a estréia de *De Braços Abertos*, na temporada de 1984. Preservaram-se todos os méritos dos trabalhos anteriores, enriquecidos agora por uma penetração mais funda na psicologia das personagens, um domínio incomum do diálogo (justapondo sucessivos *flashbacks,* entremeados por narrativas dos protagonistas, quase como um monólogo interior) e a coragem de aventurar-se pelo clima poético, sem nenhum derramamento sentimental.

O palco é ocupado o tempo inteiro por um casal de amantes, que se reencontra em uma mesa de bar, anos depois de rompido o relacionamento. As réplicas iniciais referem-se ao ano de 1979, importante por ter marcado a reabertura política, voltando os exilados do Exterior. Houve, também, uma greve malograda de jornalistas, e Luísa e Sérgio trabalhavam na mesma redação. Ao tatear das primeiras falas, como um reconhecimento de terreno, Sérgio afirma que Luísa é ainda a pessoa mais importante de sua vida, e ela proclama com franqueza que "era a maldição me atraindo outra vez, a minha irresistível atração pelo abismo... [...] me assustava o fato de você não ser uma boa pessoa e saber que, exatamente por isso, eu estava sendo atraída por você..."

Componente do relacionamento secreto é a circunstância de serem ambos casados, sem se decidirem a romper o vínculo matrimonial. A peça não se detém sobre as causas que impediram a separação – talvez o peso do compromisso familiar, no caso de Sérgio, obrigado a sustentar a mulher e três filhos, e a insegurança afetiva de Luísa, casada com um industrial e esportista, que de alguma forma lhe propiciava estabilidade. Na aventura amorosa do casal, a autora promove o tempo todo um intertexto com o *Quarteto de Alexandria*, de Lawrence Durrell.

Na visão retrospectiva, Luísa pensa que teria sido preferível que Sérgio desaparecesse, depois do primeiro encontro perfeito, "sem tempo para me magoar, sem tempo de matar o sonho..." Entretanto, ela o via todos os dias e, dia a dia, se entregava "à tua maldição, porque o meu lado escuro, essa parte maldita de mim, há tanto tempo adormecida, já tinha sido despertada e reconhecia em você o sujeito da minha perdição!"

A parte maldita de Luísa havia sido despertada, antes, durante a ditadura militar, por Paulo Cavalcanti, um guerrilheiro urbano, que acabou sendo morto no Chile. A ligação não é fortuita: serve para pintar o pano do fundo de uma geração sacrificada na luta contra o arbítrio. Aliás, o próprio Sérgio, que não se considerava "um preso histórico", herói de nenhuma resistência, havia saído há uma semana do presídio, quando viu Luísa pela primeira vez.

Os mal-entendidos logo interferem na relação. Luísa pediu que fossem o mais possível discretos na redação, para afastar a bisbilhotice dos comentários, e Sérgio acha que ela fez o pedido "porque a sua imagem é mais importante que a sua vida e você é capaz de sacrificar qualquer coisa para que não se desvaneça uma bela impressão a seu respeito..." De origem humilde, uma carreira modesta na imprensa, Sérgio compensava com o sarcasmo a inferioridade que sentia. Que não escondia um sentimento de inveja por Luísa, que ela detectou.

A necessidade de manter as aparências cria situações constrangedoras para ambos. Ora é o aniversário da mulher de Sérgio, obrigando-o a apressar Luísa, para que ele não atrase a ida para casa. Ora é o convite impessoal recebido por Sérgio para comparecer à festa de aniversário de Luísa, levando-o, por vingança, a presenteá-la com uma gaiola, "símbolo doloroso", no dizer dela: "a gaiola era minha casa, meu casamento, meu medo..." Luísa não o tirou para dançar, quando tocou uma música evocativa de seus encontros e que seria "um sinal da paz, reconciliação..." E Sérgio também a feriu, ao sair da festa com uma garota...

As agressões de Sérgio vão ferindo Luísa, até que ela decide "recolher o que resta da minha auto-estima e pôr um ponto final nesta relação doentia..." Luísa diz que ficará muito triste, mas vai matá-lo dentro dela. Só assim será livre outra vez. Ainda pergunta: "Por que é que você que podia ser tanta coisa e não é... por que é que você caminha para o abismo insistindo em me levar?" Mesmo separada do marido, depois de não conseguir mais fazer amor com ele, Luísa não sabe mais o que Sérgio representa para ela: nos últimos tempos acha que apenas uma boa relação sexual.

De Braços Abertos, 1984. Irene Ravache, Teatro FAAP. Foto: Djalma Limonji Batista, Arquivo Multimeios/Divisão de Pesquisas-IDART.

Sérgio, sempre pedindo perdão depois de magoar Luísa, tem consciência do efêmero de seu caso. Acariciando-lhe o rosto, ele diz: "É uma pena que tudo isso um dia vá acabar como todas as coisas... e você, tão cara e necessária neste momento, vai se transformar apenas numa referência: uma mulher que marcou certo período da minha vida... e com o tempo só vai ficar seu nome, porque nem os traços do seu rosto eu vou conseguir lembrar..."

No reencontro do presente, Sérgio fala a Luísa que a ama, e ela lamenta que se tenham passado tantos anos para ouvir essa declaração. Para ele, Luísa apenas não o tinha escutado. E pergunta se ela o amara, para ouvir: "Como nunca amei ninguém". Nesse clima, é sugestiva a réplica de Luísa, encerrando a peça: "O melhor, o mais surpreendente, o mais bonito, meu amigo, é a gente estar aqui e conseguir, depois de tudo, se olhar com tanta ternura..."

Justificando o título, Luísa havia contado um sonho recorrente. Presa de uma grande sensação de desamparo, um homem se aproxima, ela está de braços abertos, e de repente ele se desvanece. Ao acordar, sente-se aliviada, "porque foi apenas um sonho e, imediatamente, angustiada porque me dou conta que essa tem sido a minha realidade afetiva... eu sempre de braços abertos à espera do homem que nunca chegou... mas vou continuar de braços abertos porque, apesar da dor, do desencanto que sempre experimento nas minhas relações, continuo acreditando que o amor é a única coisa capaz de me salvar..."

Um psicanalista se regalaria com a riqueza de dados que o texto oferece. Maria Adelaide sabe oscilar muito bem entre o abandono sentimental, o prazer, a cumplicidade, o entendimento lúcido, a deposição de armas em face das vivências recíprocas, a dependência não confessada, e ao mesmo tempo as reservas, os sarcasmos, as ironias, os medos, as mágoas, os equívocos ruinosos, a amargura, o desencanto, a agressividade, o sadismo, as neuroses, as incompreensões cruéis que, de repente, tornam um amante desconhecido para o outro.

A perspectiva é marcadamente feminina, o que se entende. Luísa é sem dúvida uma personagem que inspira mais simpatia do que Sérgio. Seus motivos estão tratados com maior compreensão, porque parecem mais legítimos, também. A autora, porém, não amesquinha o homem. Ela acompanha as fraquezas de Sérgio, as hesitações, a insegurança, ou ressentimentos, o ciúme de fantasmas (o amor malogrado que ligou Luísa a Paulo Cavalcanti), a vocação do abismo. Por outro lado, a crítica se refere ao homem Sérgio, não à personagem, talhada com acerto. A peça transmite com empatia o ser frustrado, *quase* o vencedor em muitas batalhas, certamente um medíocre.

Luísa, herdeira do bovarismo, se define como mulher superior, que analisa com acuidade tudo que lhe diz respeito – da antiga paixão pelo militante político à vida matrimonial, da faceta lúdica ao irreprimível impulso de fidelidade, do desejo de afirmar-se nas artes plásticas ao basta que dá a Sérgio, para não ser destruída. Há nela uma sensibilidade, uma sabedoria, uma apreensão do mundo que a erigem numa das melhores personagens da dramaturgia brasileira.

De Braços Abertos tem a virtude de fazer uma análise paradigmática da relação de um casal, consumida pelos desajustes inevitáveis. Transcende as circunstâncias específicas de um caso amoroso, para dar-lhe um cunho genérico, interessando a quaisquer espectadores que um dia tiveram uma experiência semelhante. Pelos seus valores humanos e artísticos, a peça elevou Maria Adelaide Amaral ao primeiro plano da dramaturgia brasileira.

(1986)

Intensa Magia

Entre as já numerosas peças que escreveu, *Intensa Magia* é aquela em que Maria Adelaide Amaral foi mais fundo no tema das relações familiares ou, melhor, tratou sem nenhum véu embelezado: o convívio adulto de um pai torturado com a mulher e os filhos.

O título pode parecer estranho, porque se alude à magia, expressamente, quando Alberto dança com a filha Teresa e ela fecha os olhos, de novo adolescente, como se aprendendo os passos com o pai, e o irmão Betinho desliga o som roufenho da vitrola. Teresa, cessada a magia, interpela o pai: "Como sempre, no melhor da festa, você corta meu barato e vai embora".

Outra vez surge a palavra magia, no desfecho, numa réplica de Alberto à filha. Ele se diz permanentemente condenado a tudo que odiou, "sempre do lado de fora da vida que desejei... olhando meus sonhos do lado de fora... sempre no hall... fascinado com a magia de uma vida que nunca pôde ser minha..." Alguém que se frustrou com um cotidiano menor e sentiu a magia da existência superior, que nunca chegou a atingir.

Ou seria "intensa magia" esse exorcismo impiedoso, em que todos os demônios são arregimentados para encontrar uma explicação sempre insatisfatória? As personagens do conflito central, em dívida ininterrupta com o mundo à volta, compensam-se na cobrança das falhas surpreendidas nos outros. A contabilidade nunca registrará um equilíbrio.

Parentes próximos de Maria Adelaide identificam-se, desde logo, como Edward Albee, Harold Pinter e Plínio Marcos. Só que, para o público da classe média brasileira, afinal a mais reconhecível consumidora de teatro, ela parece a de familiaridade imediatamente palpável. Quem, no cotidiano, não deparou com a galeria de personagens retratadas no texto?

Para manter o clima paroxístico, da abertura ao desfecho, a autora valeu-se da velha e eficaz técnica da concentração, unindo num mesmo jantar o aniversário de Alberto, o chefe da família, e o noivado (que ele ignorava) da filha Zezé. Dentro de natural verossimilhança, em que os celebrantes surgem aos poucos, a trama vai recebendo, a intervalos, novos alimentos, que lhe renovam o interesse e não deixam cair a tensão.

Assim é que, ao abrir-se o pano, a mãe Roma e a filha Zezé dão as primeiras informações para o espectador situar-se na história. Ouve-se o temor de Zezé de que o pai antipatize com o noivo, Carlos Alfredo. "Ele implica com todo mundo!" – eis o dado inicial sobre o seu caráter. A seguir entra em cena o irmão casado Betinho, desacompanhado da mulher, a respeito da qual só se farão juízos negativos. Outro dado do pai, mencionado por Betinho: "Ele não me respeita, mãe. Ele não respeita ninguém".

A aparição da filha primogênita Maria Teresa se acompanha, ao ouvir os comentários, da certeza de que "o clima desta casa não mudou nada". Ela trouxe uma camisola de presente para a irmã e afirma quase ter comprado uma igual para si, "mas o cara com quem estou saindo não merece o investimento". Teresa sente que o pai teria preferido o nascimento de um homem, no lugar dela, mulher. Nem isso é verdade: ficou faltando a alegria de ser pai, no currículo de Alberto, pelo motivo que ele invoca: "Como é que eu podia ficar alegre em ser pai, se nunca desejei ter filhos?"

Zezé lembra que o namorado estará logo ali e havia a promessa de não assustá-lo. Teresa pergunta se não seria conveniente ele ter uma visão real da família, ao que Zezé replica: "Eu não quero que ele saia correndo, como os outros". Apenas nesse momento Alberto toma conhecimento do noivado, que lhe parece ridículo, por ter Zezé 37 anos. A lavagem da roupa suja não cessa, entre todas as personagens. Roma, apesar de resignada no simulacro de existência familiar, observa, a propósito do marido: "E foi a esse traste que eu amarrei minha vida! Podia ter casado tão bem, eu era tão bonita..."

Alberto pede a Zezé que dê ao menos três razões para ele considerá-la. Roma se apressa em declarar a primeira: ela sustenta a casa – e já não bastaria? Betinho ignorava a situação e diz que mandará as compras do mês. A autora, que havia anotado ter Betinho trazido, de presente, uma toalha de mesa vista em sua casa, faz Roma informar que Teresa lhe dá a roupa que não utiliza mais. Vê-se que Maria Adelaide se compraz em denunciar as pequenas mesquinharias do cotidiano.

No jogo de crueldade nunca encerrado, Roma lança no rosto do marido que, se ele se matasse, lhe faria um grande favor. Ao que ele

Intensa Magia, 1996. Rosamaria Murtinho e Mauro Mendonça, Teatro Cultura Artística. Foto: João Caldas, Arquivo Multimeios/Divisão de Pesquisas-IDART.

contesta: seu prazer seria absolutamente recíproco. Para Alberto, Zezé come com a intenção de provocá-lo. E a filha deixa escapar que é por morrer de medo dele. Segundo Roma, o marido não tem muita idéia de quanto magoa as pessoas. A advertência de nada serve: depois de denunciar que Zezé é uma versão piorada da mãe, Alberto admite que respeita quem admira, e não admira a filha. Quanto a Roma, que não magoa ninguém, não odeia, não inveja, não tem ciúmes, para ele aí está a explicação de ser "um ninguém, um nada".

A autora se deleita em trazer à tona os sentimentos que em geral permanecem latentes, no âmbito familiar. Teresa pergunta à mãe se não tem um pouco de inveja dela, certamente pela independência que adquiriu, para ouvir em resposta: "Eu só tenho inveja de quem é feliz e você é uma pobre coitada, uma mulher fácil que qualquer um leva pra cama". A tão freqüente oposição mãe-filha, inexpressa no plano da consciência, não é escamoteada no texto. Teresa é rápida na estocada em Roma: "Você sempre foi insuperável na arte de me magoar..." O que não impede Teresa de logo manifestar para Alberto: "Você é uma hiena, papai..." Carlos Alfredo, a única personagem que não pertence à família (embora, pelo noivado com Zezé, esteja prestes a entrar nela e, ao pisar no palco, pediu permissão a Roma para chamá-la de mamãe), significativamente é o último a participar do diálogo e encarna o contraponto daquele insólito núcleo. Maria Adelaide, entretanto, não o escolheu como um modelo de prendas que ressaltariam o contraste com os parentes da noiva, valorizando-lhe, sobretudo, a humanidade, que não dispensa problemas. Ele foi padre, casou com uma viúva que tinha filhos – e os tratou como se fossem seus – e, agora, viúvo, pretende reconstruir a vida com Zezé.

Bastou a Alberto ouvir ter Carlos Alfredo cursado o seminário para desviar para ele todo o gosto da provocação. Sucedem-se as farpas e o futuro genro não recua ante a necessidade de reconhecer que "às vezes a franqueza é só um pretexto pra pessoa ser cruel!" Ainda assim, Alberto, considerando-o homem de caráter, acrescenta que ele não é brilhante ("aliás, se fosse, não estaria casando com a Maria José!"), para oferecer-lhe "levar de quebra" também a mulher.

A tensão foi tão longe que, um a um, todos se retiram, magoados. Teresa, que já havia perguntado ao pai por que ele não teve a generosidade consigo e com a família de tentar a felicidade com outra mulher, chega por fim às indagações mais duras: "Por que nos odiou tanto, papai? Por que a gente foi um obstáculo ou a única escolha que você teve coragem de fazer?" Se Alberto se refere ao "vomitório ressentido" da filha, ela explica ser esse o último esforço para se aproximar dele.

Roma, que poderia ter acompanhado Zezé na saída com Carlos Alfredo, retorna à cena, para dar a sugestiva réplica final ao marido:

"Quando quiser, sirvo o jantar..." Não obstante o abismo que os separa, estão condenados um ao outro, irremediavelmente.

Poder-se-ia interpretar a peça como o retrato de uma classe média frustrada e ressentida, deblaterando-se contra uma mediocridade da qual não consegue escapar. Alberto não esconde a mágoa de não ter podido estudar e Teresa o responsabiliza por converter a família no saco de pancada das humilhações que ele sofria. Ainda mais que não lhe faltava o prazer da boa leitura, transmitida aos filhos.

O diálogo alude a um jogo, no qual Alberto cita frases soltas, identificadas por Teresa como pertencentes a *Ana Karênina*, de Tolstói, e de Machado de Assis, que o pai completa como pertencendo ao *Memorial de Aires*. E não admite que a mulher invoque *Rebecca*, por ser literatura de segunda ordem.

Não se esgota aí a busca de Maria Adelaide das citações apropriadas. Roma ensaia um golpe teatral, inventando para o marido que teve outro homem. As filhas reconhecem, no enredo, o filme *Breve Encontro*. E Alberto destrói para a mulher o mito de Sissi e do imperador Francisco José: na segunda parte, que o cinema não mostrou, o casal vivia muito pior que eles. A autora transpõe para Alberto e Betinho uma história relativa à iniciação sexual, ocorrida entre o dramaturgo Jorge Andrade e o pai, e narrada nas memórias do livro *Labirinto*. Os três dias sem sair do quarto, na lua-de-mel de Alberto e Roma, prendem-se a *Toda Nudez Será Castigada*, de Nelson Rodrigues.

Carlos Alfredo qualifica Alberto como anarquista, quando ele aponta os três inimigos do homem: a pátria, a família e a religião (recorde-se o lema "Deus, Pátria e Família" dos integralistas). No caso do protagonista, não se trata de insulto a ninguém, mas da recusa do *não* ao prazer, à liberdade e aos instintos naturais do homem. Talvez pela incapacidade de convinver com os próprios limites, Alberto acabou sendo a grande vítima de *Intensa Magia*, embora quase tenha destruído sua descendência. Ele enriquece a galeria dos que acalentam o sonho de uma plenitude impossível.

(1996)

24. Juca de Oliveira

Meno Male!

Meno Male!, ao completar um ano de apresentações (estreou em 4 de março de 1987), tinha sido vista por cerca de 250 mil espectadores. A lotação permanentemente esgotada e os ingressos vendidos com expressiva antecedência, prenunciando longa carreira em cartaz, que se estenderia de São Paulo ao Rio e a outras cidades, atestam o fenômeno raro, cuja explicação transcende o problema artístico e parece atender a fundos reclamos coletivos.

O autor, Juca de Oliveira, atribui o êxito a múltiplos fatores. Bibi Ferreira ensaiou o elenco durante dois meses e já no primeiro dia estava pronto o cenário de Cyro del Nero. Baseava-se o desempenho em três astros (ele, Luís Gustavo e Fúlvio Stefanini), Nicole Puzzi foi a primeira opção e Maria Estela e Sandra Mara logo se integraram ao conjunto (Dina Sfat não pôde atuar, porque ficou doente). Os atores, ao invés de se sentirem seguros, o que em geral leva ao relaxamento, estavam sempre temerosos do resultado, dando o máximo de si.

Se as comédias costumam exagerar e acabam em chanchada, desaparecendo o traçado psicológico, em *Meno Male!* a situação é trágica para cada uma das personagens. Elas não vêem nada engraçado e vivem em clima de crise. Quem acha graça é o público, que acompanha a verdade das reações. Desde a estréia, a representação dura cem minutos, sem intervalo. Juca atualiza sempre os módulos políticos (as referências a acontecimentos do dia-a-dia), mas não permite que eles comprometam o ritmo da ação. Não tem preconceito contra o "caco" (piada que não consta da peça), achando apenas que ele não cabe ali. *Putz*, que Juca interpretou, ao lado de Eva Wilma e Gianfrancesco Guarnieri, às vezes demorava 40 minutos mais. O autor não admitiu que se desestruturasse a ação, "sobre a qual repousa, aliás, a única possibilidade de êxito". O número de palavras nunca se altera.

Nos comentários ao fim das récitas ou em conversas fortuitas, os atores recolhem as impressões dos espectadores, semelhantes no raciocínio. Há absoluta desesperança em relação aos rumos do País. Ninguém acredita em nada – vive-se o plano inclinado para o caos. Todos seriam desonestos. Ainda assim é um lenitivo a atitude final do protagonista Nicola, jogando fora o cheque com o qual o secretário de Estado Alberto pagaria os prejuízos da trombada em seu táxi. Nicola, a meio caminho entre o primitivo e o pequeno-burguês, dá uma lição de honra, de dignidade, e a platéia acha que ele está certo. Um empresário lamentou não ter visto antes *Meno Male!*: atravessava problemas nos negócios, mas se consola que nem tudo está perdido.

O texto reflete, em grande parte, as contradições de Juca. Ele se considera pessimista, julga que o Homem não deu certo. Somos predadores – e o único animal que tortura. Quando Nicola recebe à bala aqueles que pretendem despejá-lo da casa em que reside há 40 anos na Móoca, para construir no local mais um viaduto, seu intuito é o de preservar os referenciais, que asseguram os valores dos indivíduos. Além de conhecer bem a Móoca, Juca baseou-se nas histórias do bairro, escritas pelo jornalista Mino Carta. E se valeu, nas pesquisas, sobre os italianos, de *Comendadores e Carcamanos*, livro de Mário Carelli, que mais o ajudou no sentido da informação. Juca não esconde que o modelo moral do protagonista Nicola é o próprio Mino Carta, "homem reto, íntegro": "Para quem o conhece, esta afirmação não traz nenhuma surpresa. Mino é uma criatura desadaptada deste mundo, o que tanto fascina nele".

Para as outras personagens, nem para o secretário de Estado, Juca não utilizou um modelo específico. Passando-se os episódios no momento, e como o PMDB se encontra no poder, a peça pareceria inspirar-se nos governantes de hoje. O autor informa que sua intenção não foi criticar o partido, em cujas fileiras permanece. Um texto teatral, porém, se alimenta da realidade à volta, e sempre houve exemplos do comportamento criticado. Não é novidade, também, a figura do deputado "fisiológico", em constante troca de siglas, para se aproximar do poder.

No campo da atualidade política, o diálogo tem várias observações pertinentes. Diz-se, a certa altura, que os donos de ferro velho estão interessados em Angra I. Menciona-se a "inteligência" do governador Newton Cardoso. A maconha fumada pela filha do secretário poderia gerar um escândalo, prejudicando seu projeto de disputar o governo do Estado. Alega-se que, em situação semelhante, Brizola não foi atingido, para se ouvir: "Quando aconteceu isso, Brizola já era governador". Invocam-se Antônio Carlos Magalhães e Fernando Collor de Melo. O Centrão está de acordo com a ida do Secretário para Brasília? Haveria "apoio ao Sarney naquela história da corrupção"...

Não será difícil para Juca atualizar, a cada instante, a crítica política, porque a nossa realidade é fértil em acontecimentos que, de tão absurdos, se tornam cômicos. À falta de outras reações, o riso ao menos desafoga a platéia, que enfrentará de novo o duro cotidiano.

Telefonam do Sindicato dos Metalúrgicos ao secretário e, depois de ter sido dito que ele havia saído, ouve-se o seu comentário: "Esse pessoal do PT não! Ou bem fazem revolução ou bem se enquadram no sistema! Mas eles querem financiamento do Banco do Brasil pra comprar armas pra derrubar o governo! Onde é que está a lógica?" Mais tarde, quando o secretário, só por absoluta falta de caráter, nega que mantenha um caso com Angelina, filha de Nicola, diz para ela: "Pare de representar, menina! Qual é sua intenção? Me comprometer? Qual é o jogo? É dinheiro? É o PT? Você é militante do PT e quer desestabilizar o governo? É isso?" Embora as observações sobre o Partido dos Trabalhadores partam de um corrupto, há ambigüidade na crítica nutrida pela recusa do radicalismo.

Acredito que a empatia de *Meno Male!*, além das razões até agora invocadas, nasça da inteligente manipulação de estereótipos. Juca mobiliza vários lugares-comuns, que participam da experiência coletiva. Tudo é tratado diretamente, diria quase com rudeza, evitando alusões sutis, que poderiam passar despercebidas. O que se perde em profundidade e em recursos mais sofisticados se ganha nesse contato aberto com a motivação à flor da pele. Um retrato objetivo de costumes sintetiza para o espectador a imagem mais gritante do País.

Quem é Alberto, secretário de Estado? O autor teve o cuidado de não precisar a pasta, que pelos contatos telefônicos participa de uma gama extensa de possibilidades. Seus traços são o do oportunista, carreirista, calculista, populista, simpático e frio, ambicioso e inescrupuloso. No desenrolar dos acontecimentos, não há um despacho dele de interesse público, mas o simples expediente de nomeações e transferências de medidas em proveito próprio.

O romance com uma adolescente, que não completou 18 anos, poderia ser encarado sob vários prismas. Do ponto de vista da ética ortodoxa, o secretário seria condenado, inclusive por sedução de menor. Fala-se dele que é chegado a ninfetas. Angelina se arrolaria entre as conquistas, para satisfação da vaidade e estímulo da força viril em declínio. Num outro ângulo, a princípio se poderia absolvê-lo, por cultivar uma paixão legítima que o resgatava da sordidez política.

Essa hipótese, contudo, não se sustenta no desfecho. Surpreendido por todos, Alberto nega conhecer Angelina e não se peja de levantar, a respeito dela, a pecha de vigarista, quando sabe de sua sinceridade. O empenho único de evitar o escândalo, que encerraria a carreira política, lhe dita o comportamento condenável, sem medir as conseqüências na sensibilidade da adolescente. Findo o episódio constrangedor, Juca acrescenta ironia à conclusão da peça: a promoção do secretário do âmbito estadual para o federal. No estado de coisas vigente, Alberto, na ótica pública, não deixaria de ser vencedor.

A dra. Luísa, mulher do secretário, acha-se o tempo todo em cena, porque ocupa uma assessoria da pasta. O autor deve tê-la caracterizado assim para justificar a presença contínua na sala do marido e, sem dúvida, para criticar o empreguismo familiar, prática rotineira no poder. Ressalva-se, entretanto, sua competência profissional e a condição de vítima canaliza para ela inegável simpatia. Afinal, ela se preocupa com o vício da filha e sabe que o casamento não se sustenta. Compreende-se que perca a medida das palavras, no combate a Angelina, e reprove a solicitude exagerada da secretária Ivani, consumindo-se em paixão silenciosa por Alberto. Um pouco de compensação para tanta carga negativa é a corte, ainda que inoportuna, que lhe faz Galdino, assessor da Secretaria. O autor sugere o seu futuro, também, com marcada ironia: Luísa não se separará de Alberto, mas preservará a aparência matrimonial, pelos benefícios que aufere. O público está livre para traçar o seu destino – ela vai resignar-se ou pagará na mesma moeda, discretamente, as infidelidades do marido.

Ivani não foge ao conhecido padrão da secretária diligente, eficaz, discreta – e apaixonada. Sentido-se em falso em relação à dra. Luísa, elogia-a, poupa-a, mostra-se quase sua aliada. Sem nenhuma hipocrisia, mas pela boa índole. Bonita, usa blusa e saia provocantes, na esperança de atrair a atenção de Alberto. Afasta as pretensões de Galdino, cuja personalidade não a seduz. Não obstante a aparência, Ivani define-se como criatura romântica, disposta a fazer qualquer sacrifício para obter um pouco de carinho do ídolo. Ao testemunhar a fragilidade dele, publicamente desmascarada (ouve de Nicola, para Alberto: "Sá perchè non t'ammazzo? Perchè non voglio sporcarmi le mani. Perchè lei non vale niente. Lei e um verme é lo stesso!"), diz que, a partir do dia seguinte, não estará mais trabalhando ali, e pede que recomende sua transferência para outra Secretaria.

A figura de Galdino suscita maiores controvérsias. O dramaturgo pretendia caracterizá-lo como um simples assessor, personagem secundária na trama. À medida que escrevia, ele foi adquirindo uma dimensão, que não conseguia segurar. Juca diz que se inspirou em funcionários de carreira, que ao longo dos anos acumularam ódio e ressentimento. Faltam-lhe "perspectivas profissionais, porque perdeu a fé, a moral e a integridade". Pode-se afirmar que ele realiza "la sale besogne", o papel ingrato, que o secretário pessoalmente se dispensa, como mentir de todas as formas aos interlocutores, inventar desculpas e até obter uísque e dólares a preços convenientes.

MENO MALE!

Na psicologia de Galdino, entende-se que ele fale a Ivani que o secretário, na boca da urna, não se eleja vereador de Itaquera, embora aspire a ser governador: "Sujeito apagado, não·tem pique, não tem convicção, sem programa, sem ideologia. Descobre a zona eleitoral da mulher dele. Te dou um Fusca zero, se lá ele tiver um voto!" Basta o secretário inquiri-lo, para a subserviência levá-lo a exprimir-se de maneira oposta. Alberto é a melhor opção do partido: "Competente, empresário, bem-sucedido, bem casado, sabe se expressar, tem um discurso popular, fluente. Passou na convenção, já é governador!"

A audácia de Galdino, tentando seduzir a mulher do secretário, não contradiz essa subserviência, porque ele pressente a satisfação que lhe dará, solitária, insatisfeita, frustrada que é. Já aí transparece a malignidade ativa no caráter dele, desenvolvida nos acontecimentos subseqüentes. Transmiti a Juca a impressão de que a personagem me parecia guardar um certo eco de Iago, o manipulador do infortúnio de Othelo, e ele concordou. Galdino mergulha na própria maldade, num desvario que chega a contrariar seus próprios interesses, a ponto de quase perder-se.

Apesar do precedente e das justificativas possíveis, penso que o autor não conseguiu dar uma sustentação plausível para os atos decisivos de Galdino. Era justo que ele apanhasse na garagem da Secretaria a bolsa escolar de Angelina, deixada no carro de Alberto. Mais um trunfo em suas mãos, com o qual poderia jogar no instante exato. Apresentar a bolsa no gabinete, para que Nicola e a dra. Luísa tivessem a certeza de que Angelina era amante do secretário, significa uma ousadia próxima da gratuidade, num paroxismo de loucura desamparado na evolução psicológica do assessor. Talvez tenha sido esse o único erro da peça, na caracterização das personagens. *Meno Male!* recupera-se desse passo em falso no desfecho: denunciada a deslealdade de Galdino, que o levaria a ser exonerado, os serviços subalternos, como a compra do uísque e dos dólares a preços vantajosos, além de não valer a pena a hipótese de um escândalo, recomendam a ida de todos para Brasília.

Quanto a Angelina, Juca soube concebê-la sem nenhum traço discutível. Orfã de mãe, criada por um pai primitivo, seu primeiro impulso amoroso não fugiria ao que se denominou complexo de Electra. Galã maduro, atraente, Alberto se confundiria com o pai, passado a limpo. Daí a entrega apaixonada e cega da adolescente, castigada por nutrir um amor socialmente proibido.

Para ela mostrou-se muito dura a revelação pública do caso. Confundem-na com uma mercenária qualquer, acham que vendia a juventude, em troca de algum favor. Não adianta que Angelina proteste nunca ter recebido nada de Alberto – queria somente seu amor. Conspurcaram a pureza de seu sentimento. Mais grave que as acusações da dra. Luísa é a atitude do secretário – ao ser descoberto, finge nunca ter conhecido Angelina, decepcionando-a irremediavelmente. Não se estranharia se o choque a destruísse. A vitalidade espontânea dita a sua reação, de repúdio à fantasia malévola e apego ao mundo real.

O pai estranhava a ausência de um namorado, perguntando até se Silvinha, a suposta amiga inseparável (álibi para as conversas telefônicas com Alberto), não era lésbica. Antes que baixe o pano, superado o equívoco da ligação amorosa, toca o telefone, e é, mais uma vez, o pretendente Giovanni, a insistir num encontro. Pela resposta fica patente que Angelina se abre a nova experiência, agora saudável. A mensagem final é de esperança.

Nicola concentrou as preocupações maiores do autor. Ele se exprime num italiano popular, misturado com o português – prática de grande contigente de imigrantes, que não tiveram necessidade de se adaptar à nova língua. Violento, na reação contra o despejo sumário, determinado pela mudança da paisagem urbana, assusta quem o intima com tiros de fuzil. E ao mesmo tempo se desmancha em sentimentalismo e demonstra delicadeza íntima ao querer ajudar a filha no estudo e não permitir que ela trabalhe.

Dentro de seu raciocínio primitivo, Nicola mataria Alberto, sedutor de Angelina. A maturidade altera o ímpeto criminoso. O ser desprezível que é o secretário não justificaria que ele sujasse as mãos. Recomenda-se deixar de lado os vermes, não prejudicando a própria vida em função do gosto de eliminá-los. O instinto de paternidade faz Nicola proteger a filha, ferida pela inconsistência moral de Alberto. Tudo não passou de pesadelo.

Independentemente de seu grau de aprendizado, o chofer ama a ópera, sendo natural que faça digressões sobre a qualidade dos tenores, citado Mario Del Monaco em primeiro lugar. O autor pôde aproveitar, aí, sem falseamento da psicologia da personagem, sua paixão pelo gênero. Não fosse lugar-comum os mais simples italianos desfilarem árias e cantores preferidos.

O universo da ópera fundamenta o gesto maior de Nicola. Ao jogar fora o cheque recebido para conserto do táxi, que acaba de adquirir, por certo enfrentará dificuldades financeiras. Eticamente, ele se promove ao círculo dos indivíduos superiores. Angelina dá a deixa: "Tá bom que o senhor é orgulhoso, é siciliano, é carcamano, mas afinal foi ele que amassou o teu carro..." Além de conjeturar que aquele cheque não daria sorte, Nicola replica: "Bene, foi um gesto bonito, assim teatrale, que io sempre quis fazer. Sabe, um gesto dramático, trágico, um gesto d'ópera?" Fecha-se coerentemente a caracterização do protagonista.

Outra virtude da peça prende-se ao ritmo que lhe foi impresso. A ação progride, sem nenhum desfalecimento. O intérprete Juca sabe que o teatro não comporta tempos mortos. E o diálogo precisa ser direto, objetivo, não se perdendo em tentações literárias. Os colegas dizem as suas réplicas espontaneamente, porque o ator/dramaturgo se escraviza à teatralidade.

A circunstância de os episódios transcorrerem no mesmo tempo de duração do espetáculo é outro achado do autor. Está claro que ele se concedeu algumas liberdades, pois no trânsito de São Paulo os deslocamentos são sempre problemáticos. Em certas minúcias, porém, patenteia-se a familiaridade com o palco. Angelina liga para Alberto, atende Ivani, ela não quer identificar-se e ouve que ele não está. Logo depois, a adolescente telefona de novo, e o secretário, prevenido a respeito da chamada anterior, se apressa a falar, sem a intermediação de Ivani. São pequenos efeitos, a atestar que o dramaturgo domina a construção da trama. Não deve passar sem registro uma *gag* excelente: em meio aos desencontros, surge um garçom, que não consegue servir o café, porque todos o ignoram. Deliciosa intromissão do absurdo.

Se Juca manipulou bem o tempo, dentro do princípio das unidades aristotélicas, pode-se reprovar que ele recorreu a uma coincidência facilitadora, para o avanço do conflito. O táxi de Nicola, parado, sofre o choque da Mercedes de Alberto. Da parte do secretário, alguns invocariam impulsos inconscientes de agressão e culpabilidade, para não falar apenas em nervosismo, admissível em quem participa de uma cena que precisa ser escondida.

Juca afirma que não o preocupam a coincidência e a verossimilhança. As coincidências pertencem ao repertório dramatúrgico, a partir do exemplo antológico da tragédia *Édipo-Rei*, de Sófocles. O entrecho reclamava uma precipitação dos acontecimentos, dentro de um mesmo espaço geográfico – o gabinete do secretário. A urgência da ação dramática dispensaria esse tipo de raciocínio, fundado em premissas realistas.

A expressão *meno male* (menos mau) vem duas vezes à boca de Nicola. A primeira, quando Ivani lhe diz para receber o cheque. E a última, ao ouvir que a filha se encontrará com Giovanni. Por exprimir muito bem o conteúdo do texto, as duas palavras se erigem, assim, em título feliz.

Juca de Oliveira escreveu anteriormente *Baixa Sociedade* e *Motel Paradiso*, que já obtiveram expressivo êxito de público. Continua inédita *O Fármaco*, ainda em processo de acabamento. E está adiantado o projeto de escrever sobre atrizes, com base em depoimentos gravados de Irene Ravache e Marília Pêra, além de um livro, a ser publicado, de Simon Khouri (a seu ver superior aos dois volumes de *Atrás da Máscara*, reunindo perfis de 14 atores).

Da primeira peça a *Meno Male!*, registra-se progresso dramatúrgico e mais ampla acolhida do público. Indício de que Juca de Oliveira está no caminho certo.

(1988)

Caixa Dois

Com agudo senso da realidade que o cerca, Juca de Oliveira apresenta, em *Caixa Dois*, um dos diagnósticos mais precisos do Brasil de 1997. A data aí está, e não a indicação vaga de Brasil atual, porque os acontecimentos tratados na peça pertencem, ficcionalmente, ao ano da estréia do espetáculo (Teatro Cultura Artística, em São Paulo). E tudo leva a crer, por infelicidade, que o texto não se tornará obsoleto, mas sintetiza com brilho a essência de uma época.

Juca soube captar, na narrativa, o contraste profundo em que vive o País. Por isso, compõem o cenário dois ambientes: a sala de visitas do apartamento de Roberto e Lina, membros da classe média sacrificada pelas oscilações da economia neoliberal; e a sala da presidência do Banco Federal (o qualificativo, aí, é mais que sugestivo, indicando que a ação não se circunscreve ao âmbito do regionalismo ou da esfera privada). No primeiro, Roberto, gerente do estabelecimento no bairro do Limão, é despedido, depois de 22 anos de entrega apaixonada à atividade bancária; e, no segundo, o presidente Dr. Luiz Fernando e seu assessor Romeiro se esfalfam para apagar as pegadas de um negócio ilícito que rendeu dez milhões de reais, à semelhança dos precatórios e outras negociatas do gênero, que fazem a orgia da nossa classe dominante.

Quando a dispensa de 460 funcionários do banco provoca celeuma e o Sindicato pretende evitá-la, o Dr. Luiz Fernando pergunta se querem que os pague parados, sem fazer nada. Na lógica de seu raciocínio frio, ele alega que eles têm que reclamar com a Microsoft – corram a cobrar do Bill Gates: foi ele quem inventou o programa de automatização... E, ao mesmo tempo em que toma a decisão, resolve ir a Salvador, com a secretária e amante, para uma visita de desagravo a quem perdeu o Banco Econômico, aproveitando a viagem para comer uma lagosta.

Já aí se vê que Juca não optou pelo drama. Preferiu o veículo da comédia, ainda que, por intermédio dela, pinte uma situação extremamente dramática. A peça, em diálogos sempre divertidos, aponta problemas que são do conhecimento do espectador e cuja sátira encontra em cada cena uma solução exemplar. Atente-se, por exemplo, para o diálogo telefônico do banqueiro com o senador. Ele, depois de ter gasto uma fortuna para a campanha do parlamentar, não pode aceitar que este chame de podre o sistema financeiro. Os outros acham, com razão, que ele desempenha um papel ridículo. Não pede retratação: "eu só quero que você diga que eu não estou podre". E, com fina ironia, aconselha: "Aprova as reformas do Fernando Henrique e deixa a televisão para os atores da novela, senador".

As cenas paralelas poderiam remeter a duas peças diferentes, se o autor não soubesse interpenetrá-las, sem o recurso da coincidência fortuita. É claro que o depósito de um cheque vultoso em outra conta, por engano, pode parecer um modo fácil de provocar transtorno, ainda que ele se justifique pelo nervosismo... Ressalvada essa liberdade, tudo na trama obedece a verossimilhança bem calculada. Ângela, a secretária e amante do banqueiro, cuja idade e aparência não conseguem entusiasmá-la, é namorada de Henrique, filho do bancário e de sua mulher. Daí ser natural que antes do almoço, na hora de folga, ela tenha um encontro amoroso com Henrique, sendo interrompidos pela mãe dele, que não era esperada. Num achado pertinente, aliás, se alude várias vezes à outra filha do casal, que passa o tempo todo dormindo... E o banqueiro, desesperado porque Lina não quer autorizar o estorno dos dez milhões depositados em sua conta, vai à casa dela, na esperança de convencê-la pessoalmente. Mesmo com esse expediente Juca escreveu um desfecho inesperado, criando nova surpresa.

Os golpes sucessivos da trama são alguns dos valores reais de *Caixa Dois*. A intuição do ator Juca de Oliveira deve ter ajudado o dramaturgo. Sentindo que uma situação rendeu o que poderia, e é difícil para o intérprete sustentá-la no palco, o autor logo inventa outra. E assim as surpresas (no bom sentido) se vão sucedendo, sem permitir que se afrouxe o ritmo cômico. A imaginação pródiga faz Juca multiplicar as peripécias, permanentemente renovadas, até o final. E, ironicamente, a automação que seria responsável pelo desemprego do pai, é a arma de que se serve Henrique para ludibriar o banqueiro. O computador o ajuda a identificar as chamadas vindas da sala da presidência. Bem como para assegurar a permanência dos dez milhões na conta bancária da mãe.

A esse propósito, ao ver no início que seria perigoso depositar o cheque, porque se envolveria em escândalo, Dr. Luiz Fernando cogita

Caixa 2, 1997. Suzy Rêgo, Juca de Oliveira, Fúlvio Stefanini e Cassiano Ricardo, Teatro Cultura Artística. Arquivo Juca de Oliveira.

de rasgá-lo (do total, um milhão era a parte de Romeiro): "Não ganhamos nada, mas não perdemos nada, só deixamos de ganhar, pronto!" Ao que Romeiro redargue: "O senhor rasga dez milhões e continua rico." O banqueiro não se deixa esperar: "E você rasga um milhão e continua pobre! Continuamos na mesma!" A vivacidade dos diálogos, relacionados comicamente ao problema das personagens, é outro trunfo da peça.

De fato, Juca não perde uma oportunidade de enriquecer a trama com réplicas bem achadas, nascidas das situações do cotidiano. Lina argumenta, a certa altura: "A gente reclama, reclama, mas felizmente temos este apartamento. Já imaginou pagar aluguel com os preços que eles estão cobrando?" Ao que Roberto responde: "Maravilhoso! Compramos por 60 mil dólares, já pagamos 70 e agora só falta pagar 140. E o que é bom é que ele está valendo 50." Deixe-se de lado, talvez, o exagero dos números, o autor caracteriza muito bem a verdade dos financiamentos imobiliários. E da mesma forma, disparando em todas as direções, ele dirige críticas muito procedentes à política brasileira.

Essas qualidades não manteriam o texto de pé se as personagens não estivessem bem estruturadas, dentro de coerente psicologia. Há simetria até no número daquelas que se movimentam originariamente em cada cenário: Luiz Bernando, seu assessor Romeiro e sua secretária Ângela, na sala do Banco; e o bancário Roberto, sua mulher Lina e seu filho Henrique, na sala de visitas do apartamento. A escolha muito apropriada dessas seis personagens permitiu que Juca as desenvolvesse na justa medida, valorizando-lhes proporcionalmente a participação nos diálogos.

Os dois protagonistas são, sem dúvida, Luiz Fernando e Roberto, como centro das peripécias que vão desenrolar-se. O primeiro, capitalista selvagem típico, que amealhou fortuna sem o menor escrúpulo, como é hábito no Brasil; e o segundo, bancário conscienceioso, que galgou o posto de gerente em mais de duas décadas de trabalho, e é jogado na rua, pelas artimanhas insensíveis da automação.

Juca não simplifica ou caricatura, porém, a caracterização de Luiz Fernando. Suas reações são muito humanas. De simples aventura, ele sente que está começando a amar Ângela. Supõe que foi depois do escândalo de sua mulher com o instrutor de tênis, no banheiro do clube. Ao ver a inteireza moral de Roberto, quer designá-lo para um cargo de maior responsabilidade. E ainda tem humor para observar: "Um gerente que me conhece e mesmo assim me respeita é um perigo para o Banco".

A ingenuidade, ou pureza, de Roberto guarda inteira coerência. Ao tomar conhecimento de quem era Luiz Fernando, ele sente dolorosa decepção. Caiu do pedestal o modelo, o exemplo para tudo: "Quantas vezes eu contei trechos da vida do senhor para mostrar aos outros que é possível se chegar lá quando se tem caráter e força de vontade!" Não lhe interessa mais o emprego no banco, revelada a personalidade do banqueiro, embora a peça não feche a porta para uma possibilidade de reconciliação.

Romeiro é um necessário apoio para a personagem de Luiz Fernando. Realisticamente, Ângela mostra comportamento ambíguo, entre as vantagens recebidas do banqueiro e a inclinação espontânea por Henrique, ainda que não tenha prometido nada a ninguém. Como costuma acontecer nesses casos, perdendo a confiança do patrão, ela é despedida do emprego. A mais frágil, normalmente sacrificada.

Lina recusa-se a autorizar o estorno do depósito não por ter mau caráter, mas como vingança contra o banqueiro que não respeitou a dedicação do marido. Só depois que ele pedir desculpas, por escrito, assegurando a permanência de Roberto no banco, ela liberará o dinheiro. O que não acontece, por causa da notícia segundo a qual o cheque não teria fundos.

Como se explica o desfecho? Verdadeiro *deus ex machina*, o computador beneficiou a família do bancário, por obra e graça de Henrique, associado a um interlocutor invisível, para que, também, não se perturbasse o clima ameno de comédia. A irmã Bia continua a dormir, símbolo de uma geração alienada, que freqüentemente afoga na droga o nojo da política. O título da peça está mais que justificado, numa réplica do banqueiro: "No Brasil não tem mais caixa um, é só caixa dois!"

(1997)

25. Edla van Steen

O Último Encontro

Quando muitos dramaturgos, por reivindicar a supremacia do teatral ou às vezes por simples ignorância, descuram o papel literário do diálogo, Edla van Steen realiza, em *O Último Encontro*, uma peça que funde indiscutível teatralidade e boa literatura. De repente, nosso palco se enriquece de um cuidado formal que só lhe pode ser benéfico.

A qualidade literária se encontra na fluência com que a ação de Mira e Marcelo circula do presente para o passado, em *flashbacks* surgidos espontaneamente, e na intromissão de outro elemento ficcional – a memória da casa, que não pertence aos protagonistas, mas se insinua em clima de magia.

A ligação de história familiar e destino atual reforça a idéia de inevitabilidade, semelhante à dos ciclos da tragédia grega, que permeia esse "acerto de contas" – primeiro título do texto, aliás. Ela ressalta desde a freqüência dos interditos que marcam as personagens, até a idéia de que a traição seria uma constante das várias gerações.

Esse mergulho no inferno particular não se processa, porém, a expensas de clara consciência dos problemas coletivos. Mira diz, a certa altura, que "a história da família Buckhausen é um folhetim de quinta categoria, que não interessa a ninguém", para acrescentar, logo depois, que ela e Marcelo estão "discutindo besteira, chafurdando numa morte distante e sem valor para a sociedade", enquanto o país passa fome.

Como *background* do entrecho coloca-se a questão da decadência da cultura alemã no Brasil, precipitada em tempos da Segunda Grande Guerra. Negócios não muito limpos, no plano público, estenderam-se para o das relações privadas, fazendo passar para outras mãos fortunas duramente amealhadas, no correr de muitos anos. Em síntese, a peça contém um capítulo pouco divulgado da História recente do país.

Edla Van Steen. Arquivo pessoal.

Marcelo, na sua agressividade de indivíduo que se sente frustrado, provoca Mira o tempo inteiro e não se poupa uma contínua autoironia, no empenho de desmascarar as próprias ilusões e não permitir que incidam em pieguice. No afã de ir ao fundo da verdade, ele procura até mesmo conhecer a intimidade conjugal dela com o ex-marido. Esses expedientes ficcionais têm a função de romper as barreiras, proporcionar o desnudamento completo dos protagonistas.

Na tragédia grega, a consciência dos interditos leva os heróis à autopunição. A ordem se restabelece, com a perda do transgressor. A fatalização criada por Edla van Steen opera no sentido oposto: todo o diálogo prepara esse encontro longamente adiado, obrigatório desde a infância. É a felicidade vivida na transgressão, ainda que, depois, nada mais tenha importância.

Manipulando com engenho entradas e saídas, sem admitir a intromissão de tempos mortos, e valendo-se de achados sugestivos, como aquele em que Mira, no presente, e a avó, no passado, atendem simultaneamente o telefone, a autora tece a trama de forma elegante e inexorável. A cena final fornece a chave da peça, dando suporte a todo o entrecho. E o ritual desde o princípio desencadeado se metaboliza no absoluto da poesia.

(1991)

26. Edla van Steen
e David George

À Mão Armada

Edla Van Steen escreveu *Madrugada*, segundo declarou, pensando num roteiro para cinema. Publicado em 1992, depois de haver recebido o Prêmio Coelho Neto da Academia Brasileira de Letras, o romance se transforma na peça *À Mão Armada*, que a autora assina, de parceria com o professor e homem de teatro norte-americano David George.

A transposição de um romance em texto teatral não é tarefa muito freqüente, pelas características habituais dos dois gêneros. Enquanto o primeiro se espraia na análise, o segundo visa à síntese. Um extravasa na narrativa, o outro se concentra na ação dramática. Daí os teóricos aparentarem o romance, tradicionalmente, ao cinema, considerando o conto mais passível de aspirar à vida no palco.

Se essa distinção fazia sentido quando eram mais rígidas as regras do *playwriting*, o desenvolvimento do teatro narrativo, ou épico, em nossos dias, tornou obsoleto o purismo excessivo e se alargaram além de quaisquer medidas as fronteiras da cena. O importante é assegurar a permanente teatralidade na sucessão dos episódios, que na aparência existem isolados.

À Mão Armada guarda fidelidade ao romance original e ao mesmo tempo tem vida própria, que rompe os laços da simples adaptação. O feito foi alcançado a partir da engenhosa solução da cenografia, que racionaliza, em apenas dois planos do palco, os múltiplos ambientes em que se passa a história. O espaço fixo privilegia os locais decisivos da ação, para deixar numa área indeterminada certas cenas necessárias, mas que não exigem continuidade no mesmo cenário. Esse é o caso, por exemplo, do carro fúnebre, do escritório de Bepi Appia e do circo.

Já reclamam presença inalterável as três salas de velório e o bar do cemitério, onde ocorrerá o assalto que sintetiza a ação central da peça. No plano superior, situam-se o apartamento de Brenda, uma das protagonistas, e o túmulo em que moram dois mendigos. Na escolha desses ambientes se percebe a direção do foco pretendido pelos autores.

O elenco de personagens, sem o propósito de abarcar todos os segmentos da sociedade (o que talvez lhe atribuísse caráter mais sociológico do que propriamente ficcional), é bastante representativo da contraditória fauna humana que habita as metrópoles. E que se iguala, ou ao menos se aproxima, na hora da morte. Assim, seu número relativamente grande, embora os atores possam interpretar vários papéis, se distribui em núcleos que diversificam a classe e a psicologia dos indivíduos.

Reconhecíveis como protagonistas aparecem, de um lado, o capitalista Bepi Appia, originário de Sapri, no sul da Itália, e de outro Brenda, cantora e *strip-teaser*, além de carpideira e assaltante. Bepi define-se também como protetor das artes, que incentiva sobretudo a ópera, e cuja ação benemérita lhe vale uma medalha de reconhecimento, pouco antes de saber o diagnóstico fatal: os tumores malignos descobertos no cérebro lhe reservam um tempo mínimo de lucidez. Por isso, prefere o suicídio, não prolongando o sofrimento para si e para a família.

Brenda, que aspira a uma realização artística não propiciada pelo cabaré pobre em que atua, procura, no assalto espetacular praticado no velório de um cemitério, libertar-se da vida sem perspectivas, viajando para o exterior, depois de pôr o ponto final na carreira do crime. Tornara-se carpideira por promessa, até que o pai saísse da prisão, onde se encontrava por ter assassinado quem a estuprou. Agora está amando Elias, um dos guardas do cemitério, mas o amor não a impede de tentar a sorte no crime. Aliás, a narrativa do assalto ao velório do cemitério foi inspirado a Edla por um assalto verdadeiro ocorrido no Rio de Janeiro – *fait divers* noticiado pela imprensa, ainda que a trama romanesca fosse totalmente fictícia.

Figura ambígua, desde a aparência e a voz um tanto masculinas, que lhe permitem imitar cantores populares, Brenda está marcada, desde menina, pela tragédia. Quando Quinzão, um dos companheiros do assalto, assedia sexualmente a Contorcionista, o namorado Diego Menendez reage e Brenda, perdendo o domínio da situação, o assassina. Depositária das jóias, produto do assalto, reserva para si algumas das mais valiosas. Traído o código de honra dos assaltantes, que determinava a divisão em partes iguais do espólio, Japa castiga Brenda tirando-lhe também a vida. O desejo de libertação cumpriu-se, de forma irônica e trágica, naquela madrugada.

Tanto a peça como o romance definem, em rápidas e certeiras pinceladas, as múltiplas personagens. Cada núcleo tem marca própria, muito bem caracterizada, não obstante a rapidez que acompanha o tempo de um assalto. Os circenses trazem, apesar da tragédia que está no princípio daquele velório, a poesia infantil que nunca se separou de sua profissão. Paquita, a dona do circo, viúva de Joseph Menendez, bêbado que morreu atropelado. Anão, movido por amores impossíveis. E o triângulo amoroso que deflagrou o conflito: Alfredo, o motociclista do globo da morte, indo bêbado fazer o seu número (por ter sido traído pela trapezista Irene com o palhaço Sandro), e morto na queda. A situação poderia ser confundida com um clichê, se não se sustentasse pela simplicidade objetiva do diálogo, sem qualquer literatura.

Um acento patético se imiscui na trama com o assassínio de Diego Menendez, por Brenda. Criatura impulsiva, o jovem protegeria naturalmente a Contorcionista, e recebeu o tiro imprevisto da assaltante. Paquita, a mãe que diz não ter mais ninguém no mundo, dá o seio gordo para o filho mamar.

O núcleo da família Appia representa, evidentemente, o pretexto para a consumação do assalto. Coincidências não se desprezam: Bepi deixou de presente à mulher um brilhante solitário, que não teve condições de dar-lhe, ao se casarem, e ela porta no velório, em homenagem ao marido. A maioria dos visitantes no cemitério veio de uma récita de gala no Teatro Municipal, e era compreensível que eles se adornassem com jóias e relógios de ouro. O ar frívolo de uma ex-amante de Bepi se registra no episódio da queda no caixão de um brinco especial, que ela procura recolher entre as flores. A viúva não se derrama em choro incontrolável diante do caixão. Conhece o lado italiano do marido, "de conquistador barato". E não se ilude: "Nunca fomos apaixonados um pelo outro. Mas nos divertimos juntos." O brilhante teria melhor destino se doado aos órfãos de que ela cuida. A peça não concede ao sentimentalismo.

O contraponto dos assaltantes e de suas vítimas são os mendigos Dito e Nando, que descobriram um canto para habitar, dentro de um túmulo, da mesma forma que muitos se abrigam debaixo de um viaduto ou simplesmente ao longo das ruas. O aproveitamento dessas personagens não obedece a desígnio fortuito, muito menos demagógico: apenas a observação da realidade. Os injustíssimos desníveis sociais criaram mais esse gênero de marginalismo, com o qual convivemos, insensíveis.

Caberia evocar as figuras de Wladimir e Estragon, de *Esperando Godot*? A imagem surge e logo se afasta, porque, se há solidariedade entre esses dois mendigos, um cobrindo o outro com o seu casaco, a peça de Samuel Beckett tem propósitos diferentes. Dito, o mendigo doente que vai morrer naquela noite, em *À Mão Armada*, pede ao companheiro Nando que registre o filho a quem não deu o nome: "Quero

David George e Edla Van Steen, 1997. Arquivo David George.

que meu filho saiba que teve pai." Mantém-se o vínculo de uma dignidade fundamental. Na hora de expirar, Dito ainda sente: "Estou quase além de tudo."

Numa sala, há o caixão de um morto que ninguém vela. Não se viu quem o deixou lá, não se informa se uma só pessoa aparecerá, para enterrá-lo. Um jornalista esclarece, para o policial, de quem se trata: um mau caráter, alguém que só fez o mal, por onde passou. O assalto aconteceu naquele dia, certamente, por ser ele "o maior pé-frio". Com uma crueldade que se acha nos antípodas da ternura com a qual estão tratados os mendigos, os autores levam o jornalista a "reverenciar o defunto", cuspindo-lhe o rosto.

Assim como a ação inclui, pelos seus desdobramentos, um Policial, um Delegado e um Jornalista episódicos, outras personagens ajudam a compor o universo do texto. As mais curiosas são o motorista do carro fúnebre e a prostituta que entra na boléia, e os dois cumprem um ato sexual fugaz, indiferentes que são, pelo cotidiano profissional, a tudo que os circunda. Um toque grotesco, a denunciar mais um absurdo.

A técnica dos *flashes* sucessivos, alternando no primeiro plano da ação os vários núcleos de personagens, consolida a montagem do conjunto. Os rápidos flagrantes constroem, aos poucos, uma sólida arquitetura. A peça abandonou o processo tradicional da fatura dramatúrgica, na ambição de oferecer, à volta de um momento vertiginoso, um vasto painel.

Nem seria preciso o Anão afirmar: "Se até o governo rouba a população, bloqueando as contas e as poupanças, por que essa gente, que não tem nada, não pode roubar também?" Ou o Policial reconhecer: "Temos poucos homens, nossos salários são ridículos e não me admiro se um dia desses, a própria polícia praticar assaltos para sobreviver." O leitor/espectador identificará, sem equívoco, a procedência dos males.

O romance e a peça têm desfecho semelhante. Significativamente, a viúva de Bepi, com sua lucidez fria, embora não contendo o choro, se incumbe da última réplica: "Mas, no final das contas, esta madrugada não foi especial. Foi apenas uma madrugada, como todas as outras. A gente tem que admitir a verdade". Uma verdade que se repetirá indefinidamente, se um dia outra não se impuser.

(1996)

27. José Eduardo Vendramini

O Canil e Baile de Debutantes

É elogiável, de vários pontos de vista, a iniciativa de tornar acessível a leitura de *O Canil* e *Baile de Debutantes*, peças de José Eduardo Vendramini. Num momento em que as editoras tradicionais praticamente interromperam a publicação de textos de teatro, não por desacreditarem dela, mas por causa do mercado recessivo, uma saída alternativa pode representar abertura salvadora para a crença na dramaturgia.

Vendramini, autor de mais de dez obras, decidiu divulgar as duas detentoras de prêmios de leitura do antigo Serviço Nacional de Teatro, na expectativa legítima de que venham a ser encenadas. Trabalhos seus foram apresentados, com êxito, em festivais amadores, ao menos em São Paulo e Minas Gerais, não tendo oportunidade de receber montagem profissional. Cruzar os braços seria admitir uma quase fatalidade, a meu ver nociva para o progresso do teatro.

O Canil e *Baile de Debutantes*, laureadas em 1975 e 1978, não contêm sinal de envelhecimento. Escritas ainda durante o período da ditadura, embora em fase de distensão, sua temática está longe do teor contestante, que as dataria talvez de forma irremediável. Sob qualquer prisma, elas devem ser lidas como se concebidas hoje. Mérito que número reduzido de obras tem o direito de ostentar.

Que se passou, então, para que a dramaturgia de Vendramini ficasse à margem da cena profissional? Todo diagnóstico a propósito da questão sofre, inevitavelmente, de marcada subjetividade, em que se inoculam conceitos de política de cultura. Fosse diferente a orientação dos governos com respeito à atividade cênica, por certo seria outro o destino das peças do autor e de muitos nomes que permanecem inéditos.

Vale a pena evocar o que ocorreu com a Comissão Estadual de Teatro de São Paulo, no início da década de setenta. Era implacável a

José Eduardo Vendramini, 1992. Foto: Roberto Zen, Arquivo pessoal.

repressão da Censura, apoiada no Ato Institucional n. 5, de 13 de dezembro de 1968, que submeteu a reexame, interditando-os, textos antes liberados. Lei federal exigia que um conjunto apresentasse uma peça brasileira, numa seqüência de três. A CET, em apoio ao autor nacional, reservou para ele metade da verba de ajuda às montagens, desestimulando a corrida às obras estrangeiras. Política efetiva de incentivo à produção autóctone, dentro de indiscutível liberdade de escolha do trabalho alienígena.

Acontece que os empresários, atraídos pela esperança de ganhos financeiros, exageraram na preferência pelo dramaturgo brasileiro, independentemente da qualidade. E o descrédito da palavra esbateu tudo na expressão corporal. Resultado: depois de algum tempo, suspirava-se pela volta do bom texto, não importando a procedência. *O Canil* surgiu em clima de pouco interesse pela obra nacional.

Concluído o ciclo da ditadura, os donos do poder substituíram a censura política e moral pela econômica. Desapareceram as verbas para a cultura, entregue ao arbítrio dos que manipularam a Lei Sarney – o mecenato privado substituindo o dever do Estado para com a atividade artística. Nesse quadro, *Baile de Debutantes* não oferecia atrativos mercadológicos para sair do ineditismo.

Os últimos anos não foram mais propícios ao surgimento racional de dramaturgos. Muito poucos tiveram a sorte de furar o bloqueio imposto pelas condições adversas. Valores consagrados, que as companhias disputavam, reduziram-se a incompreensível silêncio. Sempre se encontrou desculpa para postergar o lançamento de um autor nacional.

Às razões de segurança financeira somou-se a de cunho estético. Nas décadas de vinte e trinta, predominava a figura do astro solitário. Os anos quarenta e cinqüenta conheceram a renovação do encenador, que submeteu o elenco a um mesmo estilo a serviço do texto. Reclamava-se, no fim da década de cinqüenta e no início dos anos sessenta, que esse texto fosse brasileiro, para o palco não alhear-se da realidade nacional. À medida que o teatro afirmava, esteticamente, a sua autonomia artística, diversa da mera ilustração da literatura, a peça se converteu em um dos elementos do espetáculo. Daí a exploração do espaço cênico e a pesquisa de nova linguagem entre palco e platéia. As experiências adquiriram tal vulto que o encenador, autor do espetáculo, não quis mais atrelar-se a um texto acabado e preferiu ser o dramaturgo da sua inteira criatividade.

Não será difícil imaginar a que equívocos levou essa postura totalizadora. Temos as nossas limitações e se nos sentimos mais à vontade nos campos da dramaturgia e das artes plásticas, provavelmente somos menos dotados para a música. Ou vice-versa: dominamos o universo musical e temos intuições plásticas admiráveis, mas nossa sensibilidade é menos literária – quase nos deliciamos em chafurdar na subliteratura, independentemente do gosto apuradíssimo nas demais artes. O bom senso recomenda que o encenador procure cercar-se de grandes criadores em todas as áreas, e coordene o trabalho coletivo, por ser o teatro arte de equipe. Nada impede que o autor escreva a seu pedido ou trabalhe em colaboração com ele. A criação coletiva ainda pode ser um ideal da atividade cênica, desde que a última palavra seja dada pelo especialista de cada área. É insuportável que o diretor, por não encontrar o texto que exprima seu desejo de aventura artística e intelectual, caia na asneira de escrever a peça, se a natureza não o dotou de talento dramatúrgico. O festival de desrespeito a que público e intérpretes têm sido condenados, em nome da liberdade criadora do encenador, só terá paradeiro quando se impuser, clara e soberana, a voz do texto.

O esgotamento das pirotecnias diretoriais obriga a prestar-se atenção à palavra do dramaturgo e a quem a transmite à platéia, isto é, ao ator. Não se trata de recuo ou de academismo estético. Em determinadas circunstâncias, o sadio equilíbrio dos diversos elementos contribui para a superior harmonia do espetáculo. Ou, para não nos submetermos à ditadura de uma forma única de encarar a arte, que se admita a multiplicidade democrática de tendências. Dentro delas, continua a ocupar posição privilegiada a que parte de um texto sólido.

O Canil e *Baile de Debutantes* apresentam essa solidez, na força dos diálogos, no talhe das personagens, na essencialidade das situações. Sua linhagem está distante dos modelos que buscam o êxito comercial. Vendramini pertence à família dos autores marcados pela visão trágica da existência, de que é exemplo internacional, em nosso século, o norte-americano Eugene O'Neill. Poderes ancestrais, ligados à posse da terra ou ao domínio do dinheiro, mesclam-se com a experiência moderna da psicologia urbana.

Não é sem motivo que a trama de *O Canil* se tece em torno de três gerações de uma família de fazendeiros. A avó evoca a figura do marido morto, cuja potência viril se confunde com a de desbravador das matas, ampliando os domínios territoriais. Paulo, seu filho, já está em desgraça, envolto em manobras obscuras de queima do café, para escapar da falência. Aurélia, mulher dele, traz para o leito conjugal, durante as suas ausências, um cachorro, fonte do sentimento pecaminoso de que se pune. Tudo se construiu com tantas emboscadas e mortes que a nova geração, "sangue podre", vítima de autêntica maldição, se desliga do tronco familiar: a filha, débil mental, estuprada pelo capataz, a quem estava prometida em casamento; e o filho Hélio, cujo retorno à fazenda, depois de um curso de Direito na Capital, desencadeia a tragédia. Para restaurar o prestígio político perdido, os pais almejam para ele o matrimônio com Selene (o enlace importaria na união das terras e na conquista de água cristalina, compensada pela desistência de uma hipoteca) e a candidatura a prefeito local. Se o entendimento dos jovens se processaria para eles nos termos de um amor livre, a prisão no antigo ritual leva Hélio a sentir-se traído e a disparar contra si a espingarda, em meio à caçada, enquanto Selene, na sede da fazenda, esmurra o ventre que guardava o fruto do amor.

A peça não se inclui na linha literária que fixa a decadência da aristocracia rural, à maneira do teatro de um Jorge Andrade, por exemplo. Vendramini acha-se mais à vontade com as paixões primitivas desencadeadas, o gosto telúrico acorrentando as personagens, embora, por ironia, Aurélia e Selene se comprazam na educação francesa e no cultivo de sua língua. Hélio desvinculou-se da terra e, na cidade, adquiriu hábitos que o pai considera de janota. Subjacente aos conflitos armados, está a grande incompatibilidade entre a cidade e o campo, o apego à terra e os hábitos civilizados, a tradição moral e o comportamento permissivo dos nossos dias. A exigência do matrimônio com véu e grinalda não se compatibiliza com a liberdade sexual da juventude. *O Canil*, prenhe de valores simbólicos, trata simultaneamente de dois Brasis diversos, que não conseguem harmonizar-se.

Para um autor que contava menos de trinta anos (ele nasceu em 1947), o texto mostra evidente maturidade intelectual. O que não impede de observar que a inexperiência dramatúrgica o leve a fazer que algumas revelações, ao invés de decorrerem da ação, sejam estimuladas por um interlocutor que responde ao pedido da narrativa, ou um segredo se divulgue por intermédio da conversa de duas criadas, funcionando no estilo de coro convencional. Problemas de composição que uma montagem inteligente por certo contornará.

Baile de Debutantes joga com outro contraste, de efeito dramático seguro: a cândida festa que dá título à peça, preparação para a vida adulta da jovem de sociedade, e a tentativa brutal de iniciá-la nos domínios do sexo, no cenário de um *dancing* em fim de noite. O contraponto dos dois ambientes é sugerido com habilidade por Vendramini. Osmar abre o espetáculo na figura do Mestre de Cerimônias do baile, bem como o encerra na mesma função. Entre as duas cenas, o recheio do baile chega ao espectador apenas pela sonoplastia e por focos de luz. A ação, efetivamente, se passa no *dancing*, para onde se deslocam a debutante Verinha e seu primo-irmão Léo, cronista social, comandados pela tia Flora, grã-fina rica. Aí, Osmar é o garçom, e completam o elenco a cantora Valdete, Tonhão, instrutor de halterofilismo, e sua noiva, Glorinha, manicure.

Vendramini não pretende efetuar crítica social explícita, no sentido de pôr a nu os desregramentos de uma classe ociosa. Nem fica implícito que a iniciação de Verinha se processa no *dancing*, sucedâneo do bordel. A realidade é que assume feição brutal, na maneira que a tia encontra para simplificar a trajetória da sobrinha, da ignorância para o conhecimento. Escolada pelo longo cotidiano de dissipação, Flora se alimenta de emoções fortes, propiciadas pelo teatro musculoso do halterofilista, que impressiona também Léo, de preferência homossexual manifesta. O trio Flora-Léo-Verinha desempenha, pelo poder do dinheiro, incontestável papel opressor, que não escapa às demais personagens.

O garçom Osmar, Valdete, Tonhão e Glorinha se arrastariam melancólicos até a hora do fechamento do *dancing*, se os convivas inesperados não os despertassem para a estranha aventura. Sua luta não vai além do desejo de sobrevivência, em condições hostis. Osmar fala que "o Dancing não está indo nada bem. E o pior é que eu dependo da gorgeta..." Valdete não acalenta grandes aspirações, depois que deixou de ser garçonete, quando ganhava comissão: "Agora, que eu já sou cantora, não quero nem saber: carteira bem assinadinha. É pouco, mas é garantido". O drama de Tonhão agravou-se, com a perda do emprego: foi pego roubando relógio no vestiário da sauna. E o pai da noiva Glorinha acabou de expulsá-la de casa, ao saber que estava grávida. Ela seria recebida, de volta, depois de casada. Conflitos simples, mas humanos, como se vê, de gente miúda, que não dispõe de lazer para se entregar às lucubrações metafísicas dos que desfrutam de mesa sempre farta.

Flora, travestida em mestre de cerimônias do *dancing*, procura reger a cena "romântica" entre Tonhão e a sobrinha. Diante da reação de dignidade que ele esboça, a grã-fina acredita dobrá-lo por meio de mais dinheiro e jóias. Glorinha, humilhada, busca a saída natural dos ofendidos: com o estilete de manicure, avança para o grupo. E a vítima é Verinha, inocente, semelhante a outras da História do Teatro, cujo sangue acaba por ser derramado.

O diálogo não conclui se será mortal o ferimento da debutante, deixando ambiguamente o desfecho a critério do espectador. A iniciação, no sentido simbólico emprestado por Mircea Eliade, e que serve de epígrafe ao texto, sem dúvida ocorreu. O título *Baile de Debutantes*, que sugeriria uma peça rósea, conduz sub-repticiamente para um desfecho trágico, em que a valsa apoteótica do encerramento sublinha a ironia.

O achado engenhoso da passagem da festa para o clima sombrio do dancing e a progressão vertiginosa dos acontecimentos atestam a mestria técnica do dramaturgo. Qualquer observador isento perceberá que sua obra tende a crescer, ao ser fermentada pela reação do público. Infenso a modismos, estranho a preocupações intelectuais que freqüentemente tendem à esterilidade, enfrentando supostos lugares-comuns que desnudam problemas fundamentais do homem, José Eduardo Vendramini tem a matéria-prima do verdadeiro ficcionista de teatro.

O Canil, 1975. Cristina Pereira, Teatro Paiol. Arquivo José Eduardo Vendramini.

Confiada ao leitor, essa dramaturgia acabará, em data que auguro próxima, por sensibilizar a produção profissional que não descuida do rumo sério que deve nortear o palco brasileiro.

(1992)

28. Mara Carvalho

Vida Privada

Não há necessidade de experiência crítica para se perceber, de imediato, que Mara Carvalho é uma revelação de dramaturga. *Vida Privada* surpreende pela esfusiante comicidade e pela mestria técnica, muito rara em quem estréia na literatura teatral.

O talento cômico da autora se afasta de quaisquer clichês. Se ela se vale do recurso conhecido do equívoco, por exemplo, o diálogo acaba por revelar um efeito insuspeitado, sempre audacioso. A ousadia, aliás, surge como um dos traços dominantes da personalidade de Mara. Tudo que pode passar pela cabeça de uma personagem não-convencional, curiosa das múltiplas manifestações de vida, ela registra com objetividade. Não lhe agradam os circunlóquios: vai direto à palavra escolhida, mesmo que aos ouvidos mais delicados essa palavra pareça um tanto inconveniente, ou até estranhável numa boca feminina.

A autora capta com extraordinário senso de observação o cotidiano de um casal. As mazelas do homem e da mulher, nos pequenos deslizes domésticos, são passadas em revista, quando a situação exige a lavagem da roupa suja. Gustavo e Lígia chegam ao máximo da intimidade vocabular, não interrompida sob nenhum pretexto. E, às vezes, uma natureza tímida nem se abriria, naquilo que é dito, num monólogo interior.

Longe de mim pensar que haja, nessa atitude, qualquer vislumbre de exibicionismo. O aparente despudor da peça nasce da curiosidade ditada pelo ciúme. A criatura traída, se não se rende à hipocrisia da postura bem-comportada, deseja conhecer em minúcias o processo de traição. Como funcionou o ato sexual, quais os recursos eróticos arregimentados, a outra ou o outro foi ou não um parceiro melhor? Nesse delírio, que se aproxima do paroxismo surrealista, a progressão

Vida Privada, 1994. Mara Carvalho e Antonio Fagundes, Teatro Procópio Ferreira.
Foto: Valdir Silva, Arquivo Mara Carvalho.

não encontra limites. Daí um procedimento cômico irresistível, que não recusa nem certo mal-estar. Constrangimento daqueles que não se bastam na superfície e têm a coragem de ir ao âmago da questão.

Está claro que a dor de consciência de Gustavo, que o leva a abrir-se, tem a contrapartida de Gilda. Depois de sorver a amargura da revelação, ainda que exteriorizada sempre em atos que afugentam o patético e privilegiam o cômico, ela, movida talvez por semelhante propósito de sinceridade e não por espírito de vingança, confidencia também o próprio adultério.

O domínio formal da autora se patenteia na habilidade com que inverte a situação, dentro do ato único, não apelando para um intervalo. Em clima de absoluta verossimilhança, o leitor-espectador toma conhecimento natural do reverso da medalha. E, com virtuosismo, o diálogo não se repete, acolhendo novos estímulos de humor.

Insinua-se, por outro lado, o sentido irônico do texto, ao colocar a mulher em posição idêntica à do homem. Não se grita nenhuma reivindicação feminista: contesta-se, implicitamente, a tradicional liberdade dos costumes masculinos, enquanto à mulher nada era permitido. Sem alarde, proclama-se a igualdade. Que se estende também às fantasias sexuais.

Em tom de brincadeira, Mara Carvalho trata de problemas fundamentais do relacionamento. Despoja seu casal de falsas ilusões, para jogá-lo na crua realidade. E, processada a catarse do desmascaramento, resta uma sincera lição de amor.

(1994)

29. Alberto Guzik

Um Deus Cruel

Um Deus Cruel, título da peça de Alberto Guzik, é Dionísio, a divindade do teatro, a que alude uma carta da atriz suicida Júnia, condenada por falta de talento. Ela guarda lucidez bastante, porém, para recomendar ao diretor Marco, de vocação inquestionável, que volte ao palco, sob pena de ser castigado também. Metateatro, ou teatro dentro do teatro – essa a matéria escolhida por um crítico senhor do seu ofício e que já comprovou o dom de ficcionista ao publicar o romance *Risco de Vida*.

Alberto oferece a cara para ser batida, ao passar da função de crítico para a de ser criticado. Muita coragem se faz necessária, nesse quase salto mortal. Preparo não lhe carecia: ele conhece a intimidade do teatro, primeiro por ter cursado a Escola de Arte Dramática de São Paulo e, depois, pelo longo exercício jornalístico. A atividade cênica não aparece caricaturada ou superficial, em nenhum momento do texto. E pode-se afirmar que estão tratados todos os problemas atuais da profissão, felizmente sem o vezo do ensaísmo, que prejudicaria a linguagem ficcional. Documento abrangente, em forma de arte.

Partindo da verdade de um grupo, o dramaturgo vai caracterizando as diferentes personagens, com fisionomia própria. A peça não claudica nas observações psicológicas, embora às vezes a síntese por pouco reduz uma situação a um *flash*. Exemplo: a cena em que a estrela Luísa dialoga com um banqueiro, na tentativa de obter um patrocínio para o seu espetáculo. Com habilidade, as réplicas mínimas sugerem o quadro inteiro.

São apenas seis atores, que interpretam os elementos principais de um grupo e se desdobram em interlocutores esporádicos, exigidos pelas circunstâncias dramáticas. Nesse particular, Alberto rendeu-se ao imperativo econômico do nosso teatro e, ao mesmo tempo, avesso ao extremo realismo, preferiu o caminho do jogo, o faz-de-conta inerente a toda ficção. O bom resultado da liberdade fica a cargo da eficácia do elenco.

As personagens não são *à clef*, ainda que lembrem traços de artistas pertencentes ao nosso cotidiano. O diretor Marco afasta-se do teatro, passa três meses na Índia e diz ter encontrado o que desejava: "Uso meios mais fortes que o teatro pra transformar pessoas. Vou ao corpo do sujeito". Felizmente, o visgo do palco se mostra mais forte e ele reassume a direção do grupo.

Atento à tragédia que vitimou dezenas de nossos amigos queridos, Alberto atribui ao ator Pedro complexidade maior, na medida em que se envolve com as atrizes Luísa e Júnia e uma noiva, além de um "michê" que presumivelmente lhe transmitiu Aids. A descoberta da moléstia provoca diferentes reações, descritas com impiedosa crueza. O texto não embeleza nenhum problema.

Nem o relacionamento da classe teatral com a crítica é falseado. O diálogo refere-se às tensões existentes entre as partes, não se dispensando os conceitos menos abonadores. E um debate entre o diretor Marco e um crítico, a propósito dos rumos do teatro brasileiro no fim do milênio, oferece um retrato preciso dos males que nos afligem, com a atual política de cultura do Estado (ou falta dela). Quando o crítico, na sua candidez, conclui que, "apesar de ter tudo contra si, o teatro brasileiro sabe encontrar seus caminhos", Marco o interpela, por ter omitido, em seu discurso, a censura econômica. As sucessivas repressões, de toda ordem, custam o sangue dos artistas. Naquele dia – conta Marco – o banco suspendeu o patrocínio de um espetáculo que estrearia em três semanas e exigiu um ano de preparo. Na corrida atrás do dinheiro, em função das leis de incentivo, nem se ensaia mais.

As 23 cenas curtas propiciam agilidade à ação, valendo-se de diversos locais e espraiando-se em tempos que chegam a anos de distância. As réplicas incisivas apropriam-se, às vezes, de um recurso que Nelson Rodrigues aprimorou ao longo de sua dramaturgia: as frases inconclusas, interrompidas por um interlocutor ou por um pensamento que não se completa, como ocorre na realidade. Ao invés de informar, de maneira monótona, em narrativa, o suicídio de Júnia, Alberto substituiu-o por réplicas dos outros cinco protagonistas, ao telefone.

Um Deus Cruel abre-se com uma cena em que discutem uma marcação feita por Marco, em *Electra*, que pareceria arbitrária e ele justifica pelo distanciamento brechtiano. A atriz Antonieta, menos jovem, diz que, antes, os atores faziam apenas o que os diretores mandavam. Há uma certa ironia na referência aos encenadores modernos, cujas determinações talvez não sejam para ter sentido: "Às vezes nem querem que a gente entenda o que eles fazem. Enchem o teatro de fumaça, odeiam palco italiano, botam cada texto na nossa boca..."

Na última cena, repete-se a rebeldia do elenco, ante outra marcação problemática. O diretor, furioso, reclama da indisciplina, e os atores acabam em gargalhadas, suspensas por um acesso de tosse de Pedro. Quem sabe, nessa eterna repetição, esteja um dos segredos da magia do teatro.

(1997)

Sábato Magaldi nasceu em Belo Horizonte, em 1927. Foi crítico teatral de vários jornais e revistas. Professor emérito de Teatro Brasileiro da Escola de Comunicações e Artes da Universidade de São Paulo, lecionou, durante quatro anos, nas Universidades de Paris III (Sorbonne Nouvelle) e Provence, em Aix-en-Provence. Membro da Academia Brasileira de Letras.

LIVROS PUBLICADOS

- *Panorama do Teatro Brasileiro.* São Paulo: Difusão Européia do Livro, 1962; 3ª edição, revista e ampliada, São Paulo: Global, 1997;
- *Temas da História do Teatro.* Porto Alegre: Curso de Arte Dramática da Faculdade de Filosofia da Universidade do Rio Grande do Sul, 1963;
- *Aspectos da Dramaturgia Moderna.* São Paulo: Comissão de Literatura do Conselho Estadual de Cultura de São Paulo, 1963;
- *Iniciação ao Teatro.* São Paulo: DESA, 1965; 6ª edição, São Paulo: Ática, 1997;
- *O Cenário no Avesso.* São Paulo: Perspectiva, 1977; 2ª edição, 1991;
- *Um Palco Brasileiro – O Arena de São Paulo.* São Paulo: Brasiliense, 1984;
- *Nelson Rodrigues: Dramaturgia e Encenações.* São Paulo: Perspectiva e Edusp, 1987; 2ª edição, Perspectiva, 1992;
- *O Texto no Teatro.* São Paulo: Perspectiva e Edusp, 1989; 2ª edição, 1999; 3ª edição, 2001;
- *As Luzes da Ilusão* - junto com Lêdo Ivo. São Paulo: Global, 1995;
- *Moderna Dramaturgia Brasileira* - 1ª série. São Paulo: Perspectiva, 1998;
- *Cem Anos de Teatro em São Paulo* - parceria de Maria Thereza Vargas. São Paulo: SENAC, 2000;
- *Depois do Espetáculo.* São Paulo: Perspectiva, 2003.
- *Teatro Sempre.* São Paulo: Perspectiva, 2006.
- *Teatro em Foco.* São Paulo: Perspectiva, 2008.

TEATRO NA PERSPECTIVA

O Sentido e a Máscara
  Gerd A. Bornheim (D008)
Tragédia Grega
  Albin Lesky (D032)
Maiakóvski e o Teatro de Vanguarda
  Angelo M. Ripellino (D042)
O Teatro e sua Realidade
  Bernard Dort (D127)
Semiologia do Teatro
  J. Guinsburg, J. T. Coelho Netto e Reni C. Cardoso (orgs.) (D138)
Teatro Moderno
  Anatol Rosenfeld (D153)
Teatro Ontem e Hoje
  Célia Berrettini (D166)
Oficina: Do Teatro ao Te-Ato
  Armando Sérgio da Silva (D175)
O Mito e o Herói no Moderno Teatro Brasileiro
  Anatol Rosenfeld (D179)
Natureza e Sentido da Improvisação Teatral
  Sandra Chacra (D183)
Jogos Teatrais
  Ingrid D. Koudela (D189)
Stanislávski e o Teatro de Arte de Moscou
  J. Guinsburg (D192)
Teatro Épico
  Anatol Rosenfeld (D193)
Exercício Findo
  Décio de Almeida Prado (D199)
Teatro Brasileiro Moderno
  Décio de Almeida Prado (D211)
Qorpo-Santo: Surrealismo ou Absurdo?
  Eudinyr Fraga (D212)
Performance como Linguagem
  Renato Cohen (D219)
Grupo Macunaíma: Carnavalização e Mito
  David George (D230)
Bunraku: Um Teatro de Bonecos
  Sakae M. Giroux e Tae Suzuki (D241)
O Reino da Desigualdade
  Maria Lúcia de Souza B. Pupo (D244)

A Arte do Ator
  Richard Boleslavski (D246)
Um Vôo Brechtiano
  Ingrid D. Koudela (D248)
Prismas do Teatro
  Anatol Rosenfeld (D256)
Teatro de Anchieta a Alencar
  Décio de Almeida Prado (D261)
A Cena em Sombras
  Leda Maria Martins (D267)
Texto e Jogo
  Ingrid D. Koudela (D271)
O Drama Romântico Brasileiro
  Décio de Almeida Prado (D273)
Para Trás e Para Frente
  David Ball (D278)
Brecht na Pós-Modernidade
  Ingrid D. Koudela (D281)
O Teatro É Necessário?
  Denis Guénoun (D298)
O Teatro do Corpo Manifesto: Teatro Físico
  Lúcia Romano (D301)
O Melodrama
  Jean-Marie Thomasseau (D303)
Teatro com Meninos e Meninas de Rua
  Marcia Pompeo Nogueira (D312)
O Pós-Dramático: Um conceito Operativo?
  J. Guinsburg e Sílvia Fernandes (orgs.) (D314)
João Caetano
  Décio de Almeida Prado (E011)
Mestres do Teatro I
  John Gassner (E036)
Mestres do Teatro II
  John Gassner (E048)
Artaud e o Teatro
  Alain Virmaux (E058)
Improvisação para o Teatro
  Viola Spolin (E062)
Jogo, Teatro & Pensamento
  Richard Courtney (E076)

Teatro: Leste & Oeste
  Leonard C. Pronko (E080)
Uma Atriz: Cacilda Becker
  Nanci Fernandes e Maria T. Vargas (orgs.) (E086)
TBC: Crônica de um Sonho
  Alberto Guzik (E090)
Os Processos Criativos de Robert Wilson
  Luiz Roberto Galizia (E091)
Nelson Rodrigues: Dramaturgia e Encenações
  Sábato Magaldi (E098)
José de Alencar e o Teatro
  João Roberto Faria (E100)
Sobre o Trabalho do Ator
  M. Meiches e S. Fernandes (E103)
Arthur de Azevedo: A Palavra e o Riso
  Antonio Martins (E107)
O Texto no Teatro
  Sábato Magaldi (E111)
Teatro da Militância
  Silvana Garcia (E113)
Brecht: Um Jogo de Aprendizagem
  Ingrid D. Koudela (E117)
O Ator no Século XX
  Odette Aslan (E119)
Zeami: Cena e Pensamento Nô
  Sakae M. Giroux (E122)
Um Teatro da Mulher
  Elza Cunha de Vincenzo (E127)
Concerto Barroco às Óperas do Judeu
  Francisco Maciel Silveira (E131)
Os Teatros Bunraku e Kabuki: Uma Visada Barroca
  Darci Kusano (E133)
O Teatro Realista no Brasil: 1855-1865
  João Roberto Faria (E136)
Antunes Filho e a Dimensão Utópica
  Sebastião Milaré (E140)
O Truque e a Alma
  Angelo Maria Ripellino (E145)
A Procura da Lucidez em Artaud
  Vera Lúcia Felício (E148)
Memória e Invenção: Gerald Thomas em Cena
  Sílvia Fernandes (E149)
O Inspetor Geral de Gógol/Meyerhold
  Arlete Cavaliere (E151)
O Teatro de Heiner Müller
  Ruth C. de O. Röhl (E152)
Falando de Shakespeare
  Barbara Heliodora (E155)
Moderna Dramaturgia Brasileira
  Sábato Magaldi (E159)
Work in Progress na Cena Contemporânea
  Renato Cohen (E162)
Stanislávski, Meierhold e Cia
  J. Guinsburg (E170)
Apresentação do Teatro Brasileiro Moderno
  Décio de Almeida Prado (E172)
Da Cena em Cena
  J. Guinsburg (E175)
O Ator Compositor
  Matteo Bonfitto (E177)
Ruggero Jacobbi
  Berenice Raulino (E182)
Papel do Corpo no Corpo do Ator
  Sônia Machado Azevedo (E184)
O Teatro em Progresso
  Décio de Almeida Prado (E185)
Édipo em Tebas
  Bernard Knox (E186)
Depois do Espetáculo
  Sábato Magaldi (E192)
Em Busca da Brasilidade
  Claudia Braga (E194)
A Análise dos Espetáculos
  Patrice Pavis (E196)
As Máscaras Mutáveis do Buda Dourado
  Mark Olsen (E207)
Crítica da Razão Teatral
  Alessandra Vannucci (E211)
Caos e Dramaturgia
  Rubens Rewald (E213)
Para Ler o Teatro
  Anne Ubersfeld (E217)
Entre o Mediterrâneo e o Atlântico
  Maria Lúcia de S. B. Pupo (E220)
Yukio Mishima: O Homem de Teatro e de Cinema
  Darci Kusano (E225)
O Teatro da Natureza
  Marta Metzler (E226)
Margem e Centro
  Ana Lúcia V. de Andrade (E227)
Ibsen e o Novo Sujeito da Modernidade
  Tereza Menezes (E229)
Teatro Sempre
  Sábato Magaldi (E232)
O Ator como Xamã
  Gilberto Icle (E233)
A Terra de Cinzas e Diamantes
  Eugenio Barba (E235)
A Ostra e a Pérola
  Adriana Dantas de Mariz (E237)
A Crítica de um Teatro Crítico
  Rosangela Patriota (E240)
O Teatro no Cruzamento de Culturas
  Patrice Pavis (E247)
Teatro em Foco
  Sábato Magaldi (E252)
A Arte do Ator entre os Séculos XVI e XVIII
  Ana Portich (E254)
O Teatro no Século XVIII
  Renata S. Junqueira e Maria Gloria C. Mazzi (orgs.) (E256)

Gargalhada de Ulisses
  Cleise Furtado Mendes (E258)
Cena em Ensaios
  Béatrice Picon-Vallin (E260)
[Tea]tro da Morte
  Tadeusz Kantor (E262)
[Es]critura Política no Texto Teatral
  Hans-Thies Lehmann (E263)
Cena do Dr. Dapertutto
  Maria Thais (E267)
Cinética do Invisível
  Matteo Bonfitto (E268)
[Lui]gi Pirandello:
[Um] Teatro para Marta Abba
  Martha Ribeiro (E275)
[Tea]tralidades Contemporâneas
  Sílvia Fernandes (E277)
[Do] Grotesco e do Sublime
  Victor Hugo (EL05)
[C]enário no Avesso
  Sábato Magaldi (EL10)
[L]inguagem de Beckett
  Célia Berrettini (EL23)
[Ide]ia do Teatro
  José Ortega y Gasset (EL25)
[R]omance Experimental e o Naturalismo [no] Teatro
  Emile Zola (EL35)
[A]s Farsas: O Embrião do Teatro [de] Molière
  Célia Berrettini (EL36)
[Mar]ta, A Árvore e o Relógio
  Jorge Andrade (T001)
[D]ibuk
  Sch. An-Ski (T005)
[Leo]ne de'Sommi: Um Judeu no Teatro [da] Renascença Italiana
  J. Guinsburg (org.) (T008)
[Her]ência e Ruptura
  Consuelo de Castro (T010)
[Pira]ndello do Teatro no Teatro
  J. Guinsburg (org.) (T011)
[Can]etti: O Teatro Terrível
  Elias Canetti (T014)
[Idei]as Teatrais: O Século XIX [no] Brasil
  João Roberto Faria (T015)
[Hei]ner Müller: O Espanto no Teatro
  Ingrid D. Koudela (Org.) (T016)
[Büc]hner: Na Pena e na Cena
  J. Guinsburg e Ingrid Dormien Koudela
  (Orgs.) (T017)

Teatro Completo
  Renata Pallottini (T018)
Barbara Heliodora: Escritos sobre Teatro
  Claudia Braga (org.) (T020)
Machado de Assis: Do Teatro
  João Roberto Faria (org.) (T023)
Três Tragédias Gregas
  G. de Almeida e T. Vieira (S022)
Édipo Rei de Sófocles
  Trajano Vieira (S031)
As Bacantes de Eurípides
  Trajano Vieira (S036)
Édipo em Colono de Sófocles
  Trajano Vieira (S041)
Agamêmnon de Ésquilo
  Trajano Vieira (S046)
Teatro e Sociedade: Shakespeare
  Guy Boquet (K015)
Eleonora Duse: Vida e Obra
  Giovanni Pontiero (PERS)
Linguagem e Vida
  Antonin Artaud (PERS)
Ninguém se Livra de seus Fantasmas
  Nydia Licia (PERS)
O Cotidiano de uma Lenda
  Cristiane Layher Takeda (PERS)
História Mundial do Teatro
  Margot Berthold (LSC)
O Jogo Teatral no Livro do Diretor
  Viola Spolin (LSC)
Dicionário de Teatro
  Patrice Pavis (LSC)
Dicionário do Teatro Brasileiro: Temas, Formas e Conceitos
  J. Guinsburg, João Roberto Faria e
  Mariangela Alves de Lima (LSC)
Jogos Teatrais: O Fichário de Viola Spolin
  Viola Spolin (LSC)
Br-3
  Teatro da Vertigem (LSC)
Zé
  Fernando Marques (LSC)
Últimos: Comédia Musical em Dois Atos
  Fernando Marques (LSC)
Jogos Teatrais na Sala de Aula
  Viola Spolin (LSC)
Uma Empresa e seus Segredos: Companhia Maria Della Costa
  Tania Brandão (LSC)

Este livro foi impresso em fevereiro de 2010
nas oficinas da Orgrafic Gráfica e Editora Ltda.,
na cidade de São Paulo,
para a Editora Perspectiva S.A.